U0117204

文觀止

全本全注全译全彩图本

阙勋吾 张孝美 许凌云 曹日升 喻岳衡 注译

陈蒲清 校订

岳麓書社

·长沙·

目录

卷之五 汉文

卷之六 汉文

卷之七　六朝唐文

卷之八 唐文

卷之五　汉文

五帝本纪赞

《史记》[1]

《五帝本纪》是《史记》的第一篇。“赞”是本篇最后一段。这篇赞语表达了司马迁对古代历史文献和传说的求实精神及慎重态度。

太史公曰[2]：学者多称五帝，尚矣。然《尚书》独载(zǎi)尧以来；而百家[3]言黄帝，其文不雅驯(xùn)[4]，荐绅(jìn shēn)[5]先生难言之。孔子所传《宰予(yú)问五帝德》及《帝系(xì)姓》[6]，儒者或不传[7]。

太史公说：学者常常谈到五帝，年代已经很久远了。可是《尚书》只记载尧以来的史事，而诸子百家谈论黄帝，他们的记述并不都是正确可信的，所以当世士大夫也难以作为根据来讲清楚。孔子所传《宰予问五帝德》及《帝系姓》，儒者们多不传授学习。

1 《史记》：汉司马迁撰，是我国第一部纪传体通史，记载上自传说中的黄帝，下至汉武帝时代三千多年的历史，共五十二万余字，一百三十篇。本篇录自《五帝本纪》，题目是《古文观止》编者加的。
2 太史公曰：《史记》各篇多有“太史公曰”，这是司马迁以太史令的名义加的评论。
3 百家：诸子百家。
4 雅驯：正确可信。驯，同“训”，规范。
5 荐绅：同“搢绅”。荐，通“搢”。搢，插。绅，大带。古时官员腰系大带，上插笏板，因此称士大夫为搢绅。
6 《宰予问五帝德》《帝系姓》：《大戴礼记》和《孔子家语》中的篇名。
7 儒者或不传：《大戴礼记》及《孔子家语》都不是正式的经书，所以汉代儒者认为不是圣人之言，多不传授学习。

余尝西至空桐[8]，北过涿(zhuō)鹿[9]，东渐(jiān)[10]于海，南浮[11]江淮矣，至长老皆各往往称黄帝、尧、舜之处[12]，风教(jiào)[13]固殊焉，总之不离古文者近是[14]。

我曾经西到崆峒，北过涿鹿，东达海边，南渡江淮，到过那些老人都各自经常谈论的黄帝、尧、舜到过的地方，其风俗教化本来有所不同，总的说来，以不背离《尚书》所记载的为接近正确。

予(yú)观《春秋》《国语》，其发明《五帝德》《帝系姓》章[15]矣，顾弟[16]弗深考，其所表见(xiàn)皆不虚[17]。《书》缺有间(jiàn)[18]矣，其轶(yì)[19]乃时时见于他说。非好学深思，心知其意，固难为浅见寡闻道也。余并

我读《春秋》《国语》，其中阐发《五帝德》《帝系姓》两篇的内容非常明显，但是儒者不深入考察，其实它们记载的都不虚妄。《尚书》里面有很多缺亡散失的史事，时时在其他的记载传说中见到。如果不喜欢学习，深入思考，领会它的意义，本来就很难同见闻浅薄的人谈论。我

8 空桐：山名，即崆峒山。在甘肃平凉西，属六盘山。
9 涿鹿：山名，在今河北涿鹿东南。
10 渐：至，达到。
11 浮：乘船而行。
12 长老：指年老的人。处：旧迹。
13 风教：风俗教化。
14 古文：指《尚书》。近是：近于是，近于正确。
15 章：明白，显著。
16 弟：通“第”，但。
17 表见：记载。虚：虚妄。
18 《书》缺有间：《尚书》缺亡，空白很多。
19 轶：散失。

论次[20]，择其言尤雅者，故著为本纪书首。

根据古文和诸子百家有关五帝的著作论定编排，选择那些言语特别典雅的记载，写成《五帝本纪》，放在十二本纪的开头。

明 仇英 《帝王道统万年图册》之黄帝

20 论次：论定编次。

项羽[1]本纪赞

《史记》

《项羽本纪》是司马迁传记文学中的一篇杰作。它通过对项羽一生经历的记述，不但真实地再现了秦汉之际风云变幻的历史画面，而且成功地描绘了项羽这一历史人物的典型性格。这里选录的是该文篇末司马迁的评论，将项羽的是非功过及其失败的原因，作了高度的概括，褒贬恰切，反映了司马迁卓越的史识。

太史公曰：吾闻之周生[2]曰“舜目盖重瞳(chóngtóng)子[3]”。又闻项羽亦重瞳子。羽岂其苗裔(yì)[4]邪(yé)？何兴之暴[5]也？

太史公说：我听得周先生说“舜的眼睛好像是双瞳子”。又听说项羽也是双瞳子。项羽难道是舜的后代子孙吗？为什么他兴起得这样迅猛呢？

夫秦失其政，陈涉首

当秦王朝政治混乱已极的时

1 项羽（前232—前202）：名籍，字羽，下相（今江苏宿迁西南）人。秦二世元年（前209），从叔父项梁起兵吴地反秦。项梁战死后，秦将章邯围赵，羽北上救赵，巨鹿一战摧毁秦军主力。秦亡后，自立为西楚霸王，大封王侯。在楚汉战争中，为刘邦击败，最后从垓下突围至乌江自杀。项羽是秦末反秦斗争中一个叱咤风云的英雄人物，三年而亡暴秦，一度左右天下，但因其本身的弱点和政策的错误，终演成悲剧。司马迁不以成败论英雄，为他立“本纪”，放在《秦始皇本纪》之后，《高祖本纪》之前。
2 周生：汉时儒者。生，先生，对前辈学者的尊称。
3 重瞳子：一只眼睛中有两个瞳子。
4 苗裔：后代子孙。
5 暴：骤然，突然，迅猛。

难(nàn)[6]，豪杰蜂起[7]，相与并争，不可胜数(shǔ)。然羽非有尺寸[8]，乘势起陇(lǒng)亩[9]之中，三年，遂将(jiàng)五诸侯灭秦[10]，分裂天下，而封王侯，[11]政[12]由羽出，号为霸王[13]，位[14]虽不终，近古以来未尝有也。

及羽背关怀楚[15]，放逐义帝[16]而自立，怨王侯叛己，难(nán)矣。自矜(jīn)功伐[17]，

侯，陈胜首先发难，各地豪杰纷纷起事，共同争夺天下，多得数也数不清。然而项羽没有任何力量作依靠，却趁着当时的形势从民间起来，三年的时间，率领五国诸侯把秦灭亡了，分割天下的土地大封王侯，政令都由项羽颁布，自号为“霸王”。他这不可一世的地位虽然没有个好结局，但在近古以来是不曾有过的。

到了项羽放弃关中回到楚地建都，放逐义帝而自立为王，这时却来

6 陈涉：陈胜，秦末农民起义领袖。首难：首先发难，指首先起义反秦。
7 蜂起：纷纷而起，如众多的蜂飞出。
8 尺寸：小的长度单位，所以引申为小、短、轻微。非有尺寸，形容项羽没有任何凭借。
9 陇亩：田野，这里作民间讲。陇，通“垄”。
10 将：率领。五诸侯：指齐、燕、韩、赵、魏。战国时的六国都为秦所灭。秦末起义，六国以楚为首，所以说率五诸侯。
11 “分裂天下”句：项羽灭秦后分割天下，大封诸侯，共封十八个王，因而使国家重陷诸侯割据局面。
12 政：政令。
13 号为霸王：项羽自立为西楚霸王。
14 位：指项羽的地位。
15 背关怀楚：放弃关中形势险要的地方，回到楚国旧地建都彭城。彭城，战国时为楚地，所以说“怀楚”。
16 放逐义帝：义帝即楚怀王的孙子熊心，项梁起兵时立他为楚怀王。项羽灭秦后，尊怀王为义帝。项羽自立后，放逐义帝，并暗中令人把他杀死在江中。
17 矜：夸耀。功伐：功劳。

奋其私智而不师古，谓霸王之业，欲以力征经营[18]天下，五年卒亡其国。身死东城[19]，尚不觉寤(wù)[20]，而不自责，过矣。乃引“天亡我，非用兵之罪也”[21]，岂不谬(miù)哉！

怨恨各处王侯背叛他，这就难了。自己夸耀功劳，专逞个人的才智而不肯效法古代帝王，认为这样可以成就霸王的事业，想用武力征讨统治天下，五年的时间就亡了国。自身死在东城，仍然没有醒悟，不责备自己，真是太不应该了！借口“这是上天灭亡我，不是我用兵的过错”，难道不荒谬吗！

18 经营：筹划谋取。这里是统治的意思。
19 东城：古县名，在今安徽定远东南。
20 寤：通“悟”，觉醒。
21 引：借口，托辞。天亡我，非用兵之罪也：这是项羽在垓下突围时所讲的话。

明 唐寅 《山路松声图》（局部）

秦楚之际月表[1]

《史记》

本文是《史记·秦楚之际月表》的序。秦楚之际指的是秦二世在位时期和项羽统治时期。作者高度概括了秦楚之际的风云变幻，揭示了秦亡汉兴的原因。

太史公读秦楚之际，曰：初作难(nàn)，发于陈涉；虐(nüè)戾(lì)[2]灭秦，自项氏；拨乱诛暴，平定海内，卒践帝祚(zuò)[3]，成于汉家。五年之间，号令三嬗(shàn)，[4]自生民以来，未始有受命若斯之亟(jí)也[5]。

太史公阅读有关秦楚之际的历史，说道：首先发难反秦的，是陈涉；用暴虐的手段灭秦的，由项羽带头；拨乱除暴，平定天下，最终登上帝位，成功于汉。五年的时间，政权三次更换，自从有人类以来，还未曾有受天命像这样急促的。

昔虞(yú)、夏之兴，积善累功数十年，德洽(qià)百姓，摄行

从前虞、夏两朝的兴起，经过几十年的积聚善行和功劳，恩德润泽

1 《秦楚之际月表》为《史记》十表之一。秦楚之际指秦已失败，汉未建立，群雄逐鹿的年代。当时天下未定，参错变化，所以司马迁按月纪事。

2 虐戾：暴虐。

3 祚：皇帝之位。

4 五年：指公元前207年至公元前202年。号令：发号施令。这里代指政权。嬗：同“禅”，传递，更换。“三嬗”指陈涉、项羽、汉高祖相继为天下共主。

5 受命：古代认为做帝王是受天之命。亟：急。

政事，[6]考之于天，然后在位。汤、武之王，乃由契(xiè)、后稷(jì)修仁行义十余世[7]，不期(qī)而会孟津[8]八百诸侯，犹以为未可，其后乃放弑(shì)[9]。

秦起襄公[10]，章于文、缪(mù)[11]，献、孝[12]之后，稍以蚕食[13]六国，百有余载(zǎi)，至始皇乃能并冠(guān)带之伦[14]。以德若彼，用力如此[15]，盖一统若斯之难(nán)也！

秦既称帝，患兵

百姓，代替天子管理政事，还要受到上天的考验，然后才登上帝位。商汤和周武王称王统治天下，就是由契和后稷开始，经过了十几代修仁行义，武王没有邀约就在孟津会集了八百诸侯，他们还是以为不可夺取王位，这以后商汤才把夏桀放逐，武王才把殷纣杀掉。

秦是在襄公时兴起，在文公、穆公时逐渐强大，到了献公、孝公以后，开始蚕食六国，经过一百多年，到秦始皇时才并吞诸侯。凭恩德像虞、夏、商、周那样源远流长，用武力像秦这样年深日久，原来统一天下是如此的难啊！

秦始皇已经做了皇帝，担忧过去的

6 洽：润泽。摄：代理。
7 契：相传为殷代的祖先。据《史记·殷本纪》载，自契至汤传十四代，时间与夏朝相始终。后稷：古代周族的始祖。据《史记·周本纪》载，从后稷到武王传十五代。
8 孟津：古黄河渡口。在今河南孟津东、孟州西南。
9 放弑：指商汤放逐夏桀，周武王杀商纣王。
10 秦起襄公：秦在襄公时，因以兵救周，护送周平王东迁有功，被平王封为诸侯，赐给岐西之地。从此秦国的地位日益上升。
11 章：彰著，显大。文：秦文公，襄公子。缪：秦穆公。
12 献、孝：指秦献公及其子秦孝公。
13 蚕食：逐渐吞并。
14 冠带：官吏或士大夫的代称。
15 以德：实行德政。用力：使用武力。

革不休，以有诸侯也。于是无尺土之封[16]，堕(huī)坏名城，销锋镝(dí)[17]，锄[18]豪杰，维[19]万世之安。

战乱所以不停息，认为是有诸侯的缘故。于是没有一尺土地封给亲族功臣，拆毁有名的城池，销熔各类武器，铲除各地的豪强势力，希望能保万代帝业，长治久安。

然王迹之兴，起于闾(lǘ)巷[20]，合从(zòng)讨伐，轶(yì)于三代，[21]乡(xiàng)秦之禁[22]，适足以资贤者为驱除难耳。故愤发其所为天下雄[23]，安在"无土不王(wàng)"[24]？此乃传(zhuàn)之所谓大圣乎？岂非天哉！岂非天哉！非大圣孰能当此受命而帝者乎？

然而帝王的事业，却兴起在普通街巷之中，各地豪杰联合攻秦，超过了汤放桀、武王伐纣的声势。从前秦朝的禁令，恰恰帮助了贤能的人，替他们除掉了统一天下的障碍。所以汉高祖从他所在的地方愤发而起，做了天下的雄主，哪能说"没有土地便不能当上皇帝"呢？这就是传说中所讲的大圣人吗？难道不是天意吗！难道不是天意吗！不是大圣人，谁能够在这个时候承受天命做皇帝呢？

16 无尺土之封：秦废封建，置郡县，不封子弟功臣。
17 销锋镝：销毁各类武器。
18 锄：铲除。
19 维：希望。
20 闾巷：街巷。起于闾巷，指汉高祖刘邦原是个亭长。
21 合从：即"合纵"。这里是泛指联合各地反秦军。轶：本义为后车超过前车，引申为超越。
22 乡秦之禁：指秦禁封诸侯的事。乡，繁体为"鄉"，通"嚮（向）"。过去，从前。
23 "故愤发"句：指高祖愤发闾巷成就帝业。
24 "无土不王"：这是一句古话。意为"没有封地便不能做王"。

明 唐寅 《沛台实景图》（局部）

高祖功臣侯者年表[1]

《史记》

汉高祖封功臣为侯，但都很快衰微了。司马迁编了《功臣侯者年表》，记载他们的始终。本文是年表的序言，目的在于探究列侯衰亡的原因，指出列侯子孙因富贵而骄溢，往往犯法亡国。

太史公曰:古者人臣功有五品,以德立宗庙定社稷曰勋,以言曰劳,用力曰功,明其等曰伐,积日曰阅。[2]封爵之誓曰:“使河如带,泰山若厉[3]。国以永宁,爰及苗裔[4]。”始未尝不欲固其根本,而枝叶

太史公说:古时候人臣的功劳有五等:凭德行创建基业、安定国家的叫勋;因为进言立功的叫劳;用武力立功的叫功;为国家明确规定等级制度的叫伐臣;积累年资而得到升迁的叫阅臣。封爵的誓言说:“即使黄河变得和衣带一样,泰山消磨得像块磨刀石,封国也永远安宁,传到子孙后代。”开始的时候未尝不想巩固他们的根本,没想到他们

1 《高祖功臣侯者年表》为《史记》十表之一。本文是该表的序文。
2 立宗庙：古代开国的皇帝和始封的王侯，即位后的一件大事就是建立宗庙，祭祀祖先，所以立宗庙的意思就是创建基业。定社稷：建立国家。言：指出谋划策，决定大事。
3 厉：同“砺”，磨刀石。
4 苗裔：子孙后代。

稍陵夷衰微也。[5]

的子孙逐渐颓败衰落了。

余读高祖侯功臣，察其首封，所以失之者，曰：异哉所闻！《书》曰“协和万国[6]”，迁于夏商，或数千岁。盖周封八百，幽、厉[7]之后，见于《春秋》。《尚书》有唐虞之侯伯，历三代千有余载，自全以蕃(fān)卫天子，岂非笃(dǔ)于仁义，奉上法哉？

我读了高祖册封为侯的功臣的史料，考察他们开始受封与后来失败的原因，所听到的情况真令人惊异！《尚书·尧典》上说：“协调和睦万国。”那时的诸侯从尧传到夏朝、商朝，有几千年之久。周朝封了八百诸侯，直传到幽王、厉王之后，都在《春秋》上有记载。《尚书》记载唐尧、虞舜册封的侯伯，经历了夏、商、周三代一千多年，能保全自己，卫护天子，难道不是由于坚守仁义，尊奉天子的法令吗？

汉兴，功臣受封者百有余人。天下初定，故大城名都散(sàn)亡，户口可得而数(shǔ)者十二三，是以大侯不过万家，小者五六百户。后数(shù)世，民

汉朝建立起来，功臣接受封爵的有一百多人。当时天下刚刚平定，所以大城名都户口散亡，剩下能够计算的才有十分之二三。因此大侯封邑不超过一万家，小侯只五六百户。后来经过几代，老百姓都返回乡里，人口渐

5 根本：指中央政权。枝叶：指皇帝的同宗旁支亲属。陵夷：高山逐渐变成平地，引申为衰颓。

6 协和万国：见《尚书·尧典》。原文是“百姓昭明，协和万邦”。汉避高祖刘邦讳，改“邦”为“国”。

7 幽、厉：周幽王、周厉王。

咸归乡里，户益息[8]，萧、曹、绛(jiàng)、灌[9]之属或至四万，小侯自倍[10]，富厚如之。子孙骄溢[11]，忘其先，淫嬖(bì)[12]。

渐繁衍，萧何、曹参、周勃、灌婴一类的列侯，封邑到四万户，小侯也为过去户数的一倍，富裕程度也像这样。于是他们的子孙骄傲自满，盛气凌人，忘记了他们的祖先，邪恶放荡。

至太初[13]百年之间，见(xiàn)侯五[14]，余皆坐法陨命亡国[15]，耗(máo)矣。罔(wǎng)亦少(shǎo)密焉[16]，然皆身无兢兢(jīng jīng)于当世之禁云。

到武帝太初时，一百年之间，仍然为侯的只剩下五人了，其余的都因犯法而丧命亡国，全完啦。法网稍微严密是个原因，但也由于他们都没有小心谨慎地对待当世的禁令。

居今之世，志古之道，所以自镜也，未必尽同。帝王者各殊礼而异务，要以成功为统纪，岂可绲(hùn)[17]乎？观所以得尊

处在当今的时代，立志学习古人的品德，可以作为自己的镜子，但古今未必完全相同。从来的帝王，各自有不同的礼法和措施，关键在于使事业成功，难道可以勉强混同一起吗？

8 息：滋息，繁育。
9 萧、曹、绛、灌：指萧何、曹参、绛侯周勃、灌婴。都是汉初功臣。
10 自倍：指为自己过去的一倍。
11 骄溢：骄傲自满，盛气凌人。
12 淫嬖：邪恶放荡。
13 太初：汉武帝年号（前104—前101）。上推刘邦建汉，正是一百年。
14 见侯五：现在为侯者仅剩下五人。见，同“现”。
15 坐：因，由于。陨命：丧命。
16 罔：同“网”。法网。少：稍微。
17 绲：通“混”。混同。

宠，及所以废辱，亦当世得失之林也，何必旧闻？于是谨其终始，表见(xiàn)其文，颇有所不尽本末；著(zhù)其明，疑者阙(quē)之。后有君子，欲推而列之，得以览焉。

考察功臣为什么得到尊重宠幸，后来又为什么遭到废弃屈辱，也是当世应总结的得失教训，何必依靠过去的传闻呢？于是我谨慎地考察他们的开始和结束，用表列出文字说明，也还有不能详细表明本末的地方；弄清了的就加以说明，疑而不能决的地方就把它空起来，后世有君子想推求并排列他们的事迹，可以从这个表中看到。

清 佚名 《历代帝王圣贤名臣大儒遗像》之张良

孔子世家赞

《史记》

《孔子世家》是为孔子所立的传，记载了孔子生平活动和思想。本篇短文是该篇篇后的赞语，文笔简洁，含义深广。文中洋溢着司马迁对孔子的无限敬仰之情。

太史公曰:《诗》有之:“高山仰止,景行(hángxíng)行止。”[1]虽不能至,然心乡(xiàng)[2]往之。余读孔氏书,想见其为人。适鲁,观仲尼庙堂、车服、礼器[3],诸生[4]以时习礼其家,余低回[5]留之,不能去云。

太史公说:《诗》上有这样的话:“仰望着高山,可以向上攀登;遵循着大路,可以向前迈进。”虽然不能达到这个目标,可是心里向往着它。我读孔子的著作,便想见他的为人。到了鲁国,参观孔子的庙堂、车服、礼器,又见儒生们在他家里按时演习礼仪,我徘徊停留在那里,舍不得离开。

天下君王,至于贤

天下的君王,以及道德才能出众

1 “高山”二句：见《诗·小雅·车辇》。高山，比喻道德崇高。景行，大路，比喻行为正大光明。止，语助词。

2 乡：通“向”。

3 仲尼：孔子的字。车服：车子，衣服。礼器：祭祀用的器具。

4 诸生：许多儒生。

5 低回：徘徊。中华标点本《史记》作“祗回”，恭敬地徘徊。

人，众矣，当时则荣，没则已焉。孔子布衣[6]，传十余世，学者宗之。自天子王侯，中国言六艺[7]者，折中[8]于夫子，可谓至圣矣！

的人，实在是太多了，他们当时十分荣显，可死后销声匿迹了。孔子是一个普通百姓，传了十多代，仍然被学者尊崇。从天子王侯起，中国讲说六经的人，都把孔子言论作为判断是非的依据，可以说是最高的圣人了！

南宋 马远 《孔丘像》

6 布衣：老百姓。
7 六艺：六经，即《诗》《书》《礼》《乐》《易》《春秋》。
8 折中：当作判断正误的标准。

外戚世家序

《史记》

《外戚世家》为《史记》三十世家之一，主要记载汉高祖到武帝时代后妃及其亲族的情况。本文是《外戚世家》的序。作者陈述三代的得失，论证后妃对国家治乱的影响。汉代自惠帝时起，后妃、外戚专权反复造成祸乱，因此作者本文是有所指的。

自古受命帝王及继体守文[1]之君，非独内德茂也，盖亦有外戚之助焉。夏之兴也以涂山[2]，而桀(jié)之放也以妺(mò)喜[3]。殷之兴也以有娀(sōng)[4]，纣(zhòu)之杀也嬖(bì)妲(dá)己[5]。周之兴也以姜原及大任(tài)[6]，而幽王

自古以来承受天命的帝王以及继位守成的君主，不但他自身品德好，也有外戚的帮助。夏朝的兴起因有涂山氏女，而夏桀的被放逐由于妺喜。商朝的兴起因有娀氏女，而商纣的被杀由于宠幸妲己。周朝的兴起因有姜原及大任，而周

1 继体守文：继承先帝的正统，遵守先帝的法度。
2 涂山：古代部落名。相传夏禹娶涂山氏之女。
3 妺喜：有施氏之女。夏桀攻有施氏，有施氏以女嫁桀，为桀所宠。
4 有娀：古部落名。帝喾（kù）娶有娀氏女简狄为次妃，生契，为殷始祖。
5 妲己：商王纣的宠妃。姓己，有苏氏之女。
6 姜原：一作姜嫄。周族始祖后稷之母。有邰（tái）氏之女。大任：文王之母。《毛诗传》说她是挚国任姓之女。

之禽也淫于褒姒(bāo sì)[7]。

故《易》基乾坤[8],《诗》始《关雎》(jū)[9],《书》美厘降[10],《春秋》讥不亲迎[11]。夫妇之际[12],人道之大伦也。礼之用,唯婚姻为兢兢(jīngjīng)[13]。

夫乐调(fú yuè tiáo)而四时和,阴阳之变,万物之统也[14],可不慎与(yú)?人能弘道,无如命何!甚哉,妃匹(pèi pǐ)[15]之爱,君不能得之于臣,父不能得之于子,况卑下乎!既欢合矣,或不能成子姓[16];能成子姓矣,或不能要(yāo)[17]

幽王的被擒由于被褒姒迷乱。

所以《易》的根基是乾坤;《诗》的首篇是《关雎》;《尚书》赞美唐尧下嫁二女;《春秋》讥讽男子不亲自迎娶。夫妇的结合是最大的人伦,礼仪唯有婚姻嫁娶最为谨慎。

乐声协调就四时和谐,阴阳的变化是万物的纲领,能不谨慎吗?人们能够把道发扬光大,可是奈不何命运。夫妇之间的亲爱之情极深啊!这种爱君上不能从臣下那儿得到,父亲不能从儿子那儿得到,何况地位低下的人呢?夫妻已经亲爱和好了,有的却不能生育子嗣;

7 禽:同“擒”。褒姒:周幽王的宠妃。褒国人,姓姒。
8 乾坤:《周易》中的两个卦名,指阴阳两种对立的势力。
9《关雎》:《诗》的第一篇。
10 厘降:下嫁。
11 亲迎:古代婚礼“六礼”之一。新婿亲至女家迎娶。
12 际:结合。
13 兢兢:小心谨慎。
14 阴阳:指夫妇。夫妇之道和而能化生万物,所以说是万物之统。
15 妃匹:配偶。妃,通“配”。
16 欢合:亲爱和好。子姓:子孙。
17 要:求。“能成子姓”二句的意思是虽有子孙而不能求其善终。

其终：岂非命也哉？孔子罕[18]称命，盖难(nán)言之也。非通幽明[19]之变，恶(wū)能识乎性命哉？

能生育子嗣，有的却不能求得一个好的终结。难道不是命吗？孔子很少谈论命，大概是命这个东西难以谈论吧。不通晓幽明的变化，怎么能了解性命呢？

明 佚名 《宫殿》

18 罕：很少。
19 幽明：泛指可见和不可见的、无形和有形的事物。

伯夷列传

《史记》

本篇是《史记》七十列传的第一篇，简略地记述了伯夷、叔齐的事迹，并加以赞颂。本义有独特的风格，它不像一般的列传那样着重叙事，而是以抒情议论为主，以孔子等人的言论为线索，以许由、务光、颜渊等的事迹为陪衬，杂引经传，纵横变化，淋漓尽致地抒发了司马迁对不合理的社会现象的愤恨不平的感情。

夫（fú）学者载（zǎi）籍极博[1]，犹考信于六艺[2]。《诗》《书》虽缺[3]，然虞（yú）、夏之文[4]可知也。

学者们读的书籍非常广博，还是要从六经中去寻求可靠的材料。《诗经》和《尚书》虽说有不少缺亡，然而关于虞、夏的记载还是可以知道的。

尧将逊位[5]，让于虞舜。舜、禹之间，岳牧[6]咸荐，乃试之于位，

唐尧将要退位，让给虞舜。从舜到禹，四岳和九牧都一致推荐，才放在一定地位上考验他们，管理政务几十

1 夫：语首助词，无意义。载籍：书籍。

2 六艺：即儒家的《诗》《书》《礼》《乐》《易》《春秋》六经。

3 缺：缺亡。

4 虞、夏之文：指《尚书》中《尧典》《舜典》《大禹谟》，其中记载了尧、舜禅让的经过。

5 逊位：让位。

6 岳牧：四岳、九牧。四岳，分掌四方诸侯的四个大臣。九牧，九州的行政长官。

典职[7]数十年，功用既兴(xīng)，然后授政。示天下重器，王者大统，传天下若斯之难(nán)也。而说(shuō)者曰：尧让天下于许由[8]，许由不受，耻之，逃隐。

及夏之时，有卞(biàn)随、务光[9]者。此何以称焉？太史公曰：余登箕(jī)山[10]，其上盖有许由冢(zhǒng)[11]云。孔子序列古之仁圣贤人，如吴太伯、伯夷之伦[12]，详矣。余以所闻由、光义至高，其文辞不少概[13]见，何哉？

孔子曰："伯夷、叔齐，

年，待到功绩已经建立，然后授给政权。这表示天下是最贵重的宝器，帝王是最高最尊的地位，把天下传授给人这样的难啊。可是有人却说：尧把天下让给许由，许由不接受，为此感到耻辱，逃到山野做隐士。

到了夏代，有卞随、务光两个人也是一样。这又怎么说呢？太史公说：我登箕山，那上面据说有许由的坟墓呢。孔子按次序论列古代的仁人、圣人和贤人。像吴太伯、伯夷之类，十分详细。据我所听到的，许由、务光的德义都很高尚，有关他们的文字却很少看到，这是什么缘故呢？

孔子说："伯夷、叔齐，不记过去

7 典职：管理政务。
8 许由：尧时隐士，尧要把帝位让给他，他不受，逃至箕山下，农耕而食。尧又请他做九州长官，他到颍水边洗耳，说尧的话污了他的耳，表示不愿听。
9 卞随、务光：相传汤要让天下给卞随、务光，他们当作耻辱，投水而死。
10 箕山：在今河南登封南。
11 冢：坟墓。
12 吴太伯：见《宫之奇谏假道》中"太伯"注。伦：类。
13 概：梗概，概略。

不念旧恶(è),怨是用希[14]。”“求仁得仁,又何怨乎?”[15]余悲伯夷之意,睹轶(yì)诗[16]可异焉。其传(zhuàn)曰:

的仇恨,怨气因此很少。”“求仁就得到了仁,还怨什么呢?”我为伯夷的心意感到悲伤,读他们留下的诗有值得惊异的地方。他们的传上说:

伯夷、叔齐,孤竹[17]君之二子也。父欲立叔齐,及父卒,叔齐让伯夷。伯夷曰:“父命也。”遂逃去。叔齐亦不肯立而逃之。国人立其中子[18]。于是伯夷、叔齐闻西伯昌[19]善养老,“盍(hé)往归焉”!

伯夷、叔齐,是孤竹君的两个儿子。父亲想立叔齐为君,等到父亲死了,叔齐让伯夷继承王位。伯夷说:“这是父王的命令。”就逃到别处去了。叔齐也不肯继承王位,逃走了。国中的人只好立了中间那位为君。伯夷、叔齐听说西伯昌敬养老者,心想:“何不去投奔他呢?”

及至,西伯卒,武王载木主[20],号为文王,东伐纣(zhòu)。伯夷、叔齐叩马[21]而

到了那里,西伯已经死了,他的儿子武王载着父亲的灵牌,尊其为文王,起兵向东方去讨伐商纣王。

14 不念旧恶,怨是用希:语出《论语·公冶长》。“怨是用希”,即“用是怨希”。用,因此;是,此;希,稀少。
15 “求仁得仁”二句:语出《论语·述而》。
16 轶诗:指下文夷、齐所作《采薇歌》。
17 孤竹:古国名。在今河北卢龙东南。存在于商、西周、春秋时。
18 中子:第二个儿子。因伯夷排行第一,叔齐排行第三,故称排行第二者为中子。
19 西伯昌:周文王姬昌,商末为西伯,即西方诸侯之长。
20 木主:木制的灵牌。此指文王的牌位。
21 叩马:勒住马。叩,同“扣”。

谏(jiàn)曰:“父死不葬,爰(yuán)及干戈(gān gē)[22],可谓孝乎?以臣弑君,可谓仁乎?”左右欲兵[23]之。太公[24]曰:“此义人也。”扶而去之。

伯夷、叔齐勒住马劝阻说:“父亲死了还没埋葬,就动用武器,可以说是孝吗?以臣的身份去杀君主,可以说是仁吗?”武王左右的人想杀他们。姜太公说:“这是两个义士啊!”把他们扶起来,让他们走了。

武王已平殷乱,天下宗周[25],而伯夷、叔齐耻之,义不食周粟[26],隐于首阳山[27],采薇[28]而食之。及饿且死,作歌。

武王平定了殷乱,天下诸侯都归顺了周王室,可是伯夷、叔齐对此感到羞耻,坚持气节,不吃周王室的粮食,隐居首阳山下,采集野菜充饥。到了饿得将要死的时候,作了一首歌。

其辞曰:“登彼西山兮(xī)[29],采其薇矣。以暴易暴兮,不知其非矣。神农、虞、夏忽焉

歌词说:“登上那座西山啊,采集山上的野菜。用残暴代替残暴啊,却不知道这样做的错误。神农、虞、夏的时代转眼过去了啊,我还能到哪儿去?

22 爰:乃,就。干戈:泛指武器。这句话的意思是起兵作战。
23 兵:用兵器杀人。
24 太公:见《齐桓公伐楚盟屈完》注。
25 宗周:以周王室为宗主,意即归顺周。
26 不食周粟:不吃周王朝的粮食。
27 首阳山:一称雷首山。在山西永济南。
28 薇:蕨,野菜。
29 西山:即首阳山。兮:语气词,相当于现在的“啊”。

没(mò)兮，我安适归矣？[30]于(xū)嗟(jiē)徂(cú)兮[31]，命之衰矣！”遂饿死于首阳山。

由此观之，怨邪(yé)？非邪(yé)？

或曰：“天道无亲，常与善人。”若伯夷、叔齐，可谓善人者非邪(yé)？积仁絜(jié)行[32]如此而饿死！且七十子[33]之徒，仲尼独荐颜渊[34]为好(hào)学。然回也屡空(kòng)[35]，糟糠不厌[36]，而卒蚤夭[37]。天之报施善人，其何如哉？

盗跖(zhí)日杀不辜[38]，肝

唉呀！只有饿死啊，命运是如此的衰微！”两兄弟就饿死在首阳山。

从这种情况看来，他们到底是怨呢，还是不怨呢？

有人说：“上天是没有偏私的，经常帮助善人。”像伯夷、叔齐，可以算做善人呢，还是不算善人呢？他们仁德完备，品行高洁，却这样饿死！七十位弟子中间，孔子独独推荐颜渊是好学的人。然而颜渊经常陷于穷困，连粗劣的食物都吃不饱，终于早死了。上天给善人的报答，又是怎样的呢？

盗跖每天都杀害无罪的人，吃

30 神农、虞、夏：神农氏、虞舜、夏禹。这句话的意思是：像神农、虞、夏那样的敦厚、朴实，实行禅让的世道，已经没有了，我还能到哪里去呢？
31 于嗟：感叹词。于，通“吁”。徂：通“殂”，死去。
32 絜行：品行高洁。絜，同“洁”。
33 七十子：相传孔子弟子三千，身通六艺的有七十二人。七十，举整数而言。
34 颜渊：孔子弟子。
35 回：颜回，字渊。空：穷困。
36 糟糠：糟，酒渣；糠，谷糠。这里指粗劣的食物。不厌：吃不饱。厌，同“餍”，饱。
37 卒蚤夭：颜回三十二岁而死。蚤，同“早”。
38 盗跖：相传古时奴隶起义的领袖。“盗”是污蔑之称。不辜：没有罪的人。

人之肉[39]，暴戾恣睢[40]，聚党数千人横行天下，竟以寿终。是遵何德哉？此其尤大彰明较著[41]者也。

若至近世，操行不轨，专犯忌讳[42]，而终身逸乐，富厚累世不绝；或择地而蹈之，时然后出言，行不由径[43]，非公正不发愤，而遇祸灾者，不可胜数也。余甚惑焉，傥[44]所谓天道，是邪？非邪？

子曰："道不同不相为谋[45]。"亦各从其志也。故曰"富贵如可求，虽执鞭之士，吾亦为之；如不

人的心肝，残暴放纵，聚集党徒数千人横行天下，竟然到年老安然死去。这是遵行什么样的道德呢？这些是特别重大而且明白显著的例子。

如果说到近代，那些操行邪恶，专门违法犯禁的人，却终身安逸享乐，财富丰厚，几代也用不完；那些选好地方才落步，有了时机才说话，不走邪路，不是公正的事情不努力去干，然而这种人却遇到灾祸，上述情况多得没法数清。我非常疑惑，假若这就是所谓天道，是对的呢，还是不对的呢？

孔子说："主张不同，用不着相互商量。"也是各自按照自己的志向罢了。所以他说："富贵如果可以求得，即使拿着鞭子当马夫，我也去干；如

39 肝人之肉：吃人的心肝。
40 暴戾：残暴，凶狠。恣睢：任意横行。
41 较著：显著。较，同"皎"，明。
42 忌讳：这里指法令禁止之事。
43 径：小路。
44 傥：通"倘"。假若，或者。
45 道不同不相为谋：语出《论语·卫灵公》。

可求，从吾所好”[46]。“岁寒，然后知松柏之后凋。”[47]举世混浊，清士乃见。岂以其重若彼，其轻若此哉？

果不能求得，还是按照我自己喜欢的去做。”“天冷了，才知道松柏是最后落叶的。”当整个社会都污浊黑暗的时候，清洁高尚的人就突出了。难道不是因为他们把道德看得那么重，才把富贵看得如此轻吗？

“君子疾没世而名不称焉。”[48]贾子[49]曰：“贪夫徇[50]财，烈士徇名，夸者[51]死权，众庶冯[52]生。”“同明相照，同类相求。”“云从龙，风从虎，圣人作而万物睹。”[53]

孔子说：“君子所怕的是死后名声不传。”贾谊说：“贪财的人为财而死，有志功业的人为名献身，热衷权势的人因争权丧命，百姓都为生存奋斗。”“同样明亮，自然互相照映，同类事物，自然互相应求。”“云跟从龙而来，风跟从虎而至，圣人兴起，万物之情看得很清楚。”

伯夷、叔齐虽贤，得夫子而名益彰；颜渊虽笃学，附骥尾[54]而

伯夷、叔齐虽然是贤人，但得到孔子的称扬，才名声更加昭著；颜渊虽然专心好学，但追随孔子之后，德行才更加

46 “富贵如可求”五句：见《论语·述而》。
47 “岁寒”二句：见《论语·子罕》。凋，凋谢。
48 “君子疾没世”句：见《论语·卫灵公》。
49 贾子：即贾谊。见本书《过秦论》注。
50 徇：同“殉”，为达到某种目的而牺牲自己的性命。
51 夸者：夸耀权势的人。
52 冯：同“凭”，依靠。
53 “同明相照”二句、“云从龙”三句：均出自《易·乾卦·文言》。
54 附骥尾：比喻追随圣贤之后。骥，千里马。

行益显。岩穴之士[55]，趋舍(shě)[56]有时若此，类名堙(yīn)灭而不称(chēng)，悲夫！闾(lǘ)巷之人，欲砥(dǐ)[57]行立名者，非附青云之士[58]，恶(wū)能施(yì)于后世哉[59]！

显露。隐居山野的人，进取或退止，都有一定时机，像这样的人，大都名声埋没不被称道，实在是可悲啊！普通的平民百姓，想要磨炼德行建立名声，不依附那些德高望重的人，怎么能留传到后世呢！

明 戴进《箕山高隐图》(局部)

55 岩穴之士：隐居山野的人。即隐士。
56 趋：进取。舍：退止。
57 砥：磨刀石。这里用作动词，培养锻炼的意思。
58 青云之士：指德高望重的人。
59 恶：同“乌”，怎么。施：延续，留传。

管晏(yàn)列传[1]

《史记》

本篇是管仲、晏婴的合传，司马迁因为他们的书“世多有之”，只“论其轶事”。写管仲，着重写他同鲍叔牙的友谊；写晏婴，着重写他荐越石父和御者的故事。虽是轶事，写来却娓娓动人，于细微处见精神，作者的爱憎渗透于字里行间。作者遭李陵之祸，平生交游故旧不为一言，因此写管鲍之交，写晏婴赎越石父，有借题发挥的意思，以抒发自己的胸怀。

管仲夷吾者，颍(yǐng)上[2]人也。少时常与鲍叔牙[3]游，鲍叔知其贤。管仲贫困，常欺[4]鲍叔，鲍叔终善遇之，不以为言。

管仲，字夷吾，颍上人。他年轻的时候经常和鲍叔牙交往，鲍叔知道他有才能。管仲家境贫困，经常欺骗鲍叔，可是鲍叔始终待管仲很好，不因此说些什么。

已而鲍叔事齐公子

随后鲍叔服侍公子小白，管仲服

1 《管晏列传》选自《史记》。管：管仲（？—前645），春秋初期政治家，辅佐齐桓公成为春秋时期的霸主，被尊为“仲父”。
晏：晏婴，管仲死后约一百年的齐国大夫，历仕灵公、庄公、景公三世。
2 颍上：颍水之滨。今安徽颍上。
3 鲍叔牙：春秋时齐国大夫。
4 欺：欺骗。

小白[5]，管仲事公子纠。及小白立为桓(huán)公，公子纠死，管仲囚焉[6]。鲍叔遂进管仲[7]。管仲既用，任政于齐，齐桓(huán)公以霸，九合[8]诸侯，一匡天下[9]，管仲之谋也。

侍公子纠。到小白做了齐桓公，公子纠被杀，管仲也当了囚徒。鲍叔便向桓公推荐管仲。管仲被起用之后，在齐国执掌政事，齐桓公因此称霸，多次盟会诸侯，安定天下，全是管仲的谋略。

管仲曰："吾始困时，尝与鲍叔贾(gǔ)[10]，分财利多自与，鲍叔不以我为贪，知我贫也。吾尝为鲍叔谋事而更(gèng)穷困，鲍叔不以我为愚，知时有利不利也。吾尝三仕三见逐[11]于君，鲍叔不以我为不肖(xiào)[12]，知我不遭时

管仲说："起初我贫困的时候，曾经同鲍叔一块经商，分财利总是多分给自己，鲍叔不认为我是贪心，知道我家里贫穷。我曾经给鲍叔出主意，反而使他更加穷困，鲍叔不认为我是愚蠢，知道时机有利和不利。我曾经三次做官、三次被免职，鲍叔不认为我不贤能，知道

5 小白：即齐桓公。

6 管仲囚焉：齐襄公死后，鲁国送公子纠返国抢夺侯位，派管仲带兵阻止小白回国，管仲射中小白带钩。齐桓公即位后，管仲被从鲁国押解到齐。

7 鲍叔遂进管仲：指鲍叔向齐桓公推荐管仲说："君将治齐，即高傒与叔牙足也；君且欲霸王，非管夷吾不可。"

8 九合：多次盟会诸侯。

9 一匡天下：平定战乱，使天下安定。

10 贾：经商。

11 三仕三见逐：三次担任官职而三次被免职。

12 不肖：不贤。

也。吾尝三战三走[13]，鲍叔不以我为怯，知我有老母也。公子纠败，召(shào)忽[14]死之，吾幽囚受辱，鲍叔不以我为无耻，知我不羞小节而耻功名不显于天下也。生我者父母，知我者鲍子也。”

我没有遇到时运。我曾经三次打仗、三次败逃，鲍叔不认为我是胆怯，知道我有位老母亲。公子纠失败，召忽为此自杀，我在黑牢里忍受污辱，鲍叔不认为我是无耻，知道我不为小节感到羞耻，却为功名不能在天下显扬感到羞耻。生我的是父母，了解我的是鲍叔啊。”

鲍叔既进管仲，以身下之[15]。子孙世禄于齐，有封邑者十余世，常为名大夫。[16]天下不多管仲之贤而多[17]鲍叔能知人也。

鲍叔推荐了管仲以后，自己情愿做管仲的下属。他的子孙在齐国享受世禄，十几代有封邑，常常是著名的大夫。天下的人不赞扬管仲的贤能，却赞扬鲍叔能够识别人才。

管仲既任政相(xiàng)齐，以区区之齐，在海滨[18]，通货积财，富国强兵，与俗同好恶(wù)。故其称(chēng)曰[19]：“仓

管仲执掌政事做了齐相后，凭借小小的齐国在海滨的有利条件，流通货物，积累财富，富国强兵，与百姓同好同恶。所以他说：“仓库充实，老

13 三战三走：三次出战而三次败逃。
14 召忽：与管仲同事公子纠，公子纠败，召忽自杀。
15 以身下之：指管仲为相，而鲍叔为大夫。
16 “子孙世禄”三句：指鲍叔子孙世代做官。《史记索隐》认为指管仲。
17 多：赞美。
18 海滨：齐国东面临海。
19 其称曰：《管子》上说。以下引文见《管子·牧民》。

lǐn

廪[20]实而知礼节，衣食足而知荣辱，上服度则六亲固[21]。四维[22]不张，国乃灭亡。下令如流水之源，令顺民心。”故论卑而易行。俗之所欲，因而予之；俗之所否，因而去之。

百姓就懂得礼节；衣食充足，老百姓就懂得荣辱；做人君的所作所为有法度，六亲就关系坚固。礼义廉耻不发扬光大，国家就要灭亡。下命令要像流水的源头，使它顺从民心。”所以他的政令简明浅显，老百姓容易实行。百姓所希望的，就顺应民意给予；百姓所厌恶的，就顺应民意废除。

其为政也，善因祸而为福，转败而为功。贵轻重[23]，慎权衡[24]。

管仲治理政事，最会把祸事变为好事，使失败转为成功。注意事情的轻重缓急，慎重地衡量利害得失。

桓公实怒少姬[25]，南袭蔡，管仲因而伐楚，责包茅不入贡于周室[26]。桓公实北征山戎[27]，而

róng

齐桓公实际上是因为蔡姬的事发怒，到南方去攻打蔡国，管仲却趁机讨伐楚国，责备楚国不向周室进贡包茅。齐桓公实际上是到北方征讨

20 仓廪：粮食仓库。
21 服度：遵守法度。六亲：六种亲属。
22 四维：《管子》指礼、义、廉、耻。维，纲绳。
23 轻重：货币。今《管子》有《轻重》篇。在这里应指重视事情的轻重缓急。
24 权衡：本指秤，引申为衡量、比较。权衡得失。
25 桓公实怒少姬：桓公和蔡姬在船上游览，蔡姬习水，摇晃着船，惊吓了桓公，桓公怒，打发她暂回娘家。蔡国将蔡姬改嫁，桓公大怒，于是伐蔡。
26 “责包茅”句：见本书《齐桓公伐楚盟屈完》。
27 山戎：古族名。又称北戎。春秋时，分布在今河北北部。

管仲因而令燕(yān)修召(shào)公[28]之政。

山戎，管仲却趁机让燕国修复召公的善政。

于柯(kē)[29]之会，桓公欲背曹沫(mò)之约[30]，管仲因而信之[31]，诸侯由是归齐。故曰：“知与之为取，政之宝也。”[32]

齐、鲁两国在柯地会盟，齐桓公想背弃和曹沫签订的归还鲁地的盟约，管仲却利用这事取得了诸侯的信任，诸侯从此归服齐国。所以说：“知道给予是为了取得，便是治理政事的法宝。”

管仲富拟于公室[33]，有三归、反坫(diàn)[34]，齐人不以为侈(chǐ)。管仲卒，齐国遵其政，常强于诸侯。后百余年而有晏(yàn)子焉。

管仲的富足比得上诸侯的家族，有三归，有反坫，齐国人并不认为他奢侈。管仲死后，齐国遵循着他的政教，常常在诸侯中保持着强盛的地位。管仲死后一百多年又出了个晏子。

晏平仲婴者，莱(lái)[35]之夷维人也。事齐灵公、

晏子名婴，字平仲，莱地夷维人。他服侍齐灵公、庄公、景公，因为节俭力

28 召公：一作“邵公”。指召康公，佐武王灭商，被封于燕，为燕的始祖。

29 柯：在今山东东阿。

30 桓公欲背曹沫之约：齐桓公五年（前681）伐鲁，鲁庄公割地求和，会盟于柯。鲁武士曹沫持匕首要桓公退还侵鲁之地，桓公只好答应。后来齐桓公后悔，想不退还鲁地。

31 管仲因而信之：指管仲归还侵鲁的土地，因而取信于诸侯。

32 “知与之为取，政之宝也”：语出《管子·牧民》。《老子》说：“将欲取之，必固与之。”

33 公室：诸侯。

34 三归：一说是指交纳给诸侯的市租。一说是台名。一说是三姓女，古称妇女出嫁为归，所以三归就是三个妻子。反坫：坫是放酒杯的土台，在厅堂的两根前柱之间。宴会时，宾主互相敬酒后，把酒杯放在土台上，就叫反坫。这是诸侯之间的礼节。

35 莱：古国名。今山东龙口东南有莱子城。

庄公、景公，[36]以节俭力行重(zhòng)于齐。既相(xiàng)齐，食不重(chóng)肉[37]，妾不衣(yì)帛[38]。其在朝(cháo)，君语及之，即危言[39]；语不及之，即危行[40]。国有道，即顺命；无道，即衡命[41]。以此三世显名于诸侯。

越石父(fǔ)贤，在缧绁(léi xiè)[42]中。晏子出，遭之途，解(jiě)左骖(cān)赎(shú)之，载(zài)归。[43]弗谢，入闺[44]，久之。越石父请绝。晏子戄(jué)然[45]，摄衣冠(guān)谢曰[46]："婴虽不仁，

行，被齐国人敬重。做了齐相，吃饭不用两种肉菜，妾不穿丝绸。他在朝上，国君同他说到的事情，便直言意见；国君没有同他说到的事情，便秉公而行。国君清明，就按着命令行事；国君昏乱，就衡量利害然后行动。因为这样，在灵、庄、景三朝，他的名声显著，传遍各诸侯国。

越石父是位贤人，被拘捕。晏子外出，在路上遇见了他，就解下自己车子左边的马把越石父赎出来，载着他回到自己府里。晏子没有向越石父告辞，就进入内室，很久不出来。越石父请求绝交。晏子十分震惊，整

36 齐灵公：齐国君，名环。庄公：灵公子，名光。景公：庄公异母弟杵臼。
37 重肉：两种肉食。
38 妾：旧指侧室，偏房。帛：丝织物的总称。
39 危言：直言。
40 危行：直行。
41 衡命：权衡利害，然后行动。
42 缧绁：捆犯人的绳子，引申为囚禁。
43 途：路途。左骖：车子左边的马。
44 闺：内室的小门。
45 戄然：震惊的样子。
46 摄：提，整顿。谢：道歉。

免子于厄，何子求绝之速也？”石父曰：“不然。吾闻君子诎(qū)于不知己而信(shēn)于知己者[47]。方吾在缧绁中，彼不知我也。夫子既已感寤(wù)而赎我，是知己；知己而无礼，固不如在缧绁之中。”晏子于是延入为上客。

晏子为齐相，出，其御之妻从门间(jiàn)而窥[48]其夫。其夫为相(xiàng)御，拥大盖[49]，策驷(sì)马[50]，意气扬扬，甚自得也。既而归，其妻请去[51]。夫问其故。妻曰：“晏子长

顿衣冠连忙道歉说：“我虽然没有才德，却把您从困境中救出来，为什么您这样快地要求绝交呢？”石父说：“不是这样。我听说君子被不了解自己的人委屈，到了知己面前应该扬眉吐气。当我被拘捕的时候，那些人是不了解我的。您既然已经了解我而替我赎罪，就是我的知己了。既然是我的知己却不按礼节待我，确实不如被拘捕好呢。”晏子便把他请进去待为上等的宾客。

晏子做齐相的时候，有一天驾车出门，他的车夫的妻子从门缝里偷偷看自己的丈夫。只见她的丈夫为相国驾车，坐在伞盖下，赶着四匹马，意气扬扬，非常得意。回家后，他的妻子要求离婚。丈夫问她是什么缘故。妻子说：“晏子身高不满六尺，身任齐国相国，名声传

47 诎：同“屈”，委屈。信：同“伸”，伸展。
48 窥：偷看。
49 大盖：车上的伞盖。
50 驷马：四匹马。
51 去：离开。

不满六尺，身相(xiàng)齐国，名显诸侯。今者妾观其出，志念深矣，常有以自下[52]者。今子长(cháng)八尺，乃为人仆御，然子之意自以为足，妾是以求去也。”其后夫自抑损[53]。晏子怪而问之，御以实对。晏子荐以为大夫。

扬各国。今天我看他出门，思虑多么深远，经常现出谦逊的样子。如今你身长八尺，却做人家的车夫，然而你自以为满足。我就因为这个要求离婚。”从此以后她的丈夫就变得谦逊起来。晏子感到奇怪，便问他是什么缘故，车夫据实回答。晏子推荐他做了齐国的大夫。

太史公曰：吾读管氏《牧民》《山高》《乘(chéng)马》《轻重》《九府》[54]，及《晏子春秋》，详哉其言之也。既见其著书，欲观其行事，故次[55]其传(zhuàn)。至其书，世多有之，是以不论，论其轶(yì)事。

太史公说：“我读管子著的《牧民》《山高》《乘马》《轻重》《九府》等篇和《晏子春秋》。他们说得多详细啊。已经看了他们所著的书，还希望考察他们所做的事，所以编列了这篇传记。至于他们的书，世上多能看到，因此不再说，只说他们的轶事。

管仲世所谓贤臣，然

管仲是世人所说的贤臣，可是

52 自下：指无骄傲之志，甘居人下。
53 抑损：克制，谦逊。
54 《牧民》《山高》《乘马》《轻重》《九府》：皆《管子》一书中的篇名。
55 次：编列。

孔子小之[56]。岂以为周道衰微，桓公既贤，而不勉之至王[57]，乃称霸哉？语曰："将顺其美，匡(kuāng)救其恶(è)，故上下能相亲也。"[58]岂管仲之谓乎？

孔子说他小器。难道因为周道衰微，桓公既然是贤君，而管仲不劝勉他实行王道，却只做了个霸主吗？《孝经》上说："做臣子的要顺应君主的美德，匡正君主的缺失，因此君臣能够团结和睦。"难道这不是说管仲吗？

方晏子伏庄公尸哭之，成礼然后去，[59]岂所谓"见义不为无勇"者邪(yé)[60]？至其谏(jiàn)说，犯君之颜，此所谓"进思尽忠，退思补过"[61]者哉！假令晏子而在，余虽为之执鞭，所忻(xīn)慕[62]焉！

当晏子伏在庄公尸上痛哭，行礼之后才离开，难道不是所谓"见义不做就是没有勇气"的人吗？至于他进言规劝，触犯国君的面子，这就是所谓"上朝想着竭尽忠心，在家想着弥补过失"的人啊！倘若晏子还活着的话，我即使给他执鞭赶车，也是很高兴很向往的！

56 孔子小之：孔子曾说："管仲之器小哉！"（《论语·八佾》）意思是说管仲的器量狭小得很。
57 至王：实行王道。至，达到，实行。
58 "将顺其美"三句：语出《孝经·事君》。
59 事见本书《晏子不死君难》篇。
60 "岂所谓"句：见《论语·为政》。
61 "进思尽忠，退思补过"：语出《孝经·事君》。
62 忻慕：高兴，向往。忻，同"欣"，喜悦。

明 唐寅 《西洲话旧图》（局部）

屈原列传[1]

《史记》

这篇传记是《史记》的名篇。作者和他笔下的人物屈原，在思想感情上息息相通。因为“信而见疑，忠而被谤”，可以说是他们两人的共同遭遇。本篇写法也很有特点，在叙述中间往往插入或长或短的议论抒情，反复慨叹他的不幸遭遇，篇末又自悲自吊，感人至深。

屈原者，名平，楚之同姓[2]也。为楚怀王左徒[3]。博闻强志[4]，明于治乱，娴(xián)于辞令[5]。入则与王图议国事，以出号令；出则接遇宾客，应对诸侯。王甚任之。

屈原，名平，是楚王的同姓。做过楚怀王的左徒。他学识渊博，记忆力极强，通晓国家治乱的道理，熟悉外交辞令。进了宫廷就和怀王谋划商议国家大事，发号施令；出了宫廷就接待宾客，应酬诸侯。怀王非常信任他。

上官大夫与之同列[6]，

上官大夫靳尚和屈原的官阶

1 《屈原列传》选自《史记·屈原贾生列传》。大概因为屈、贾都是怀才不遇的文学家，贾谊还作过《吊屈原赋》，司马迁才把二人合传。本篇选的是屈原传文部分，并删节了《怀沙》赋。
2 楚之同姓：楚国王族姓芈（mǐ），后分为很多氏，屈、景、昭等氏，都是楚王同姓。
3 左徒：楚官名。相当于上大夫而低于令尹。
4 志：通“识”。
5 娴：熟悉。辞令：政治外交方面应酬交际的语言。
6 同列：官阶相同。

争宠，而心害其能。怀王使屈原造为宪令，屈平属(zhǔ)[7]草稿未定。上官大夫见而欲夺之，屈平不与，因谗(chán)之曰：“王使屈平为令，众莫不知；每一令出，平伐其功，曰：以为‘非我莫能为’也。”[8]王怒而疏屈平。

屈平疾王听之不聪也，谗谄(chánchǎn)之蔽明也，邪曲(qū)之害公也，方正[9]之不容也，故忧愁幽思而作《离骚》[10]。“离骚”者，犹离忧[11]也。夫天者，人之始也；父母者，人之本也。人穷则反本[12]，

相同，为了争宠，心里很嫉妒屈原的贤能。有一次，楚怀王派屈原制定一份法令，屈原写好了草稿，还没有审定。上官大夫看到了就想夺走它，屈原不给他，因此，上官大夫就在怀王面前讲屈原的坏话，说：“大王派屈原制定法令，大家没有不知道的；每次法令一公布，屈原就夸耀自己的功劳，说‘除了我，就没有谁能做得到’。”怀王很生气，从此疏远了屈原。

屈原痛心怀王听意见是非不分，被谗言媚语所蒙蔽以致所见不明，邪恶小人以私害公，品行端正的君子不能在朝容身，所以他忧伤愁闷、沉郁深思，创作了《离骚》。“离骚”的意思，就是“遭遇忧愁”。天，是人的起源；父母，是人的根本。人在处境困难的时候，总是追念

7 属：联缀。指写作、起草。
8 伐：夸耀。曰：与“以为”重复，可能是传抄的错误。
9 方正：行为正直。
10《离骚》：屈原所作的长篇抒情诗。
11 离忧：遭遇忧愁。离，通“罹”。
12 反本：追念根本。反，同“返”。

故劳苦倦极，未尝不呼天也；疾痛惨怛(dá)[13]，未尝不呼父母也。	根本，所以人在劳苦疲惫到极点时，没有不呼天的；病痛悲伤的时候，没有不叫爹唤娘的。
屈平正道直行，竭忠尽智以事其君，谗人间(jiàn)之[14]，可谓穷矣！信而见疑，忠而被谤(bàng)，能无怨乎？屈平之作《离骚》，盖自怨生也。《国风》好色而不淫[15]，《小雅》怨诽(fěi)而不乱[16]，若《离骚》者，可谓兼之矣。	屈原为人端方正直，竭尽忠心用尽才思来服侍他的君王，小人却离间了他跟君主之间的关系，可以说是处境艰难到极点了！诚实可靠却被怀疑，忠心耿耿却被诽谤，能够没有怨愤吗？屈原作《离骚》，本来就是由怨愤而引起的。《国风》喜欢吟咏男女爱情却不过分，《小雅》虽多怨恨讽刺，却没有扰乱君臣的界限。像《离骚》这样的作品，可以说兼有二者的特点。
上称帝喾(Kù)[17]，下道齐桓(huán)[18]，中述汤、武[19]，	在《离骚》里面，远古曾提到帝喾，近古曾说到齐桓公，中古曾叙述到商汤

13 惨怛：内心悲痛。
14 谗人：小人，坏人。间：离间。
15 《国风》：《诗经》中的一部分，其中有不少写男女爱情的诗，但并不过分。所以说“好色而不淫”。
16 《小雅》：《诗经》中的一部分，其中有一些讽刺政治的诗，但并未逾越君臣界限，所以说“怨诽而不乱”。诽，讽刺。
17 帝喾：传说中的上古帝王，即高辛氏。
18 齐桓：春秋时的齐桓公。
19 汤、武：商汤、周武王。

以刺世事。明道德之广崇，治乱之条贯[20]，靡(mǐ)不毕见(xiàn)[21]。其文约[22]，其辞微[23]，其志洁，其行廉[24]。

和周武王，用这些来讽刺楚国当时的政局。诗中阐明道德的广大崇高，把国家治乱的来龙去脉清楚明白地展现出来。他的文字简练，他的辞意含蓄，他的志趣高洁，他的行为方正。

其称文小而其指[25]极大，举类迩(ěr)而见(xiàn)义远[26]。其志洁，故其称物芳[27]；其行廉，故死而不容。自疏濯淖(zhuó nào)污泥之中[28]，蝉蜕(tuì)[29]于浊秽(huì)，以浮游尘埃之外，不获世之滋[30]垢(gòu)，皭(jiào)然泥而不滓(zǐ)者也[31]。推此志

他讲的事虽细小，但意义却很大；列举的事物虽然浅近，但表达的意思却很深远。他的志趣高洁，所以他的书中多称引美人、芳草；他的行为方正，所以他到死也不被容忍。他远离了污泥浊水的环境，就像秋蝉脱壳一样摆脱浊秽，因而超脱尘世之外。他真是洁白无瑕，出污泥而不染啊。推究屈原的这种高尚精神，即使与日月

20 条贯：条理。
21 靡：无。见：同“现”。
22 约：简练，简洁。
23 微：隐微，含蓄。
24 廉：方正不苟。
25 指：同“旨”。
26 类：事例。义：道理。
27 称物芳：指《离骚》中多用美人、芳草作比喻。
28 疏：疏远。濯淖污泥：比喻污浊的环境。濯，淘米洗菜后的水。淖，稀泥。
29 蝉蜕：蝉脱壳。蝉脱壳后高飞，比喻不为环境影响，品行高洁。
30 滋：浊。
31 皭然：洁白的样子。滓：黑泥。

也，虽与日月争光可也。

屈平既绌(chù)[32]，其后秦欲伐齐，齐与楚从(zòng)亲。惠王[33]患之，乃令张仪详(yáng)去秦[34]，厚币委质事楚[35]，曰："秦甚憎(zēng)齐，齐与楚从(zòng)亲；楚诚能绝齐，秦愿献商於(wū)之地六百里[36]。"楚怀王贪而信张仪，遂绝齐，使使如秦受地，张仪诈之曰："仪与王约六里，不闻六百里。"楚使怒去，归告怀王。

怀王怒，大兴师伐秦。秦发兵击之，大破

争光也是可以的。

屈原被罢了官，这以后，秦国想攻打齐国，齐国同楚国联合抗秦。秦惠王担心这件事，就叫张仪假装背离秦国，拿着厚礼呈献给楚王，表示愿意效忠楚国，说："秦国非常憎恨齐国，可是齐国却同楚国亲善结盟；楚国真能够同齐国绝交，秦国愿意把商於的六百里土地献给楚国。"楚怀王因贪心而相信了张仪，就同齐国绝交，派使者到秦国去接收土地。张仪欺骗使者说："我和楚王约定的是六里，没听说有六百里。"楚国使者愤怒地离开秦国，回国来报告怀王。

怀王大怒，便大举兴师讨伐秦国。秦国调兵迎击，在丹江、淅川流

32 绌：同"黜"，罢退。
33 惠王：秦惠王。
34 张仪：魏人，主张"连横"，游说六国共同事秦，为秦惠王重用。详：通"佯"，假装。
35 厚币：丰厚的礼物。委：呈献。质：通"贽"，觐见时携带的礼物。
36 商於：秦地名，今陕西商洛商州区至河南内乡一带。

楚师于丹、淅(xī)[37]，斩首八万，虏楚将屈匄(gài)[38]，遂取楚之汉中地。怀王乃悉发国中兵，以深入击秦，战于蓝田[39]。魏闻之，袭楚至邓[40]。楚兵惧，自秦归。而齐竟怒不救楚，楚大困。

域把楚军打得大败，斩杀楚军八万人，俘虏了楚国将领屈匄，趁机夺取了楚国的汉中地区。怀王就征调全国的兵力深入秦国作战，在蓝田打了一仗。魏国听到了这个消息，便偷袭楚国，一直打到邓城。楚军害怕起来，从秦国撤回。而齐国因怨恨楚国，不派兵救楚，楚国陷入极困难的境地。

明年[41]，秦割汉中地与楚以和。楚王曰："不愿得地，愿得张仪而甘心焉。"张仪闻，乃曰："以一仪而当[42]汉中地，臣请往如楚。"如楚，又因厚币用事者臣靳(jìn)尚，而设诡辩于怀王

第二年，秦国割让汉中地区给楚国来讲和。楚王说："不愿意得到土地，只有得到张仪才甘心。"张仪听说之后，便对秦惠王说："拿一个张仪就抵得汉中地区，我请求到楚国去。"张仪到了楚国，又用厚礼贿赂掌权大臣靳尚，叫他在怀王的宠姬郑袖面前编了一番假话。怀王竟然听信了郑

37 丹、淅：二水名。丹水，又称丹江，汉江支流，源出陕西，东南流经河南，至湖北入汉江。淅，淅川是丹江的支流。
38 屈匄：楚将。虏楚将屈匄，发生于楚怀王十七年（前312）。
39 蓝田：秦县名，在今陕西蓝田西。
40 邓：今河南邓州。
41 明年：第二年。指楚怀王十八年（前311）。
42 当：价值相当。这里有换取的意思。

之宠姬郑袖。怀王竟听郑袖，复释去张仪。是时屈平既疏，不复在位，使于齐，顾反，谏怀王曰：“何不杀张仪？”怀王悔，追张仪，不及。

袖，又把张仪放走了。这时候，屈原已被怀王疏远，不再在朝里任重要官职，正出使在齐国，他回楚国后，劝谏怀王说：“为什么不杀了张仪？”怀王感到后悔，派人追赶张仪，可是赶不上了。

其后，诸侯共击楚，大破之，杀其将唐昧[43]。

后来，诸侯联合起来攻打楚国，把楚国打得大败，杀了它的将领唐昧。

时秦昭王与楚婚，欲与怀王会。怀王欲行，屈平曰：“秦，虎狼之国，不可信。不如毋行！”怀王稚子子兰劝王行：“奈何绝秦欢！”怀王卒行。入武关[44]，秦伏兵绝其后，因留怀王，以求割地。怀王怒，不听，亡走赵，赵不内[45]。复之秦，

这时，秦昭王和楚国通婚，想和怀王会面。怀王打算动身，屈原说：“秦，是虎狼一样的国家，不能相信。不如不去。”怀王的小儿子子兰劝怀王去，他说：“为什么要断绝和秦国的友好关系呢？”怀王终于还是去了。进入武关，秦国的伏兵便断绝了他的后路，从而扣留怀王，要挟他割让土地。怀王恼羞成怒，不肯答应，向赵国逃跑，赵国不接纳他。他只好又回到秦国，最

43 杀其将唐昧：战事发生于楚怀王二十八年（前301）。唐昧，一作唐眛（mò），一作唐蔑。
44 武关：在今陕西商洛商州区东，是秦国的南关。
45 内：同“纳”，接纳。

竟死于秦而归葬。

后死在那里，尸体被运回楚国埋葬。

长子顷(qǐng)襄王[46]立，以其弟子兰为令尹(yǐn)。楚人既咎(jiù)[47]子兰，以劝怀王入秦而不反也。

怀王的大儿子顷襄王继位，任用他的弟弟子兰做令尹。楚国人都抱怨子兰，因为他怂恿怀王到秦国去，竟使怀王不能回来。

屈平既嫉(jí)之，虽放流，眷[48]顾楚国，系(xì)心怀王，不忘欲反。冀(jì)幸君之一悟，俗之一改也。其存君兴国而欲反覆之[49]，一篇之中，三致意焉。然终无可奈何，故不可以反。卒以此见怀王之终不悟也。

屈原也因为嫉恨子兰，虽然被放逐外地，但仍眷恋着楚国，惦记着怀王，不忘要回到朝廷，希望有朝一日怀王能够醒悟，风气能够改变。他挂念国君，想复兴国家，要把楚国从衰弱的局势中挽救过来，在一篇作品中再三地表达这种意愿。然而始终无可奈何，所以也不能回到朝廷，从这种情况完全可以看出怀王是至死不会醒悟的啊。

人君无愚智贤不肖(xiào)，莫不欲求忠以自为，举贤以自佐，然亡国破家相随属(zhǔ)[50]，而圣

一个国家的君主，无论他愚昧还是聪明，贤能还是昏庸，没有谁不想得到忠臣来帮助自己，选拔贤良来辅佐自己。可是亡国破家的事件接连发生，而

46 顷襄王：名熊横，公元前298年到前263年在位。
47 咎：抱怨，责备。
48 眷：眷恋，怀念。
49 反覆之：指把楚国从衰弱的局势中挽救过来。
50 属：接连。

君治国累世而不见者，其所谓忠者不忠，而所谓贤者不贤也！怀王以不知忠臣之分，故内惑于郑袖，外欺于张仪，疏屈平而信上官大夫、令尹子兰。兵挫地削(xuē)，亡其六郡，身客死于秦，为天下笑。此不知人之祸也。《易》曰："井渫(xiè)[51]不食，为我心恻(cè)。可以汲(jí)。王明，并受其福。"王之不明，岂足福哉！

圣明的君主、政治清明的国家，几代也没有出现，这就是因为他们所认为的忠臣并不是真正的忠臣，他们所认为的贤良并不是真正的贤良啊！怀王因为不懂得识别忠臣，所以在宫廷里被郑袖迷惑，在外面被张仪欺骗，疏远了屈原而信任上官大夫和令尹子兰。结果，军队遭到挫败，土地被分割，丢失了六个郡，自己客死在秦国，被天下人耻笑。这就是不会识别人所得到的祸患。《易经》上说："井淘干净了，没人来喝水，使我心里难过。因为井水是供汲取饮用的。君王圣明，能任用忠良，大家都获得幸福。"君王不明，难道能获得幸福吗？

令尹子兰闻之大怒，卒使上官大夫短屈原于顷襄王[52]，顷襄王怒而迁[53]之。

令尹子兰听说屈原嫉恨他，非常恼怒，便唆使上官大夫在顷襄王面前说屈原的坏话。顷襄王大怒，把屈原放逐到外地。

51 渫：淘去泥污。
52 卒：终于。短：毁谤。
53 迁：放逐。指再度放逐到江南。

屈原至于江滨，被(pī)[54]发行吟泽畔，颜色憔悴(qiáo cuì)，形容枯槁(gǎo)。渔父见而问之曰：“子非三闾(lǘ)大夫[55]欤(yú)？何故而至此？”屈原曰：“举世混浊而我独清，众人皆醉而我独醒，是以见放。”渔父曰：“夫圣人者，不凝滞于物而能与世推移。举世混浊，何不随其流而扬其波？众人皆醉，何不餔(bū)其糟而啜(chuò)其醨(lí)[56]？何故怀瑾握瑜而自令见放为？”

屈原走到江边，披头散发，在水边一边走一边吟诗，面色憔悴，形体瘦弱。渔父看见了便问他说：“您不是三闾大夫吗？为什么来到这里？”屈原说：“整个世界都混浊不堪，只有我干净清白；众人都醉了，只有我头脑清醒，因此被放逐出来。”渔父说：“那些号称圣人的人，不被事物所拘束而且能够顺随世俗而变化。整个世界都混浊不堪，为什么不跟着这种潮流并推波助澜呢？众人都醉了，为什么不跟他们一起吃那酒糟喝那淡酒呢？为什么要保持宝玉般的德操而使自己被放逐呢？”

屈原曰：“吾闻之，新沐者必弹冠(guān)[57]，新浴者必振衣。人又谁能以身

屈原说：“我听说，刚洗好头发的人，一定要弹一弹帽子上的灰尘；刚洗完澡的人，一定要抖一抖衣裳上的

54 被：同“披”。
55 三闾大夫：掌管楚国王族三姓（屈、景、昭）事务的官。
56 餔：食。啜：喝。醨：淡酒。
57 弹冠：用手弹去帽子上的灰尘。

之察察[58]，受物之汶汶(ménmén)[59]者乎！宁赴常流[60]而葬乎江鱼腹中耳，又安能以皓皓(hào hào)之白而蒙世之温蠖(huò)乎[61]！”

灰尘。作为人，又有谁能够让自己洁白的身体蒙受世俗的污垢呢？我宁可跳进这长流的江水，葬身在鱼腹之中，又哪能让高洁的心灵去蒙受世俗的污浊呢？”

乃作《怀沙》[62]之赋。……于是怀石，遂自投汨(mì)罗[63]以死。

于是屈原便写了《怀沙》的诗篇。……这样，屈原就抱着石头，自己跳进汨罗江而死。

屈原既死之后，楚有宋玉、唐勒、景差(cuō)之徒者，皆好辞而以赋见称。然皆祖屈原之从容辞令[64]，终莫敢直谏。其后楚日以削(xuē)，数十年竟为秦所灭[65]。

屈原已经死了之后，楚国有宋玉、唐勒、景差这一班人，都爱好文学，并且因写辞赋被人称赞。虽说都效法屈原，文辞写得委婉含蓄，却终究不能像屈原那样直言敢谏。从屈原死后，楚国的疆土一天天缩小，几十年后，终于被秦国灭亡了。

自屈原沉汨罗后百

在屈原沉汨罗江后一百多年，汉

58 察察：洁白的样子。
59 汶汶：昏暗不明的样子。引申为蒙受污垢或耻辱。与“察察”相对。
60 常流：同“长流”，指江水。
61 皓皓之白：比喻品德的高贵洁白。温蠖：污浊。一本在“蒙世”下有“俗”字。
62 《怀沙》：《楚辞·九章》中的一篇。《史记》中全文照录，《古文观止》的编者把它删去了。
63 汨罗：水名。在今湖南汨罗。
64 从容辞令：指文章委婉含蓄。从容，舒缓的样子。
65 为秦所灭：公元前223年秦灭楚。

有余年，汉有贾生，为长沙王太傅。[66] 过湘水，投书以吊屈原[67]。

朝有个贾谊，做长沙王的太傅。他经过湘水，写了一篇《吊屈原赋》投到江中，来凭吊屈原。

太史公曰：余读《离骚》《天问》《招魂》《哀郢》[68]，悲其志。适长沙，过[69] 屈原所自沉渊，未尝不垂涕，想见其为人。及见贾生吊之，又怪屈原以彼其材，游诸侯，何国不容，而自令若是。读《鹏鸟赋》[70]，同生死[71]，轻去就[72]，又爽然[73] 自失矣！

太史公说：我读《离骚》《天问》《招魂》《哀郢》，为屈原的高尚志向不能实现而悲叹。到长沙，经过屈原投水自杀的地方，不能不难过地流泪，想象到屈原是怎样的人。后来见了贾谊吊屈原的文章，文中责怪屈原，如果凭他那样的才能去游说诸侯，哪个国家不可以容身，而自己偏要选择这样沉水自杀的道路。再读贾谊的《鹏鸟赋》，他提出把死生等同看待，把罢官得官看得很轻，又不觉茫然不知所措了。

66 贾生：指贾谊。太傅：官名，职务是辅佐、教导国君或太子。
67 投书以吊屈原：指贾谊写的《吊屈原赋》。
68 《天问》《招魂》《哀郢》：都是屈原的作品，收入《楚辞》。其中《招魂》，也有人说是宋玉所作。
69 过：中华书局标点本《史记》作“观”。
70 《鹏鸟赋》：贾谊作。
71 同生死：生死同等看待。
72 去：谓政治失意，放逐在外。就：谓在朝供职。
73 爽然：茫然无主的样子。

傅抱石 《屈子行吟图》

酷吏列传序[1]

《史记》

本文是《史记·酷吏列传》的序，中心意思是主张实行德政，反对严刑峻法。文中两次引用孔子、老子的话，又把秦法苛刻、汉初宽仁两相对照，以表明作者的论点，并隐含着对汉武帝任用酷吏的批评。

孔子曰[2]:“道(dǎo)[3]之以政，齐之以刑，民免而无耻；道(dǎo)之以德，齐之以礼，有耻且格[4]。”老氏称[5]:“上德不德，是以有德；下德不失德，是以无德。”“法令滋章[6]，盗贼多有。”

孔子说:“用行政命令来引导，用刑罚来约束，百姓只是避免犯罪却没有羞耻之心；用道德来引导，用礼仪来约束，百姓不但有羞耻之心，而且很规矩。”老子说:“德最高的人不讲究形式上的德，因此他有德；德低下的人死守着形式上的德，因此他没有德。”“法令越是繁杂明白，盗贼反而更多出现。”

1 酷吏：指那些施行严刑峻法，以酷烈著称的官吏。
2 孔子曰：引文见《论语·为政》。
3 道：引导。
4 格：方正，规矩。
5 老氏称：老氏指老子。引文前四句见《老子》三十八章，后两句见《老子》五十七章。
6 滋：繁多。章：明白。

太史公曰：信哉是言也[7]！法令者治之具，而非制治清浊之源也[8]。昔天下之网尝密矣，然奸伪萌起，其极也，上下相遁(dùn)[9]，至于不振。当是之时，吏治若救火扬沸[10]，非武健严酷，恶(wū)能胜其任而愉(tōu)[11]快乎？言道德者，溺(nì)其职矣。故曰"听讼，吾犹人也，必也使无讼乎"[12]，"下士闻道大笑之"[13]，非虚言也。

太史公说：这话很准确呀！法令是治理天下的工具，但并不是决定政治好坏的根源。从前天下的法网是很密的，可是邪恶欺诈的事不断发生。到最严重时刻，上上下下互相包庇回避，以至于国家不能振作。当这个时候，吏治如同负薪救火、扬汤止沸，不拿出凶猛严酷的手段，又怎能担负起责任并且求得一时的效用呢？讲求道德的人，没有尽到他的职责啊！所以孔子说："处理诉讼，我同别人一样，如果有不同，那就是使人们不发生诉讼呀！"老子说："愚蠢浅陋的人听见讲'道'就哈哈大笑。"这不是假话。

汉兴，破觚(gū)而为

汉朝兴起，废除苛刻的法律，去掉

7 信：的确，实在。是：这。
8 清：清明，指政治好。浊：混乱，指政治不好。
9 遁：回避。
10 救火扬沸：比喻不能从根本上解决问题。
11 愉：通"偷"，苟且。
12 "听讼"三句：语出《论语·颜渊》，是孔子的话。
13 "下士"句：语出《老子》四十一章，是老子的话。下士：愚蠢浅陋的人。

圜[14]，斫雕而为朴[15]，网漏于吞舟之鱼[16]；而吏治烝烝[17]，不至于奸，黎民艾安[18]。由是观之，在彼不在此[19]。

烦琐的条文，法网宽疏得使能吞掉船只的大鱼从中漏掉，可是官吏的政绩却很好，不为非作歹，老百姓太平无事。由此看来，国家的安定在于那道德的力量，而不靠这严酷的刑法。

14 破觚而为圜：把方正有棱的酒器改为圆形的酒器，比喻重大的改变。指汉初一反秦代酷法，仅颁约法三章。觚，有棱角的酒器。圜，同“圆”。

15 斫雕而为朴：去掉华丽的装饰变为朴素之貌。指由众多而烦琐的礼仪转为简单自然。斫，砍，去掉。雕，指华丽的装饰。朴，朴素。

16 网漏于吞舟之鱼：一口能吞下船的大鱼从网里漏掉。比喻法网的宽疏。

17 烝烝：美盛。形容吏治很好。

18 艾安：太平无事。艾，通“乂”，治理。

19 彼：指道德。此：指刑法。

明 仇英《纯孝图册》之汉文帝亲尝汤药（局部）

游侠列传序

《史记》

本文选自《史记 · 游侠列传》，是一篇专门记载汉代游侠的传记。汉代封建统治者和士大夫对游侠多持否定的态度，司马迁却给他们立传，并予以很高的评价和极大的同情。

韩子曰[1]:“儒以文乱法,而侠以武犯禁。”[2]二者皆讥,而学士多称于世云。至如以术取宰相、卿、大夫,辅翼其世主,功名俱著于春秋[3],固无可言者。及若季次、原宪[4],闾(lǘ)巷[5]人也,读书

韩非说:“儒生用儒家的先王之道和礼乐制度扰乱法制,侠士又依仗武力触犯禁令。”儒和侠二者都被讥议,但有学问的儒者还是多半被世人称赞的啊。至于像那些凭借儒术取得宰相、卿、大夫等高官厚禄的人,辅助当世的君主,功绩和名望都记在国家的史册上,本来就没有什么必要说的了。至于像季次、原宪这些隐居里巷的人,熟读诗

1 韩子：指韩非。
2 “儒以文乱法”二句：语见《韩非子 · 五蠹篇》。文，指儒家所推崇的先王之道和礼乐制度。
3 著：记载，著录。春秋：泛指当时的国史。
4 季次：即公晰哀，孔子的弟子。原宪：字子思，孔子弟子。
5 闾巷：街巷。

怀独行君子之德[6]，义不苟合当世，当世亦笑之。

书，保持着独行君子的崇高品德，坚守正义，不随便迎合世俗，当世的人也讥笑他们。

故季次、原宪终身空室蓬户[7]，褐(hè)衣疏食不厌[8]。死而已四百余年，而弟子志之不倦[9]。今游侠，其行虽不轨于正义[10]，然其言必信，其行必果，已诺必诚，不爱其躯，赴士之厄困[11]。既已存亡死生[12]矣，而不矜(jīn)其能，羞伐其德，盖亦有足多[13]者焉。

因此，季次、原宪终身居住在破草房里，粗劣简单的衣服饮食都不周全。他们已经死了四百多年，但是后世儒者仍然怀念他们。如今的游侠，他们的行为虽不符合国家的法律，但是，他们说话必定守信用；他们办事很坚决；已经答应人家的事必定忠诚地完成；不吝惜自己的生命，为别人的危急困难而奔走。等到已经把别人从危难中拯救出来了，却不夸耀自己的能力，羞于吹嘘自己的恩德，像这样的游侠实在也有值得称赞的地方啊。

6 怀：保持，坚守。独行君子：有独特节操的君子。
7 空室：屋里空无所有。蓬户：用杂乱柴草编成屋门。
8 褐衣：兽皮或粗麻布制的短衣，是贫苦人的衣服。疏：粗。厌：同"餍"，满足，周全。
9 弟子：指后世儒者。志：怀念。倦：衰，停息。
10 轨：合。正义：指国法。
11 厄困：危急和困难。
12 存亡死生：使亡者得存，使死者得生。意思是把别人从危难中解救出来。
13 足多：值得称赞。

且缓急[14],人之所时有也。太史公曰:昔者虞(yú)舜窘(jiǒng)于井廪(lǐn)[15];伊(yī)尹(yǐn)负于鼎俎(zǔ)[16];傅说匿于傅险(yán)[17];吕尚困于棘(jí)津[18];夷吾桎(zhì)梏(gù)[19];百里饭牛[20];仲尼畏匡(kuāng),菜色陈、蔡[21]:此皆学士所谓有道仁人也,犹然遭此灾,况以中材而涉乱世之末流[22]乎?其遇害何可胜道哉!

况且急难的事情是人们经常有的。太史公说:从前,虞舜在浚井和修米仓时受到迫害;伊尹背着锅和砧板当奴隶;傅说在傅岩筑土墙;姜太公在棘津过穷困日子;管仲曾戴上脚镣手铐;百里奚喂过牛;孔子在匡地受过威胁,在陈蔡绝粮挨饿:这些人都是学士们所说的有道德的仁人,还不免遭受到这些灾难,何况是一个普通人而又碰上乱世的最坏时期呢?他们所遭受的迫害哪里能说得完呢?

14 缓急:急。这是一种复词偏义现象。
15 虞舜窘于井廪:相传舜父瞽瞍和其弟象想杀死舜,曾让舜去修米仓,然后放火烧仓,想把舜烧死。舜不死。又使舜挖井,瞽瞍与象用土填井,舜从井旁挖的出路走出来。这就是舜窘于井廪之事。窘,受到困迫。廪,米仓。
16 伊尹负于鼎俎:伊尹,商汤时贤臣。相传他曾是汤妃有莘氏女的陪嫁奴隶,背着锅(鼎)和砧板(俎)当厨人。
17 傅说匿于傅险:傅说,殷的贤臣,为殷帝武丁所用。傅险,即傅岩,在今山西平陆东。相传傅说原是傅岩地方筑土墙的奴隶。
18 吕尚困于棘津:吕尚,即姜太公。棘津,水名,在今河南延津东北,现已湮没。相传姜太公七十岁的时候,还在棘津靠卖力气生活。
19 夷吾桎梏:夷吾,即管仲。桎梏,脚镣手铐。
20 百里饭牛:百里,即百里奚。百里奚入秦之初,曾替人喂牛。
21 "仲尼"两句:孔子从卫到陈,路过匡地,匡人错以为他是阳虎,几乎把他杀害。匡,古卫地,在今河南长垣西南。菜色陈、蔡,指孔子在陈蔡之间绝粮而面有菜色。菜色,饥饿的脸色。
22 末流:犹"末世"。

鄙人[23]有言曰：“何知仁义，已向(xiǎng)其利者为有德[24]。”故伯夷丑周[25]，饿死首阳山，而文、武不以其故贬王；跖(zhí)、蹻(qiāo)[26]暴戾(lì)，其徒诵义无穷。由此观之，“窃钩者诛，窃国者侯，侯之门，仁义存”，非虚言也。[27]

老百姓有这样的话说：“怎么知道仁义？受了谁的好处，谁就是有德的人。”所以，伯夷憎恶周灭商，饿死在首阳山，但周文王、周武王并不因伯夷不满就贬损了王号，还是照样受人歌颂；柳跖、庄蹻残酷暴戾，可是他们的党徒却永远称颂他们有义气。照这样看来，“偷人家钩带的被杀头，偷取国家的却封侯，封了侯，他的门内自然就有了仁义”。这不是没有根据的话。

今拘学或抱咫(zhǐ)尺之义[28]，久孤于世，岂若卑论侪(chái)俗[29]，与世浮沉而取荣名哉？而布衣之徒，设取予然诺[30]，千

现在有些拘谨的学者，死抱着短浅的道义信条，长久地孤立在世俗之外，他们怎么能比得上那些议论不高，迁就世俗，随波逐流去猎取功名富贵的人呢？而那些出身平民的游侠，认真对待

23 鄙人：指一般老百姓。
24 已：通“以”。向：同“享”。
25 伯夷丑周：伯夷，见《伯夷列传》。伯夷认为周武王伐纣，是以暴易暴，十分憎恶。丑，憎恶。
26 跖、蹻：指柳下跖和庄蹻。柳下跖，见《伯夷列传》注。庄蹻，战国末年楚国奴隶起义领袖。
27 “窃钩者诛”四句：语出《庄子·胠箧》。虚言：没有根据的话。
28 拘学：拘谨固执的学者。指季次、原宪一类人。咫尺：形容距离很短。咫，古代长度名，合今市尺六寸二分多。
29 侪俗：迁就世俗。
30 然诺：许诺，答应。

里诵义，为死不顾世。此亦有所长，非苟而已也。故士穷窘而得委[31]命，此岂非人之所谓贤豪间(jiàn)者[32]邪？诚使乡曲(qū)[33]之侠，予季次、原宪比权量(liàng)力，效功于当世，不同日而论[34]矣。要以功见(xiàn)言信，侠客之义又曷(hé)可少哉？

古布衣之侠，靡(mǐ)得而闻已。近世延陵、孟尝、春申、平原、信陵之徒，[35]皆因王者亲属，借于有土卿相(xiàng)之富厚，招天下贤者，

取与财物和给人家的许诺，相隔千里也仗义相助，为别人牺牲性命，不顾世俗的议论。这些人也有他们的长处，不是马虎随便的。所以人们遇到穷困窘迫就把身家性命委托给他们，这难道不就是人们所说的贤能英豪的杰出人才吗？如果把这些乡里的侠客跟季次、原宪等人比较一下地位和能力，他们在当世所发挥的作用，那是不能相提并论的。如果从功效的显著、说话的有信用来衡量，侠客的正义行为，又怎么能轻视呢？

古时候民间的游侠，已经不可能了解了。近世的延陵吴季子、孟尝君、春申君、平原君、信陵君一类人，都因为是国君的亲属，凭借着有封地和卿相地位的富厚条件，招纳天下的贤士，名声传扬各诸侯国，不可说不是贤者了。正如顺

31 委：委托。
32 间者：杰出的人才。
33 乡曲：乡里，指穷乡僻野。
34 同日而论：相提并论。
35 近世：指春秋战国以来。延陵：即吴公子季札。孟尝：齐国的孟尝君田文。春申：楚国的春申君黄歇。平原：赵国的平原君赵胜。信陵：魏国的信陵君魏无忌。

显名诸侯，不可谓不贤者矣。比如顺风而呼，声非加疾，其势激也。至如闾(lǘ)巷之侠，修行砥(dǐ)名，声施(yì)[36]于天下，莫不称贤，是为难(nán)耳。然儒、墨皆排摈(bìn)不载(zǎi)，自秦以前，匹夫之侠，湮(yān)灭不见，余甚恨之。

以余所闻，汉兴有朱家、田仲、王公、剧孟、郭解(jiě)[37]之徒，虽时扞(hàn)当世之文罔(wǎng)[38]，然其私义廉洁退让，有足称者。名不虚立，士不虚附。至如朋党

风呼喊一样，声音并不加快，只是声浪被风势激荡，所以传得很远。至于居住在民间的侠客，修养自己的品行，锻炼自己的操守，声名传遍天下，没有人不称赞他们贤能，这实在是很难的啊。可是儒家、墨家的典籍都排斥、摒弃这些游侠，不把他们的事迹记载下来，自秦以前，出身平民的游侠，都被埋没不传于世，我对此感到非常惋惜。

根据我所听说的，从汉朝兴起以来，有朱家、田仲、王公、剧孟、郭解这些人，虽然时常触犯当世的法禁，可是他们的个人品质廉洁谦让，有值得称赞的地方。他们的名声并不是凭空建立起来的，人们也不是无缘无故归附他们的。至于像朋党豪强互相勾结，依仗钱财役使贫民，凭借权势暴力侵

36 施：蔓延，传扬。

37 朱家、田仲、王公、剧孟、郭解：都是司马迁在《游侠列传》记述的人物。朱家，汉高祖时人，因行侠仗义闻名当世。田仲，楚人。王公，即王孟，符离（今安徽宿州）人，以侠称江淮间。剧孟，洛阳人，以任侠显诸侯。郭解，字翁伯，轵（今河南济源东南）人。

38 扞：违犯，抵触。文罔：法网。

宗强比周[39]，设财役贫，豪暴侵凌孤弱，恣(zì)欲自快，游侠亦丑之。余悲世俗不察其意，而猥(wěi)[40]以朱家、郭解等，令与豪暴之徒同类而共笑之也。

害势单力薄者，放纵贪欲，只图自己畅快，游侠对这些人，也深为憎恶。我深深地惋惜世俗的人不了解游侠的真正心志，却轻易地把朱家、郭解和那些豪强暴徒看做一类，而共同加以讥笑。

南宋 马麟 《秉烛夜游图》

39 朋党：指谋不正当利益的团伙。宗强：豪强。比周：互相勾结。
40 猥：苟且，随便。

滑稽[1]列传

《史记》

《史记·滑稽列传》记述了战国时齐淳于髡、楚优孟及秦时优旃的事迹，本文只选录了开头的短序和淳于髡传。文中风趣地记述了淳于髡如何用隐语比喻讽谏齐威王的故事。本文逐节递进，入情入理，在谈笑中含劝诫，轻松中有严肃，写得生动活泼。

孔子曰："六艺于治一也：《礼》以节人，《乐》以发和，《书》以道事，《诗》以达意，《易》以神化，《春秋》以道义[2]。"太史公曰：天道恢恢[3]，岂不大哉！谈言微中，亦可以解纷。

孔子说："六艺对于治理国家，作用是一样的：《礼》用来节制人们的行为，《乐》用来抒发平和美好的感情，《书》用来记述历史事迹，《诗》用来表达思想，《易》用来通达事物的神明变化，《春秋》用来说明君臣大义。"太史公说：天道宽阔，难道不伟大吗？谈话含蓄微妙中肯，也可解除纷乱。

淳于髡[4]者，齐之

淳于髡是齐国的一个赘婿出身的

1 滑稽：能言善辩、口齿流利的意思。
2 《春秋》以道义：中华书局标点本《史记》作"春秋以义"。
3 恢恢：广大的样子。
4 淳于髡：齐国大夫。淳于，复姓；髡，名。

赘(zhuì)婿[5]也。长(cháng)不满七尺，滑稽(gǔ jī)多辩，数(shuò)使诸侯，未尝屈辱。齐威王之时，喜隐[6]，好为淫乐(lè)长夜之饮，沉湎(miǎn)不治，委政卿大夫。百官荒乱，诸侯并侵，国且危亡，在于旦暮，左右莫敢谏(jiàn)。

淳于髡说(shuì)之以隐曰：“国中有大鸟，止王之庭，三年不蜚(fēi)[7]又不鸣，王知此鸟何也？”王曰：“此鸟不蜚则已，一蜚冲天；不鸣则已，一鸣惊人。”于是乃朝(cháo)诸县令长(zhǎng)[8]七十二人，赏一人，诛一人，奋兵而出。诸侯振惊，皆还齐侵地。

人。身高不满七尺，口齿流利，能说会辩，多次出使诸侯国，从来不曾受过屈辱。齐威王初即位的时候，爱好隐语，喜欢毫无节制的享受，通宵达旦的饮宴，沉迷在酒色之中，不治理国家，把政事交给卿大夫。于是各级官员政事荒废混乱，诸侯都来侵略，国家危亡就在旦夕之间，左右的人都不敢进谏。

淳于髡就用隐语来劝谏齐威王说：“国都中有一只大鸟，它停栖在大王的宫廷里，三年不飞又不叫，大王知道这鸟为何如此吗？”威王说：“这只鸟不飞则已，一飞就要冲上天；不鸣则已，一鸣就要惊人！”于是齐威王就召集各县的长官共七十二人来朝见，当众赏了一人，杀了一人，整顿军队出去作战。诸侯十分震惊，统统把侵占齐国的土地归还了。齐威王的声威播扬天

5 赘婿：战国、秦、汉时，家贫卖子与人为奴，三年不能赎还，主家以女子匹配之，称为赘婿，在当时是社会地位很低的人。

6 隐：隐语。似现在的谜语。

7 蜚：通“飞”。

8 县令长：指县的行政长官。大县称令，小县称长。

威行三十六年。语在《田完世家》[9]中。

下达三十六年之久。这件事情记在《田完世家》中。

威王八年，楚大发兵加齐。齐王使淳于髡之赵请救兵，赍(jī)金百斤[10]，车马十驷(sì)。淳于髡仰天大笑，冠缨索[11]绝。王曰："先生少(shǎo)之乎？"髡曰："何敢！"王曰："笑岂有说(shuō)乎？"

齐威王八年，楚国大举发兵侵犯齐国。齐威王派淳于髡到赵国请求救兵，让他携带黄铜百斤，四匹马拉的车子十辆。淳于髡仰着头对天大笑，把帽子上的缨带全震落了。齐威王说："先生嫌东西少吗？"淳于髡说："怎么敢呢！"威王问："那么，笑怎么解释呢？"

髡曰："今者臣从东方来，见道旁有穰(ráng)田[12]者，操一豚(tún)蹄，酒一盂(yú)，而祝曰：'瓯窭(ōu lóu)满篝(gōu)[13]，污(wū)邪(yé)[14]满车，五谷蕃(fán)熟，穰穰(ráng ráng)[15]满家。'臣见其所持者狭而所欲者奢(shē)，故笑

淳于髡说："今天我从东方来，看见路旁一个祭土地祈求丰收的农夫，他手里拿着一只猪蹄，一壶酒，祷告说：'狭小高坡上的旱地丰收满笼；低洼的水田收成装满大车。五谷丰收得装满我的仓屋。'我看他拿出的东西那样少，想要的又是这样多，所以我

9《田完世家》：《史记》世家之一，记载战国时齐的史事。
10 赍：赠送。金：黄铜。
11 索：尽。
12 穰田：就是耕种时设祭，祈求丰收。穰，一本作"禳"。
13 瓯窭：狭小的高地。篝：竹笼。
14 污邪：地势低下的渍水田。
15 穰穰：丰盛的样子。

之。”于是齐威王乃益赍(jī)黄金千镒(yì)[16]，白璧十双，车马百驷。髡辞而行，至赵。赵王与之精兵十万，革车[17]千乘(shèng)。楚闻之，夜引兵而去。

威王大说(yuè)，置酒后宫，召髡赐之酒。问曰：“先生能饮几何而醉？”对曰：“臣饮一斗(dǒu)亦醉，一石(shí)亦醉。”威王曰：“先生饮一斗(dǒu)而醉，恶(wū)[18]能饮一石(shí)哉！其说可得闻乎？”髡曰：“赐酒大王之前，执法在傍(páng)，御史在后，髡恐惧俯伏而饮，不过一斗径(dǒu jìng)[19]醉矣。若亲有严客，髡帣韝鞠跽(juàn gōu jū jì)[20]，侍

笑他呢。”于是齐威王就增加黄铜千镒，白璧十对，四匹马拉的车子百辆。淳于髡辞别齐王起程，到了赵国。赵王给他精兵十万，战车一千辆。楚国听到消息，连夜领兵撤走了。

威王非常高兴，就在后宫摆起酒宴，召见淳于髡，请他喝酒。齐威王问道：“先生要饮多少酒才能够醉呢？”淳于髡回答说：“我喝一斗也醉，喝一石也醉。”威王说：“先生喝一斗就醉了，怎能够喝一石呢？这个缘故，能说给我听听吗？”淳于髡说：“在大王面前赐我喝酒，执法的官员站在身旁，御史站在后面，我心情恐惧低着头喝，不过一斗就醉了。如果我的双亲有尊贵的客人，我卷

16 镒：古代计重量的单位。二十两或二十四两为一镒。
17 革车：古代的一种战车。
18 恶：同“乌”，何。
19 径：即，就。
20 帣韝：束好衣袖。帣，通“桊”，收束。韝，束衣袖的臂套。鞠跽：躬身下跪。鞠，弯曲。跽，同“跽”，小跪。

酒于前，时赐余沥(lì)，奉觞(shāng)上寿[21]，数(shù)起，饮不过二斗(dǒu)径醉矣。若朋友交游，久不相见，卒(cù)然相睹，欢然道故，私情相语，饮可五六斗(dǒu)径醉矣。

“若乃州闾(lǘ)[22]之会，男女杂坐，行酒稽(jī)留，六博投壶[23]，相引为曹[24]，握手无罚，目眙(chì)[25]不禁，前有堕珥(duò ěr)[26]，后有遗簪(zān)[27]，髡窃乐(lè)此，饮可八斗(dǒu)而醉二参(sān)[28]。

“日暮酒阑(lán)[29]，合

起衣袖，躬身下跪，在前面侍奉，他们不时把剩余的酒赐给我，我捧着杯子上前敬酒，多次起身，喝不过两斗就醉了。如果好朋友交往，很久不见面了，突然相会，欢乐地谈论往事，倾吐私情，这时候可以喝五六斗就醉了。

“如果乡里举行集会，男男女女混杂坐在一起，斟酒慢慢地喝，又玩六博、投壶的游戏，互相招呼，结为同辈，握了妇女的手不受责罚，眼睛直瞪着她们不被禁止，前面有掉下的耳环，后面有丢失的簪子，我暗自喜欢这种场面，可以喝八斗才有两三分醉意。

“等到日落西山，酒要喝完了，把

21 觞：古代盛酒器。寿：敬酒。

22 州闾：乡里。

23 六博：本作“六薄”。古代的一种争胜负的博戏。共十二粒棋子，六黑六白，故名。投壶：我国古代宴会的礼制，也是一种游戏。以盛酒的壶口作目标，用箭投入。以投中多少决胜负，负者须饮酒。

24 曹：辈。

25 眙：瞪着眼直视。

26 珥：妇女的珠玉耳饰。也叫“瑱”“珰”。

27 簪：妇女插髻的首饰。

28 二参：指十有二三分醉。参，同“叁（三）”。

29 阑：完、尽。

尊促坐[30]，男女同席，履舄(lǚ xì)[31]交错，杯盘狼藉[32]，堂上烛灭，主人留髡而送客，罗襦(rú)襟解，微闻芗(xiāng)泽[33]，当此之时，髡心最欢，能饮一石(shí)。故曰：'酒极则乱，乐极则悲，万事尽然。'言不可极，极之而衰。"以讽谏焉。齐王曰："善。"乃罢长夜之饮，以髡为诸侯主客[34]。宗室置酒，髡尝在侧。

酒杯合在一块，紧紧地挨着坐，男女同席，鞋子互相错杂，杯盘纵横散乱；堂上的蜡烛熄灭了，主人留下我，把客人都送走。那陪酒的女子，解开罗衫的衣襟，我微微闻到一股香气。当这个时候，我心里最高兴，那就能够喝下一石了。所以说：'饮酒过度，必定要乱；欢乐过度，必然生悲。万事都是这样。'这是说什么都不可过度，过度了就会衰败。"他用这个话来委婉劝谏。威王说："好！"就停止通夜饮酒，任命淳于髡做接待诸侯的主客。每逢齐国宗室摆酒宴，淳于髡经常被邀在座。

30 尊：同"樽"，酒杯。促坐：促席而坐。促，靠近。
31 履舄：鞋。舄，古代的一种复底鞋，引申为鞋的通称。
32 狼藉：纵横散乱。
33 芗泽：同"香泽"，香气。
34 主客：接待外宾的官员。

明 仇英 《宴乐图卷》（局部）

货殖列传序

《史记》

本文是《史记·货殖列传》的序。货殖，就是靠贸易来生财求富的意思。司马迁在《货殖列传》里，详细介绍了有关货殖的各种情况，以及各地货物、人民生活和社会风气等，是关于古代社会经济的重要文献。这篇序文主要论述货殖的重要性，也否定了《老子》设想的“老死不相往来”的社会主张，据事论理，层次分明。

《老子》曰[1]:“至治之极，邻国相望，鸡狗之声相闻，民各甘其食，美其服，安其俗，乐其业，至老死不相往来。”必用此为务，挽近世涂[2]民耳目，则几(jī)无行矣。

《老子》说:“天下治理得最好的时候，邻国的人互相望见，鸡鸣狗吠的声音彼此听到，老百姓满足他们的饮食，喜欢他们的穿着，安于他们的风俗，乐于从事他们的职业，到老到死也不相互来往。”如果一定把老子所说的当做要务，企图挽回近世的风俗，闭塞百姓的耳目，那么几乎是没办法行得通的。

太史公曰:夫神农

太史公说:神农以前的事，我不知

1 《老子》：书名。又称《道德经》。相传为春秋末老聃著。引文见该书第八十章（王弼本），文字稍有出入。
2 涂：闭塞。

以前，吾不知已[3]。至若《诗》《书》所述，虞(yú)、夏以来，耳目欲极声色之好(hǎo)，口欲穷刍豢(chú huàn)[4]之味，身安逸乐，而心夸矜(jīn)势能之荣，使俗之渐(jiān)[5]民久矣，虽户说以眇(miào)论[6]，终不能化。故善者因之，其次利道(dǎo)[7]之，其次教诲之，其次整齐之，最下者与之争。

夫山西饶材、竹、榖(gǔ)、纑(lú)、旄(máo)、玉石；[8]山东[9]多鱼、盐、漆、丝、声色；江南出楠、梓、姜、桂、金、锡、连、丹沙、犀(xī)、玳瑁(dài mào)、

道。至于《诗》《书》上所记述的，从虞、夏以来，人们的耳目都想尽量享受声色的美好，口里都想尽量享受各种肉类的滋味，身体贪图安逸快乐，而心里夸耀权势的光荣，这个习俗深入民心很久了，即使用老子讲的微妙道理去挨家挨户地劝说，也终究不能改变。因此，最好的办法是顺应形势的发展，其次是用利益去引导他们，再次是教育他们，再次就是制定法规去约束他们，最下等的办法是和他们争利。

太行山以西多产木材、竹子、楮树、野麻、牦牛尾、玉石；太行山以东多产鱼、盐、漆、丝、声色；江南出产楠树、梓树、姜、桂、金、锡、铅矿、朱砂、犀牛角、玳瑁、珠玑、象牙、皮革；龙门、碣石

3 神农：传说中上古时代的帝王，教民耕作。已：同“矣”。

4 刍豢：指牲畜。刍，食草的动物，如牛、羊。豢，食谷类的动物，如猪、狗。

5 渐：逐渐沾染。

6 眇论：微妙的道理。指老子的言论。

7 道：同“导”。引导。

8 山西：指太行山以西。榖：楮树，树皮可以造纸。纑：山中野麻，可以织布。旄：牦牛尾，可以做旗杆上的装饰品。

9 山东：指太行山之东。

珠玑(jī)、齿、革；[10] 龙门、碣(jié)石北多马、牛、羊、旃(zhān)裘(qiú)、筋角；[11] 铜、铁则千里往往山出棋置：此其大较(jiào)[12]也。皆中国人民所喜好，谣俗[13]被(pī)服饮食奉生送死之具也。

以北多出产马、牛、羊、毡裘、筋角；出产铜铁的山，往往相距不出千里，像棋子那样密布：这是物产分布的大概情况。所有这些，都是中原人民所喜欢的，各地的风俗习惯都拿它们作穿的、吃的，以及奉生送死的东西。

故待农而食之，虞[14]而出之，工而成之，商而通之。此宁(nìng)有政教发征期会哉！人各任其能，竭其力，以得所欲。故物贱之征贵，贵之征[15]贱，各劝其业，乐其事，若水之趋下，日夜无休时，不召而自

所以说，靠农夫耕作，才有得吃；靠管山林川泽的人，才能把物品采集运出来；靠工匠做工，才能制成器物；靠商贾贩卖，物资才能流通。这难道有政令教化去征调限期会集吗？人们各自发挥自己的能力，尽自己的力气，去得到所想要的东西。所以物价贱是贵的征兆，贵是贱的征兆。人们各自努力而快乐地从事他们的职业，就像水向低处流一样，日日夜夜没有停止的时候，不用召

10 江南：指长江以南。连：同“链”，未炼过的铅。丹沙：即朱砂。玳瑁：海中动物，像龟，其甲壳可制装饰品。玑：不圆的珠。

11 龙门：山名，在今山西河津西北。碣石：山名，地在今河北乐亭西南，一说即今河北昌黎北的碣石山。旃：同“毡”。筋角：制弓箭的材料。

12 大较：大概，大略。

13 谣俗：风俗习惯。

14 虞：掌管山林川泽的官。

15 征：征兆，预先出现的苗头。

来，不求而民出之。岂非道之所符，而自然之验邪？

唤就自己到来，不用要求老百姓就把它生产出来了。这难道不是符合规律而且顺应自然的验证吗？

《周书》曰[16]："农不出则乏其食，工不出则乏其事，商不出则三宝[17]绝，虞(yú)不出则财匮(kuì)少。"财匮少而山泽不辟(pì)矣。此四者，民所衣食之原也。原大则饶，原小则鲜(xiǎn)[18]。上则富国，下则富家。贫富之道，莫之夺予，而巧者有余，拙(zhuō)者不足。

《周书》上说："农民不耕种，就缺乏粮食吃，工匠不制作，就缺乏器物用，商人不做买卖，吃、用、钱财就不能流通；虞人不运出物产就财源缺乏。"财源缺乏山林泽地就不能开发。这四个方面，是老百姓衣食的源泉。源泉广大就财富多，源泉窄小就财富少。在上能使国家富足，在下能使家庭富裕。贫富全由自己，没有人能够夺走或者赐予，不过巧智的人有余，笨拙的人不足。

故太公望封于营丘[19]，地潟卤(xì lǔ)[20]，人民寡，于是太公劝其女功[21]，

从前太公望被封在营丘，地处海滨，土质盐碱，人口稀少，于是太公勉励百姓努力养蚕纺织，极力钻研技术，

16《周书》：周朝的文诰。这段引文今本《尚书》中没有，已亡佚。
17 三宝：指食、事、财。
18 鲜：少。
19 营丘：在今山东昌乐东南。
20 潟卤：盐碱地。
21 女功：指有关妇女纺织的事。

极技巧，通鱼盐，则人物归之，繦(qiǎng)至而辐(fú)凑(còu)[22]。故齐冠带衣履(lǚ)天下，海岱(dài)之间敛(liǎn)袂(mèi)而往朝(cháo)焉[23]。

贩运鱼盐。四方的人纷纷投奔齐国，像绳索相连似的络绎不绝于道，也好像车轮中辐条凑集到车毂上一样。因此，齐国的冠带衣履传遍天下，渤海和泰山之间的诸侯，都整敛衣袖，恭敬地来齐国朝拜。

其后齐中衰，管子[24]修之，设轻重九府[25]，则桓公以霸，九合诸侯[26]，一匡(kuāng)天下，而管氏亦有三归[27]，位在陪臣[28]，富于列国之君。是以齐富强至于威、宣[29]也。

这以后，齐国中途衰弱，管仲修复太公的遗业，设立轻重九府管理财政，齐桓公因而称霸，多次会盟诸侯，匡正天下；而管仲也有三归，虽然他的地位不过是诸侯下面的大夫，但富裕比得上诸侯国的君主。因此齐国富强的局面，一直延续到齐威王、齐宣王的时代。

故曰："仓廪(lǐn)实而知礼节，衣食足而

所以说："仓廪实而知礼节，衣食足而知荣辱。"礼节产生于富有，废弛于贫

22 繦：穿钱的绳子。一说同"襁"，即襁褓，包婴儿的衣、被。辐：车轮中的辐条。
23 海岱之间：指渤海和泰山之间的诸侯国。敛袂：整敛衣袖（表示肃敬）。
24 管子：管仲。
25 轻重九府：《管子》有《轻重篇》，轻重是指在各地贮积货币来调节谷价贵贱的办法。九府，周代掌管钱币的官有九类：大府、玉府、内府、外府、泉府、天府、职内、职金、职币。
26 九合诸侯：齐桓公多次会盟诸侯。"九"表多，非实数。
27 三归：见《管晏列传》注。
28 陪臣：诸侯的大夫，对天子自称陪臣。
29 威、宣：指齐威王和齐宣王。

清 杨大章 《渔乐图扇页》

臣楊大章恭畫

知荣辱。”[30]礼生于有而废于无[31]。故君子富，好（hào）行其德；小人富，以适其力。渊深而鱼生之，山深而兽往之，人富而仁义附焉。富者得势益彰，失势则客无所之，以而不乐[32]。

穷。所以君子富有，好行仁义；小人富有，能够尽力。潭深，鱼就自然生长在那里；山深，野兽就自然去到那里；很富的人，仁义就自然依附在他身上。富贵的人得到权势就更加显赫；失掉权势，做客都无处可去，因而不愉快。

谚曰：“千金之子，不死于市。”此非空言也。故曰：“天下熙熙，皆为利来；天下壤壤（rǎng rǎng），皆为利往。”[33]夫千乘（shèng）之王[34]，万家之侯[35]，百室之君[36]，尚犹患贫，而况匹夫编户之民乎[37]！

谚语说：“家有千金的人，不会犯法受刑，死在街市。”这并不是空话啊。所以说：“天下的人们，熙熙攘攘，都为利益而奔走。”有兵车千乘的王，食邑万家的侯，食邑百户的大夫，尚且还担心贫穷，何况是平民百姓呢。

30 “仓廪”二句：语见《管子·牧民篇》。
31 有：富有。无：贫穷。
32 以而不乐：中华书局标点本《史记》在这句下有“夷狄益甚”一句。
33 熙熙、壤壤：都是形容人来人往、喧闹纷杂的样子。壤，通“攘”。
34 千乘之王：指分封的王。
35 万家之侯：指列侯。
36 百室之君：指大夫。
37 匹夫：平民。编户之民：编入户口册的老百姓。

太史公自序

《史记》

《太史公自序》是司马迁为《史记》一书所作的序文，排在全书最后。全序分三个部分：第一部分叙述司马氏的世系及司马迁之父司马谈的论六家要指；第二部分叙述司马迁自己的经历及作《史记》的缘由旨趣；第三部分对《史记》中的每一篇作了非常简要的介绍。本篇是从第二部分中节选的，通过司马迁和壶遂的问答，表达了他作《史记》的远大志向和发愤而作的顽强精神。《自序》是研究《史记》的重要文献，可与《报任安书》互相参照。

太史公曰："先人[1]有言：'自周公卒(zú)五百岁而有孔子。孔子卒后至于今五百岁，有能绍明世[2]，正《易传(zhuàn)》，继《春秋》，本《诗》《书》《礼》《乐(yuè)》之际？'意在斯乎！意在斯乎！小子[3]何敢让焉。"

太史公说："先人曾经说过：'从周公死后五百年就有孔子。孔子死后到今天已经五百年了，有谁能够继承圣明时代的事业，考定《易传》，续写《春秋》，探求《诗》《书》《礼》《乐》之间的本原呢？'他的意思是在此时吧！他的意思是在此时吧！我小子怎敢推辞呢！"

1 先人：指司马迁的父亲司马谈，一说是指先代贤人。
2 绍：继。明世：太平盛世。
3 小子：古时子弟晚辈对父兄尊长的自称。

上大夫壶遂[4]曰："昔孔子何为而作《春秋》哉？"太史公曰："余闻董生[5]曰：'周道衰废，孔子为鲁司寇[6]，诸侯害之，大夫壅(yōng)之。孔子知言之不用，道之不行也，是非[7]二百四十二年之中，以为天下仪表，贬天子，退诸侯，讨大夫，以达王事而已矣。'子曰：'我欲载之空言，不如见之于行事之深切著明也。'夫《春秋》，上明三王之道，下辨人事之纪，别嫌疑，明是非，定犹豫，善善恶恶(wù è)，贤贤贱不

上大夫壶遂说："从前孔子为什么写《春秋》呢？"太史公说："我听董仲舒说：'周朝治道衰微荒废，孔子做了鲁国的司寇，推行王道，诸侯害怕他，大夫阻挠他。孔子知道他的话没人采用，政治主张无法实现，因此评论二百四十二年之中发生的大事，作为天下行事的标准，讥评天子，斥责诸侯，声讨大夫，都是为了阐明王道罢了。'孔子说：'我想与其把是非褒贬挂在口头上，不如表现在具体事件中更为深刻明显。'《春秋》这部书，上则阐明三王的治道，下则分辨人世各种事情的准则，解释疑惑难明的事理，判明正确和错误，确定犹豫不决的事情，表扬善良，谴责邪恶，尊敬贤人，鄙视不肖，恢复已经灭亡的国家，

4 壶遂：汉代天文学家，官至詹事，秩二千石，故称他为上大夫。曾经与司马迁一起编定《太初历》。
5 董生：即董仲舒。
6 司寇：官名，掌管刑狱、纠察等事。
7 是非：指评论褒贬。

肖，存亡国，继绝世，补敝起废，王道之大者也。

“《易》著天地、阴阳、四时、五行，故长(cháng)于变；《礼》经纪人伦[8]，故长(cháng)于行；《书》记先王之事，故长(cháng)于政；《诗》记山川、溪谷、禽兽、草木、牝牡(pìn mǔ)、雌雄，故长(cháng)于风；[9]《乐(yuè)》乐(lè)所以立，故长(cháng)于和；《春秋》辨是非，故长(cháng)于治人。是故《礼》以节人，《乐(yuè)》以发和，《书》以道事，《诗》以达意，《易》以道化，《春秋》以道义。拨乱世反之正，莫近于《春秋》。《春秋》文成数万，其指[10]数千。万物之散聚，皆在《春秋》。

延续已经断绝的世系，修补弊端，振兴已荒废的事业，这都是王道重大的内容。

“《易》谈天地、阴阳、四季、五行，所以长于变化；《礼》安排人们的等级关系，所以长于实行；《尚书》记录先王的史迹，所以长于政事；《诗》记载山川、溪谷、禽兽、草木、牝牡、雌雄，所以长于教化；《乐》是礼乐建立的依据，所以长于陶冶性情；《春秋》明辨是非，所以长于治理百姓。因此，《礼》用来节制百姓，《乐》用来抒发平和的情感，《书》用来指导政事，《诗》用来表达思想，《易》用来说明变化，《春秋》用来阐明仁义。治理乱世，使它归于正常安定，再没有比《春秋》更切近的了。《春秋》的文字有几万，它的要旨有几千条，万事万物的变化分合，都在《春秋》里面。

8 经纪：安排。人伦：指人与人之间的等级关系。
9 牝牡：鸟兽雌性称牝，雄性称牡。风：教化。一解通“讽”，劝诫。
10 指：通“旨”。意旨，要旨。

"《春秋》之中，弑(shì)君三十六，亡国五十二，诸侯奔走不得保其社稷(jì)者，不可胜数(shǔ)。察其所以，皆失其本已。故《易》曰：'失之毫厘，差以千里。'故曰：'臣弑君，子弑父，非一旦一夕之故也，其渐久矣。'故有国者不可以不知《春秋》，前有谗(chán)[11]而弗见，后有贼而不知。为人臣者不可以不知《春秋》，守经事[12]而不知其宜，遭变事而不知其权[13]。为人君父而不通于《春秋》之义者，必蒙首恶(è)之名。为人臣子而不通于《春秋》之义者，必陷篡(cuàn)弑之诛，死罪之名。

"《春秋》一书中，记载弑君的事件有三十六起，灭亡的国家有五十二个，四处流亡、不能保住自己国家的诸侯更是多得不可胜数。考察它的原因，都是丢掉了仁义这个根本啊。所以《易》说：'失之毫厘，差之千里。'所以说：'臣弑君，子弑父，并不是一朝一夕的原因，它的起始和发展已经很久了。'所以一国的君主不可以不懂《春秋》，否则前有坏人却不见，后有国贼也不知。做臣子的不可以不懂《春秋》，否则坚持正常的事而不知道是否适宜，遇到发生变化的事而不知道变通处理。做人的君主、父亲，却不通晓《春秋》的要义，必然蒙受首恶的名声。做人的臣下、儿子，却不通晓《春秋》的要义，必然陷入篡位弑上的极刑，得死罪的名声。

11 谗：说小话的人，坏人。
12 经事：正常的事情。经，正常，寻常。
13 权：变通。

“其实[14]皆以为善，为之不知其义，被之空言而不敢辞。夫不通礼义之旨，至于君不君，臣不臣，父不父，子不子。君不君则犯[15]，臣不臣则诛，父不父则无道，子不子则不孝。此四行者，天下之大过也。以天下之大过予之，则受而弗敢辞。故《春秋》者，礼义之大宗也。夫礼禁未然[16]之前，法施已然之后；法之所为用者易见，而礼之所为禁者难知。”

“其实他们都是把这些当作‘善’来做的，由于不懂得《春秋》要义，受到凭空加的罪名也不敢推辞。由于不通晓礼义的要旨，以至于做君的不像个君，做臣的不像个臣，做父亲的不像个父亲，做儿子的不像个儿子。这样，君不像君，就会被触犯；臣不像臣，就会被诛杀；父亲不像父亲，就没有道德规范；儿子不像儿子，就会不孝。这四种行为，是天下最大的过失了。把天下最大的过失给他们，只好接受而不敢推辞。所以《春秋》是礼义的本原啊。礼是在坏事发生前加以防范，法是在坏事发生后加以惩处；法的作用很容易被人看见，而礼的防禁作用则较难被人了解。”

壶遂曰：“孔子之时，上无明君，下不得

壶遂说：“孔子那个时候，上面没有贤明的君主，下面没人任用他，所以

14 实：实心，本意。
15 犯：触犯，侵犯。这里指为臣下所侵犯。
16 未然：还没有成为事实。

任用，故作《春秋》，垂空文以断礼义，当一王之法。今夫子上遇明天子，下得守职，万事既具，咸各序其宜。夫子所论，欲以何明？”

他作了《春秋》，留传空文来裁断礼义，当作一位帝王立的法。今天您上面遇到圣明天子，下面得以保住您的太史令世职，万事都已具备，都各自安排在适当的位置上。您的著作，想用来阐明什么呢？”

太史公曰：“唯唯（wěi wěi），否否[17]，不然。余闻之先人曰：‘伏羲（xī）[18]至纯厚，作《易》《八卦》；尧、舜之盛，《尚书》载（zǎi）之，礼乐作焉；汤、武之隆，诗人歌之。《春秋》采善贬恶（è），推三代之德，褒（bāo）周室，非独刺讥而已也。’

太史公说：“嗯，嗯，不，不，不是这样。我听先父说过：‘伏羲氏时代非常纯真厚道，作了《易》《八卦》；尧、舜的盛世，《尚书》记载下来，礼乐也兴起了；商汤、周武王时代的兴隆，诗人歌咏赞颂。《春秋》选择好事，贬斥邪恶，推崇三代的道德，表扬周室，它并不是仅仅讽刺讥笑而已。’

“汉兴以来，至明天子，获符瑞[19]，建封禅（shàn）[20]，

“汉朝兴起以来，到圣明天子接位，得到上天的祥瑞，建坛祭神，

17 否否：犹言不是不是，多用于应对。
18 伏羲：上古神话传说中的帝王，相传是他作的八卦。
19 符瑞：指所谓上天降的祥瑞，据说与人间君主登位等吉事相应。
20 封禅：指历代帝王到泰山祭神。

改正朔(zhēngshuò)[21]，易服色[22]，受命于穆清[23]，泽流罔(wǎng)极，海外殊俗，重译款塞(sài)[24]，请来献见者，不可胜道。臣下百官，力诵圣德，犹不能宣尽其意。且士贤能而不用，有国者之耻；主上明圣而德不布闻，有司之过也。且余尝掌其官，废明圣盛德不载，灭功臣、世家、贤大夫之业不述，堕(huī)先人所言，罪莫大焉。余所谓述故事，整齐其世传，非所谓作也，而君比之于《春秋》，谬(miù)矣！”

改正朔，易服色，承受天命，他的恩泽无穷无尽，连海外不同风俗的国家都经过几重翻译，叩开塞门请求贡献物品、拜见君主，这些事说也说不完。臣下百官，竭力颂扬圣上的明德，仍然不能够完全表达出来。况且，士人贤能却不能任用，这是做国君的耻辱；皇上英明智慧而德行没有广泛传扬，这是官吏的过失啊。况且我曾任太史令，废弃英明智慧盛德不去记载，磨灭功臣、诸侯和贤大夫的功业不加表述，丢掉先父的遗教，罪过更大了。我所说的记述过去的事，只是整理编次他们的世系传记，并不是什么创作，先生把它与《春秋》相比，误会了吧！”

于是论次其文。七

于是我就编写这些文章。过了七

21 正朔：一年第一天开始的时候。正，一年的开始。朔，一月的开始。古代改朝换代时，新帝王有改正朔的习惯。

22 服色：各种服用器物的颜色。古时改换朝代，规定以本朝崇尚的正色作为服用器物的颜色。

23 穆清：清和之气，指天。

24 重译：因语言不通而需辗转翻译。款塞：叩开塞门。款，通“叩”。

年[25]，而太史公遭李陵之祸，幽于缧(léi)绁(xiè)。乃喟(kuì)然而叹曰：“是余之罪也夫(fú)？是余之罪也夫？身毁不用矣！”退而深惟曰：“夫《诗》《书》隐约者，欲遂其志之思也。

“昔西伯拘羑(yǒu)里，演《周易》；[26]孔子厄陈、蔡，作《春秋》；[27]屈原放逐，著《离骚》；左丘失明，厥(jué)有《国语》；[28]孙子膑(bìn)脚，而论兵法；[29]不韦迁蜀(shǔ)，世传《吕览》；[30]

年，我突然遭到了李陵之祸，被囚禁在监牢之中。于是喟然长叹，说：“这是我的罪过吗？这是我的罪过吗？我的身体遭到毁坏，再没什么用啦！”平静下来深思道：“大凡《诗》《书》隐约其辞的地方，都是作者想实现自己的意志而必须深思的地方。

“从前西伯（文王）被拘禁在羑里的时候，推演了《周易》；孔子在陈、蔡被围困，后来作了《春秋》；屈原遭到放逐，就写了《离骚》；左丘失明，这才有了《国语》；孙膑受了截膝的刑罚，就研究兵法；吕不韦迁到蜀地，世上才能够流传他的《吕览》；韩非被囚禁在

25 七年：从太初元年（前104）到天汉三年（前98）。
26 “昔西伯”二句：西伯即周文王。相传文王被商纣王拘禁在羑里时，推演《易》的八卦为六十四卦，即《周易》。
27 “孔子”二句：孔子曾被围困在陈、蔡，回鲁国后作《春秋》。
28 “左丘”二句：左丘，即左丘明。失明事不详。据说《国语》为左丘明作。
29 “孙子”二句：战国时，孙膑与魏将庞涓共同向鬼谷子学兵法，庞涓忌妒孙膑的才能，加以陷害，招他到魏国，截去他的膝盖。后来孙膑逃到齐国，做了军师，打败并使庞涓自杀。孙膑熟习其祖先孙武的兵法，自己也有兵法传世。
30 “不韦”二句：吕不韦，秦丞相，后被秦始皇贬谪到蜀地。不韦做丞相时，曾召集宾客编写《吕氏春秋》一书，也称《吕览》。

韩非囚秦，《说难(nán)》《孤愤》；[31]《诗》三百篇，大抵贤圣发愤之所为作也。此人皆意有所郁结，不得通其道也，故述往事，思来者。”于是卒述陶(yáo)唐[32]以来，至于麟[33]止，自黄帝始。

秦国，写下《说难》《孤愤》两篇；《诗经》三百篇，大多是贤人圣人抒发心中的愤懑才创作的。这些人都是志向被压抑，不能实现他们的主张，所以记述往事，想作为后世的借鉴。”于是我就记述了陶唐以来的事情，上从黄帝开始，下到今上猎获白麟的那一年为止。

31 “韩非”二句：韩非，战国后期著名思想家，法家学说集大成者，早年与李斯同在荀卿门下学习。秦始皇喜欢他的著作，入秦，为李斯诬陷，入狱而死。《说难》《孤愤》篇都是入秦前写的，今见《韩非子》一书中。

32 陶唐：即陶唐氏，传说中远古部落名，尧为其领袖。《史记》实际上是从黄帝开始记载的。

33 麟：指汉武帝猎获白麟的那一年，即元狩元年（前122）。孔子作《春秋》绝笔于鲁哀公获麟，《史记》有意模仿《春秋》，止于武帝获麟。

明 佚名 《孔子圣迹图》之《删述六经》（局部）

报任(rén)安书[1]

司马迁

《报任安书》是一篇血泪控诉书。在此书中，司马迁以无比激愤的心情，叙述了自己因李陵事件而蒙受奇耻大辱的始末，揭露了汉武帝的喜怒无常、是非不明。信中引用了许多德才杰出而命运坎坷的历史人物来自励，决心忍辱负重，完成自己的历史著作，表现了坚韧不屈的精神。本文感情真挚，气势充沛，具有强烈的艺术感染力。前人评价本文说："其感慨啸歌，大有燕赵烈士之风。忧愁幽思，则又直与《离骚》对垒。"

太史公牛马走[2]司马迁再拜言，少(shào)卿足下[3]：	我太史公、您的仆人司马迁一再致敬并陈言，少卿足下：
曩(nǎng)[4]者辱赐书，教(jiào)以慎于接物[5]，推贤进士为	从前，承您降低身份写信给我，教导我待人接物要谨慎，担负起向

1 《报任安书》见于《汉书·司马迁》，又见于《昭明文选》。任安，字少卿，荥阳人。曾任郎中、益州刺史、北军使者护军等，是司马迁的好友。司马迁因李陵的事被处以宫刑，出狱后，被任命为中书令，主管传达皇帝的诏书命令。因他接近皇帝，所以任安写信希望他尽"推贤进士"的责任。司马迁写了这封信答复他。
2 牛马走：司马迁自称的谦词，意思是像牛马一样供驱使的仆人。
3 足下：书信中对人的尊称。
4 曩：从前，过去。
5 接物：待人接物。古人称自己以外的人和物都叫物。

务，意气[6]勤勤恳恳。若望仆不相师[7]，而用流俗人之言，仆非敢如此也。仆虽罢驽(pí nú)[8]，亦尝侧闻[9]长者之遗风矣。

朝廷推贤进士的责任，情意和语气热诚恳切。您如果抱怨我不遵照您的劝告，却奉行世上俗人所说的主张，其实我是不敢这样的。我虽然才能低劣，也曾经听闻德高望重的长者风范。

顾自以为身残[10]处秽(chǔ huì)，动而见尤[11]，欲益反损，是以独抑郁[12]而谁与语？谚曰：“谁为为(wèi wéi)之？孰令听之？”盖钟子期死，伯牙终身不复鼓琴。何则？士为知己者用，女为说(yuè)己者容[13]。若仆大质[14]已亏缺矣，虽才怀随、和[15]，行若

只是自己深感身体残废，处在污秽的地位，一行动就受到指责，想做一些有益的事，反而招来损害，因此独自忧愁烦闷，又能跟谁诉说呢？俗语说：“为谁去做？教谁来听？”钟子期死了以后，伯牙终身不再弹琴。这是为什么呢？贤士替了解自己的人效力，女子为喜欢自己的人打扮。像我身体已遭受到了摧残，即使才能像随侯珠、和氏璧，品德像许由、伯夷，终究不能拿

6 意气：指情意和语气。
7 望：抱怨。仆：自称的谦词，代“我”。
8 罢：通“疲”。驽：劣马。自喻驽马，表示才能低下。
9 侧闻：私下听过。是自谦之词。
10 身残：指受了腐刑。
11 尤：过，这里是指责、责备的意思。
12 抑郁：一本作“郁悒（yì）”。
13 说：同“悦”。喜欢，爱慕。容：打扮。
14 大质：指身体。
15 随、和：指随侯珠、和氏璧。都是非常宝贵的东西。

明 仇英《人物故事册》之《高山流水》（局部）

由、夷，终不可以为荣，适足以见笑而自点[16]耳。

这个当作荣耀，恰好会被人耻笑而自取污辱。

书辞宜答，会东从上来[17]，又迫贱事，相见日浅，卒卒(cù cù)[18]无须臾(yú)之闲，得竭志意。今少卿抱不测之罪[19]，涉旬月[20]，迫季冬[21]，仆又薄(bó)从上雍(yōng)[22]，恐卒(cù)然不可为讳[23]，是仆终已不得舒愤懑(mèn)以晓左右[24]，则长(cháng)逝者魂魄，私恨无穷。请略陈固陋。阙(quē)然[25]久不报，幸勿为过。

您的信本应该及时答复，但我刚好跟随皇上从东方回来，又被烦琐的事务逼迫，跟您见面的时间很短促，匆匆忙忙没有片刻的空闲，能够让我向您倾吐自己的心怀。现在您遭到意外的罪祸，再过一月，靠近十二月，我又必须跟随皇上去雍县，恐怕您骤然离开人世，这样我将终不能够向您抒发满腔的悲愤，使您与世长辞的灵魂抱怨无穷。请让我向您简略地陈述闭塞浅陋的意见。隔了很久没有答复，希望您不要责怪。

16 点：污辱。
17 会：适逢。上：指汉武帝。
18 卒卒：匆促貌。
19 少卿抱不测之罪：指任安被判处腰斩。汉武帝晚年宠信江充，江充诬太子谋反，太子起兵讨江。时任安为北军使者护军，接受了太子的命令，因被牵连判死刑。
20 旬月：满月。旬，遍，满。
21 季冬：农历十二月。汉律，十二月处决犯人。
22 薄：迫近。雍：西汉县名，在今陕西凤翔南。雍有祭五帝的坛，汉武帝常到这里祭神。
23 不可为讳：指任安将受死刑。这是委婉的措辞。
24 左右：指任安。不直称对方，而称对方左右的人表示尊敬。
25 阙然：间断貌，此指相隔得久。

仆闻之：修身者，智之符[26]也；爱施[27]者，仁之端也；取予[28]者，义之表也；耻辱者，勇之决也；立名者，行之极也。士有此五者，然后可以托于世，而列于君子之林矣。故祸莫憯(cǎn)[29]于欲利，悲莫痛于伤心，行莫丑于辱先，诟(gòu)莫大于宫刑[30]。刑余之人，无所比数(shǔ)，非一世也，所从来远矣。

我听说：善于修身，是智的根据；乐善好施，是仁的起点；不随便取予，是义的表现；懂得耻辱，是勇的标志；树立名声，是行的顶峰。士子有了这五种品德，然后可以立身世上，排列在君子的中间。所以祸患没有比贪欲私利更惨的了，悲痛没有比心灵受伤更痛苦的了，行为没有比污辱祖先更丑的了，耻辱没有比遭受宫刑更重大的了。受过宫刑的人，地位是不能同任何人相比的。这种看法并非只在今天才有，而是由来已久了。

昔卫灵公与雍渠同载(zài)，孔子适陈；[31]商鞅(yāng)因景监见，赵良寒心；[32]同

从前卫灵公和宦官雍渠同坐一辆车，孔子就离开卫国前往陈国；商鞅由于太监景监的推荐被召见，赵良

26 符：信，依据。这里有表现的意思。一本符作“府”。
27 爱：惠。施：给予，推行。
28 取予：指收受别人的财物和给予别人财物。
29 憯：惨。
30 宫刑：残坏男子生殖器的酷刑。又称腐刑。
31 “昔卫灵公”二句：卫灵公与夫人同车出游，叫宦官雍渠坐在旁边，使孔子坐在后面的车上，孔子感到耻辱，便离开卫国到陈国去。
32 “商鞅”二句：商鞅由秦孝公宠信的宦官景监的荐引而得官。当时秦的贤者赵良感到担心。

子参乘(shèng)，袁丝变色。[33]自古而耻之！夫(fú)中材之人，事有关于宦(huàn)竖[34]，莫不伤气，而况于慷慨(kāng kǎi)之士乎？如今朝廷虽乏人，奈何令刀锯之余[35]，荐天下之豪俊哉！

仆赖先人绪业，得待罪辇毂(niǎn gǔ)下[36]二十余年矣。所以自惟：上之不能纳忠效信，有奇策材力之誉，自结明主；次之又不能拾遗补阙(quē)，招贤进能，显岩穴之士；外之不能备行(háng)伍[37]，攻城野战，有斩将搴(qiān)[38]旗之

心存戒惧；太监赵谈陪坐在汉文帝的车上，袁丝看到了脸色骤变。自古以来都瞧不起宦官！有着一般才能的人，事情关系到宦官，没有人不被挫伤志气，何况抱负远大、意志刚毅的人呢？如今朝廷虽然缺乏人才，怎么会要受过刑罚的人去推荐天下的英豪俊杰呢？

我依赖祖先遗下的事业，能够在皇帝身边做事，至今已二十多年了。因此自思：上不能对皇帝尽忠效信，有策略卓越、能力突出的声誉，从而得到皇帝的信任；其次又不能替皇帝拾取遗漏、补正过失，招贤进能，发现有才德的隐士；外不能在军队中充数，攻城野战，建立斩将夺旗的战功；下不

33 “同子”二句：汉文帝让宦官赵谈坐在车子的右边，袁丝见了，脸色骤变。同子，代指赵谈，作者父名谈，避讳，改称他为同子。袁丝，名盎，汉文帝时官至太常。
34 宦竖：宫廷供役使的小臣，主要指宦官。
35 刀锯之余：指受过刑的人，司马迁自称。
36 辇毂下：代指皇帝身边。辇毂，皇帝乘坐的车子。
37 行伍：军队。古时军队编制，五人为伍，二十五人为行。
38 搴：拔取。

功；下之不能积日累劳，取尊官厚禄，以为宗族交游光宠。四者无一，遂苟合取容[39]，无所短长之效，可见于此矣。

能每天积累功劳，取得高官厚禄，替宗族朋友争光。这四项没有一项成功，只能随声附和，取得人家的喜欢，我没有任何微小的贡献，可以从这些看出来。

向者仆亦尝厕(cì)下大夫之列[40]，陪奉外廷末议[41]，不以此时引纲维[42]，尽思虑，今已亏形为扫除之隶(lì)[43]，在阘茸(tà rǒng)[44]之中，乃欲仰首伸眉，论列是非，不亦轻朝廷、羞当世之士邪(yé)？嗟(jiē)乎！嗟乎！如仆尚何言哉！尚何言哉！

从前我也曾加入下大夫的行列，陪着大家奉命在朝堂上参加讨论，我没有利用这个时机整顿纲常法纪，竭尽自己的思虑，现在已经身体残废成为扫除污秽的差役，处在地位卑贱者的中间，还想抬头扬眉，评论是非，这不也太轻视朝廷、侮辱当世的君子了吗？唉呀，唉呀！像我这样的人，还有什么可说的呢！还有什么可说的呢！

且事本末未易明也。仆少负不羁(jī)之才，

而且事情的前因后果是不容易说清的。我年轻时自恃有卓越不羁的

39 取容：讨好，取得别人的喜欢。
40 厕：参与。下大夫：汉太史令官禄六百石，级位是下大夫。
41 外廷：皇帝与大臣议事的朝堂。末议：微末的议论。自谦之辞。
42 引：正，整顿。纲维：纲常法纪。
43 扫除之隶：打扫污秽的奴隶。
44 阘茸：阘是小户，茸是小草。比喻细小，卑贱。

长无乡曲(qū)之誉。主上幸以先人之故，使得奏薄技，出入周卫[45]之中。仆以为戴盆何以望天，[46]故绝宾客之知，亡室家之业，日夜思竭其不肖(xiào)之才力，务一心营职，以求亲媚于主上。而事乃有大谬(miù)不然者。

才能，成年后并没有获得乡里的称誉。幸亏皇上由于我父亲的缘故，使我能得到进献自己微薄才能的机会，允许我在宫禁中进进出出。我觉得头上戴了盆子怎么能望得见天，所以断绝了和宾客的交往，忘掉了家事，白天黑夜都想着全部献出自己的微薄才力，务必专心尽职，以求得皇上的亲近信任。然而事情却与愿望大相违背，并不像我想的一样。

夫仆与李陵俱居门下[47]，素非能相善也。趋舍(shě)异路[48]，未尝衔杯酒，接殷勤之余欢。然仆观其为人，自守奇士：事亲孝，与士信，临财廉，取与义，分别有让，恭俭下人，常

我和李陵都在宫廷做官，平时并没有什么来往。志向和走的道路彼此不同，不曾一起饮酒倾诉过友好的感情。然而，我观察李陵的为人，是个要求自己严格的人：奉养父母非常孝顺，同朋友交往很讲信用，遇到钱财很廉洁，或取或与讲究义，能分别长幼尊卑，谦让有礼，尊重地位比自己低的人，经常想

45 周卫：指皇帝的宫禁。周，环绕；卫，宿卫。

46 “仆以为戴盆”句：当时谚语，言不可兼顾，比喻自己专心职务，无暇应酬。

47 俱居门下：李陵曾任侍中，司马迁当时任太史令，都是可以出入宫门的官，所以说俱居门下。

48 趋：向前走。舍：停止。

思奋不顾身，以殉(xùn)国家之急。其素所蓄(xù)积也，仆以为有国士[49]之风。夫(fú)人臣出万死不顾一生之计，赴公家之难，斯已奇矣。今举事一不当，而全躯保妻子之臣，随而媒蘖(niè)[50]其短，仆诚私心痛之。

着奋不顾身，为了国家的急难不惜牺牲。他的素养，我以为有国士的风度。做人臣的，能够提出万死不顾一生的计策，奔赴国家的急难，这已经是个奇士了。如今他行事一有不当，那些只知保全自己和家庭的大臣们，却跟着诬告夸大李陵的过失，我真是私下替李陵感到悲痛。

且李陵提步卒不满五千，深践戎(róng)马之地，足历王庭[51]，垂饵(ěr)虎口，横挑(tiǎo)强胡，仰[52]亿万之师，与单(chán)于连战十有余日[53]，所杀过当(dāng)[54]。虏(lǔ)救死扶伤不给(jǐ)，旃裘(zhān qiú)[55]之君长(zhǎng)咸震怖(bù)，乃悉征其左、右

况且李陵带的士兵不满五千，深入匈奴境内，到达单于居住的地方，在老虎口上挂钓饵，向强悍的胡兵挑战，面对着众多的敌人，同单于连续作战十多天，杀掉的敌人超过自己兵士的数量。使得敌人救死扶伤也忙不过来，匈奴的君长都震惊恐怖，于是征调左、右贤王的全部军队，发

49 国士：国中才能出众的人。
50 媒蘖：也作“媒孽”。酒母。比喻挑拨是非，陷人于罪。
51 王庭：匈奴首领住的地方。
52 仰：面临。《汉书》作“卬”。一说，仰，仰攻。汉军向北，北方地高，所以说“仰”。
53 单于：古代匈奴对其君主的称呼。
54 所杀过当：所杀的敌人超过了自己的兵数。当，相当。
55 旃裘：匈奴人穿的衣服。旃，同“毡”。

原文	译文
贤王[56]，举引弓之人，一国共攻而围之。转斗(dòu)千里，矢尽道穷，救兵不至，士卒死伤如积，然陵一呼劳军，士无不起，躬自流涕(tì)，沬(huì)血[57]饮泣，更张空弮(quān)[58]，冒白刃，北向争死敌者。陵未没(mò)[59]时，使有来报，汉公卿王侯皆奉觞上寿。后数日，陵败书闻，主上为之食不甘味，听朝(cháo)不怡(yí)，大臣忧惧，不知所出。	动所有能开弓射箭的人，用一国的兵力共同进攻并包围李陵。李陵转战千里，箭射完了，道路断绝了，救兵不到，士兵死伤严重，尸体成堆。可是李陵扬起臂膀一声号召，慰劳军队，士兵无不奋起，激动得人人流泪，脸上沾满血污，悲痛地哭泣，又拉开没有箭的空弓弦，冒着白光闪闪的刀口奔向北方跟敌人拼命。当李陵的军队没有覆没时，有使者送来的捷报，朝中公卿王侯都举杯向皇上祝贺。过了几天，李陵战败的书信传来，皇上为这饮食没滋味，上朝处理政事不高兴，大臣们忧虑恐惧，不知如何是好。
仆窃不自料其卑贱，见主上惨(chuàng)怆(dá)怛(dào)悼[60]，诚欲效其款款[61]之愚。	我私下不考虑自己的卑贱，见主上悲伤哀戚，实在想报效自己的一片忠心。我认为李陵平素能跟士兵军官

56 左、右贤王：匈奴封号最高的贵族。
57 沬血：满脸是血。沬，通“頮（huì）”，洗面。
58 弮：弓弦。《文选》作“拳”，拳头。
59 没：指军队覆没。
60 惨怆怛悼：悲伤、哀戚之意。
61 款款：忠实的样子。

以为李陵素与士大夫[62]绝甘分少，能得人之死力，虽古之名将，不能过也。身虽陷败，彼观其意，且欲得其当(dàng)而报于汉。事已无可奈何，其所摧败，功亦足以暴(pù)于天下矣。仆怀欲陈之而未有路，适会召问，即以此指推言陵之功，欲以广主上之意，塞睚(yá)眦(zì)之辞[63]。未能尽明，明主不深晓，以为仆沮(jǔ)贰师[64]，而为李陵游说(shuì)，遂下于理[65]。拳拳[66]之忠，终不能自列[67]，因为诬(wū)上，卒从吏议[68]。

同甘共苦，所以能够得到士兵军官的死命效力，即使是古代的名将，也不能超过他。他虽然败降匈奴，看他的意思，还想找到适当的时机报答汉朝。战事已经无可奈何，他还大量杀伤敌人，功劳也足足可以昭示天下了。我心中想把这个意见上奏皇上，却没有得到机会。恰好碰上皇上召问，就说出这个意见，并讲了李陵的功劳，试图用这个来宽慰皇上的胸怀，堵塞那些诋毁诬陷的言语。我没说清楚，皇上不了解，以为我有意攻击贰师将军李广利，替李陵辩解，就把我下交狱官。于是，忠谨恳切的心，终于不能自我辩解。因此被定为诬上之罪，最后天子听从了狱官的意见，判处宫刑。

62 士大夫：指士兵、军官。
63 睚眦之辞：诋毁诬陷的言语。睚眦，怒目相视的样子。
64 贰师：贰师将军，指李广利。
65 理：指掌管刑狱的官。
66 拳拳：忠诚恭谨的样子。
67 自列：自陈，自我辩解。
68 吏议：狱吏的意见。

家贫，货赂不足以自赎(shú)；交游莫救视，左右亲近，不为(wèi)一言。[69] 身非木石，独与法吏为伍，深幽囹圄(líng yǔ)[70]之中，谁可告诉[71]者！此真少卿所亲见，仆行事岂不然乎？李陵既生降(xiáng)，颓(tuí)其家声，而仆又佴(èr)之蚕室[72]，重(zhòng)[73]为天下观笑。悲夫！悲夫！事未易一二[74]为俗人言也。

我家境贫寒，钱财不够拿来赎罪；朋友都不出来援救看望，皇帝左右的亲近大臣，不给我说一句好话。人身不是木石，单独跟执法的官吏在一起，深深囚禁在监狱之中，这痛苦能向谁诉说呢？这正是少卿亲眼看到的，我的遭遇难道不是这样吗？李陵既已生降匈奴，败坏了他家族的声誉，我又跟着被关进蚕室，更加被天下人耻笑。可悲啊！可悲啊！事情不容易逐一地跟俗人说清啊！

仆之先，非有剖(pōu)符丹书之功[75]，文史星历[76]，近乎卜(bǔ)祝[77]之间，固主上所

我的祖先，没有立下拜爵封侯的功勋，担任掌管文史星历的太史令，职位接近卜官和巫祝，这本是被

69 交游：朋友。左右亲近：皇帝身边亲近之臣。
70 囹圄：监狱。
71 诉：诉说。
72 佴：次，指罪居李陵之次。一说，安放。蚕室：指初受宫刑的人（受宫刑后畏风）所居温暖密封的房子，犹如养蚕的房子。
73 重：又，更。
74 一二：逐一地。
75 剖符：古代帝王分封诸侯或功臣，把符节剖分为二，双方各执一半，作为信守的证件。丹书：又称“丹书铁券”，在铁书上写上誓词。得“丹书”者，其子孙后代可凭它免罪。
76 文史星历：历史、天文、历法等。都是太史令掌管的事。
77 卜祝：管占卜和祭祀的官，即卜官和巫祝。

戏弄，倡(chāng)优所畜(xù)[78]，流俗之所轻也。假令仆伏法受诛，若九牛亡一毛，与蝼(lóu)蚁何以异？而世俗又不能与死节者次比[79]，特以为智穷罪极，不能自免，卒就死耳。何也？素所自树立使然也。

人固有一死，死[80]，或重于泰山，或轻于鸿毛，用之所趋异也[81]。太上不辱先，其次不辱身，其次不辱理色[82]，其次不辱辞令，其次诎(qū)体[83]受辱，其次易服[84]受辱，其次关木索、被棰(chuí)楚受辱[85]，其次剔(tì)

皇上戏弄、被当作乐师优伶来畜养、被流俗的人所轻视的职务。即使我伏法被杀，也只像九头牛身上失掉一根毛，同蝼蛄蚂蚁有什么区别？而且世俗的人又不能把我同死节的人相提并论，只是以为我愚蠢犯了大罪，不能够自己避免，终于走向死路。这是什么缘故呢？这是平素自己所从事的职务和所处的地位造成的。

人固然都有一死，死，有的比泰山重，有的比鸿毛轻，这是因为死的价值不相同。最上等的是不污辱祖先，其次是不污辱自身，再次是不污辱脸面，再次是不污辱言语，再次是长久跪在地上受辱，再次是换穿囚服进监牢受辱，再次是戴上脚镣手铐遭

78 倡：乐人。优：优伶，旧时对演员的统称。倡、优在封建社会，地位极低。
79 次比：比较，即相提并论。
80 死：一本无“死”字。
81 用：作用，使用。所趋：趋向，方向。异：不同。
82 理色：脸色。
83 诎体：长跪。诎，同“屈”。
84 易服：改穿赭色的囚服。古时犯人穿红赭色的衣服。
85 关：关锁。木索：刑具。木指木枷，索指绳索。棰：杖。楚：荆条。

毛发、婴金铁受辱[86]，其次毁肌肤、断肢体受辱，最下腐刑极矣！传(zhuàn)曰[87]：“刑不上大(dà)夫。”此言士节不可不勉励也。

拷打受辱，再次是剃光头发、颈戴枷锁受辱，再次是毁坏肌肤、断截肢体受辱，最下等的是腐刑，污辱到极点了！古书上说：“刑不上大夫。”这话是说士的节操不可不加以勉励。

猛虎在深山，百兽震恐，及在槛阱(jiàn jǐng)之中[88]，摇尾而求食，积威约[89]之渐也。故士有画地为牢，势不可入；削木为吏，议不可对，定计于鲜(xiān)也。今交手足，受木索，暴(pù)肌肤，受榜棰(péngchuí)，幽于圜(yuán)墙之中。当此之时，见狱吏则头抢(qiāng)[90]地，视徒隶(lì)则心惕(tì)息[91]。何者？积威约之势也。及以[92]至是，

猛虎在深山的时候，所有的野兽都害怕它，等到把它关在栅栏和陷阱里面，就摇着尾巴讨求食物了，这是长期使用威力和约束使它逐渐驯服的。所以士有看见画地为牢而绝不进入，面对削木为吏而绝不置答，这都是由于早有定见，态度坚决鲜明。等到手脚被捆，戴着镣铐，脱掉衣服，接受拷打，被幽禁在监牢之中。当这个时候，见了狱吏就要触地叩头，见了狱卒就心里害怕。这是什么缘故呢？就是长期被狱吏的威风约束所

86 剔毛发：指髡刑。婴金铁：铁索束颈。指钳刑。婴，缠绕。
87 传曰：引文见《礼记·曲礼上》。
88 槛：关兽的栅栏。阱：陷阱。
89 威约：指人对虎所加的威力和约束。
90 抢：触。
91 惕息：惧怕喘息。
92 以：通“已”，已经。

言不辱者，所谓强（qiǎng）颜[93]耳，曷（hé）足贵乎？

且西伯，伯也，拘于羑（yǒu）里；李斯，相（xiàng）也，具于五刑；[94]淮阴，王也，受械于陈；[95]彭越、张敖（áo），南面称孤，系（xì）狱抵罪；[96]绛（jiàng）侯诛诸吕，权倾五伯（bà），囚于请（qīng）室；[97]魏其（jī），大将也，衣（yì）赭（zhě）衣，关三木；[98]季布为朱家钳（qián）奴；[99]灌夫受辱于居室。[100]此人皆身至王侯将相，声闻邻国，及罪至

造成的势态啊。等到已经到这个地步还说不受辱，就是常说的厚着脸皮了，有什么值得赞扬呢？

并且西伯姬昌是诸侯的领袖，曾被拘在羑里；李斯，是个丞相，受尽五刑；淮阴侯韩信，是一国之王，曾在陈地被捆绑；彭越、张敖，都是王侯，被下狱定罪；绛侯周勃，曾诛杀诸吕，权势超过春秋五霸，结果被囚禁在请室；魏其侯窦婴，是员大将，穿着囚衣，手脚和颈上都套上刑具；季布卖身给朱家做带枷的奴隶；灌夫被拘禁在少府狱中受辱。这些人都身为王侯将相，名

93 强颜：强作厚颜，即厚着脸皮。

94 “李斯”三句：李斯是秦始皇丞相，后被赵高治罪，施五刑，腰斩于咸阳。

95 “淮阴”三句：淮阴侯韩信封为楚王，有人诬告他谋反。高祖用陈平的计策，南游到陈，韩信来见，便被捆绑起来。

96 “彭越”三句：梁王彭越和赵王张敖，都被人诬告谋反，刘邦把他们关进监狱。后彭越被夷三族。

97 “绛侯”三句：绛侯周勃，刘邦的功臣，曾与陈平共诛诸吕，拥立文帝。后被人诬告，一度下狱。

98 “魏其”四句：魏其侯窦婴在平定七国之乱中为大将，立有大功。后因与丞相田蚡不和，被治罪下狱，遭杀害。

99 “季布”句：季布，项羽的将领。项羽既败，刘邦缉捕季布，季布便剃发变服，自卖身于朱家为奴。

100 “灌夫”句：灌夫平吴楚七国之乱有战功，后因得罪田蚡，拘在居室。

明 仇英 《帝王道统万年图册》之周文王

罔（wǎng）加[101]，不能引决自裁[102]，在尘埃之中。古今一体，安在其不辱也？

由此言之，勇怯（qiè），势也；强弱，形也。审矣，何足怪乎？夫人不能早自裁绳墨之外，以稍陵迟，至于鞭棰（chuí）之间，乃欲引节，斯不亦远乎！古人所以重施刑于大夫者，殆为此也。夫（fú）人情莫不贪生恶（wù）死，念父母，顾妻子。至激于义理者不然，乃有所不得已也。今仆不幸，早失父母，无兄弟之亲，独身孤立，少卿视仆于妻子何如哉？且勇者不必死节，怯夫慕义，何处（chù）不勉焉？仆虽怯懦（nuò），欲苟活，亦颇识去就之分[103]矣，何至自沉溺缧（nì léi）

声传扬天下，等到犯了罪，刑法加身，不能果断自杀，结果落入尘埃之中。这情景古今都一样，哪能不受污辱呢？

照这样说来，所谓勇还是怯、强还是弱，都是形势造成的。明白了这一点，还有什么值得奇怪的呢？人不能早早自杀来逃掉法律的制裁，因此逐渐志气衰微，等到遭受鞭打杖责，再想保全气节自杀，这不是远远来不及了吗？古时候的人，之所以对大夫施刑很慎重，原因大概就在这里。人的常情，没有谁不贪生恶死，怀念父母，顾念妻子儿女。至于为正义公理所激发的人就不是这样，这里有不得已的缘故啊。我不幸父母早亡，没有兄弟，一个人孤单在世，少卿你看我对于妻子儿女还有什么眷恋呢？

101 罔加：受到法令的制裁。罔，同“网”，即刑法。
102 引决自裁：自杀。
103 颇识去就之分：识别去生就死的分界，即受辱不如自杀。

xiè
绁[104]之辱哉！且夫
zāng bì
臧获[105]婢妾，犹能
引决，况仆之不得已
乎？所以隐忍苟活，
幽于粪土[106]之中而
不辞者，恨私心有所
不尽，鄙陋没世而文
mò
采不表于后世也。

古者富贵而名磨灭，不可胜记，唯
tì tǎng chēng
倜傥[107]非常之人称焉。盖文王拘而演《周易》；[108]仲尼厄而作《春秋》；屈原放逐，乃赋《离骚》；左丘失明，
jué
厥有《国语》；[109]孙子

勇敢的人并不一定能够为气节而死；怯懦的人仰慕节义，什么地方不可以勉励自己去死节呢？我虽然怯懦，想苟活在世上，但也稍微能够识别死节和苟活的区别，何至于自己陷入坐监牢的污辱呢！而且奴隶婢妾还能够自杀，何况我到了不得已的地步呢？我之所以忍辱苟活，被拘禁在污浊的环境而不肯死，是遗憾我的志愿还没有实现，如果随便死了，文章便不能留传给后世。

古时候身虽富贵而默默无闻地死去的人，多得不可胜数，只有卓异非常的人才被后世称颂。文王被拘禁在羑里而推演《周易》；仲尼被围困在陈、蔡，回鲁国后作了《春秋》；屈原被放逐，写下《离骚》；左丘明双目失明，作了一部《国语》；

104 缧绁：捆绑囚犯的绳索，引申为囚禁。
105 臧获：泛指奴隶。
106 粪土：指污浊的环境。
107 倜傥：洒脱不拘，才德卓异。
108 “盖文王”句：相传周文王被商纣王囚于羑里时，将八卦推演为六十四卦，成为《周易》一书的基础。演，推演。
109 “左丘”二句：左丘事见《祭公谏征犬戎》注。左丘失明，可能司马迁有根据。

膑脚，兵法修列；[110] 不韦迁蜀，世传《吕览》；[111] 韩非囚秦，《说难》《孤愤》；[112]《诗》三百篇，大底[113] 贤圣发愤之所为作也。此人皆意有所郁结，不得通其道，故述往事，思来者。乃如左丘无目，孙子断足，终不可用，退而论书策，以舒其愤，思垂空文以自见[114]。

孙膑被截去膝盖骨，编著了一部兵法；吕不韦被贬谪到蜀地，有《吕览》一书传世；韩非被囚禁在秦国，曾著《说难》《孤愤》；《诗》三百篇，大抵是贤圣发愤而著作的。这些都是人们思想被压抑，不能实行他的主张，因此叙述已往的事迹，想使将来的人作为鉴戒。就像左丘明失明，孙膑断脚，终究不能为世所用，便退而著书立说来抒发胸中的怨愤，想通过留下空文来表现自己的才智。

仆窃不逊，近自托于无能之辞，网罗天下放失[115] 旧闻，略考其事[116]，综其终始，稽其成败兴坏之纪，上

我私下里不自量力，近来用简陋的文辞，收集天下散失的遗闻旧说，略为考察它的事迹，综合它的

110 “孙子”二句：孙子，战国时齐人。他的同学魏将庞涓嫉妒他的才能，加以陷害，剔除了他的膝盖骨。孙子逃到齐国，为齐军师，后来在援韩击魏的马陵之战中，用计射杀庞涓。因他受过膑刑，故人称为孙膑，著有《孙膑兵法》。
111 “不韦”二句：吕不韦，秦丞相，后被秦始皇免职，贬谪蜀地，自杀。《吕览》即《吕氏春秋》，是他任丞相时命令门下宾客编纂的。
112 “韩非”二句：韩非，战国末年韩人，著名法家，他在入秦前，写了《说难》《孤愤》两篇文章，后收入《韩非子》一书中。
113 大底：大抵。
114 空文：指著作。
115 放失：散失。失，通“佚”。
116 略考其事：一本作“略考其行事”。

计轩辕(xuān yuán)[117]，下至于兹(zī)，为十表，本纪十二，书八章，世家三十，列传七十，凡百三十篇。亦欲以究天人之际[118]，通古今之变，成一家之言。草创未就，会遭此祸，惜其不成，是以就极刑而无愠(yùn)色。仆诚已著此书，藏之名山，传之其人，通邑(yì)大都(dū)，则仆偿前辱之责(zhài)，虽万被戮(lù)，岂有悔哉！然此可为智者道，难为俗人言也！

前后始末，总结它成败盛衰的原因，上从黄帝开始，下到今天，写了十篇表，十二篇本纪，八篇书，三十篇世家，七十篇列传，共一百三十篇。也想用来探求自然现象与政治社会的关系，通晓古往今来的变化，形成一家独立的见解。草稿还没有完成，恰恰遭遇这场大祸，我惋惜这书不能完成，因此身受最重的刑法也没有怒色。如果我能写完这部书，就把它藏到名山，留给可传的人，使它传布通邑大都，那么我就可以抵偿以前受到的侮辱，即使碎身万段又有什么悔恨呢！可是这话只可以向智者倾诉，很难同庸人说清楚啊！

且负下未易居，下流多谤(bàng)议，仆以口语遇遭此祸，重(zhòng)为乡党所戮笑[119]，以污辱先人，亦

况且负罪受辱的人不易安身，地位低贱的人容易受到诽谤议论。我因为说了几句话遭遇这场横祸，被乡里耻笑，又污辱了祖宗，还有什么脸面

117 轩辕：即黄帝。传说黄帝居于轩辕丘，所以又称轩辕。
118 天人之际：自然现象与政治社会的关系。
119 所戮笑：一本无“戮”字。戮，羞辱。

何面目复上父母之丘墓乎？虽累(lěi)百世，垢(gòu)弥(mí)甚耳！是以肠一日而九回，居则忽忽若有所亡，出则不知其所往。每念斯耻，汗未尝不发(fā)背沾衣也。身直为闺阁之臣[120]，宁(nìng)得自引深藏岩穴邪(yé)？故且从俗浮沉，与时俯仰，以通其狂惑。今少卿乃教(jiào)以推贤进士，无乃与仆私心刺(là)谬(miù)[121]乎？今虽欲自雕琢，曼辞以自饰，无益于俗，不信，适足取辱耳。要(yào)之[122]死日，然后是非乃定。书不能悉意，略陈固陋。谨再拜。

再到父母的坟墓上去祭扫呢？即使过了百代，污垢越发加重啊！所以我极端痛苦，每天肠子要在腹中多次搅动，坐在家里恍惚迷离，好像丢了什么，出外则不知道要往哪里去。每想到这件耻辱的事，汗便从背脊上冒出，湿透衣裳。我简直已成了宦官，难道还能够自行引退隐居深山岩穴中吗？所以只好跟着世俗沉浮，随着时势上下，以求从狂放迷惑中自拔。现在您竟然教导我推贤进士，这不是和我的思想相违背吗？现在虽然想自我雕琢一番，用美好的言辞自我妆饰，对世俗没有益处，人们不会相信，反而换来污辱。总而言之，人死了，然后是非才能论定。这封信说不完我的心意，只不过简略地陈述我固塞浅陋的意见罢了。再次恭敬地向您致意。

120 闺阁之臣：指宦官。当时司马迁任中书令，在西汉，这个职务是由宦官担任的。闺阁，妇女住所。这里指皇帝的后宫。后宫的臣子，即宦官。
121 刺谬：违背，相反。
122 要之：总之。

明 文徵明 《绿阴草堂图》（局部）

卷之六　汉文

高帝求贤诏

西汉文

本文选自《汉书·高帝纪》。这是汉高祖十一年（前196）发的一个求贤诏令，词意恳切谦恭，说明了创业需要人才，守成更需要人才。

盖[1]闻王者莫高于周文，伯(bà)[2]者莫高于齐桓，皆待贤人而成名。今天下贤者智能，岂特[3]古之人乎？患在人主不交故也，士奚(xī)[4]由进？

听说行王道的没有能超过周文王的，行霸道的没有能超过齐桓公的，他们都是依靠贤能的人才成就了事业的。如今天下贤者的智慧才能难道不如古代的人吗？毛病就在于当人主的不交结贤士的缘故，贤士有什么道路被进用呢？

今吾以天之灵、贤士大夫定有天下，以为一家，欲其长久世世奉宗庙亡(wú)绝也。

如今我依靠上天的神灵和贤士大夫，平定了天下，因而创建了一家的天下，想让它长治久安，世世代代侍奉宗庙不绝。贤人已经和我共同平定了天

1 盖：发语词。
2 伯：同“霸”。
3 特：但，只是。
4 奚：何。

贤人已与我共平之矣，而不与吾共安利之，可乎？贤士大夫有肯从我游[5]者，吾能尊显之。布告天下，使明知朕意。御史大夫昌下相国[6]，相国酂(cuó)侯[7]下诸侯王，御史中执法下郡守[8]。

下，却不跟我共同使天下安定受益，能行吗？贤士大夫如有愿意跟从我治理天下的，我一定能使他们显贵。因此布告天下，使大家明白我的意思。这个布告由御史大夫周昌下达给相国，相国酂侯萧何下达给各诸侯王，御史中丞下达给各郡郡守。

其有意称明德[9]者，必身劝为之驾[10]，遣诣(yì)相国府，署行、义(yí)、年[11]。有而弗言，觉(jué)免。[12]年老癃(lóng)病[13]，勿遣。

那些确实可称为有美德的人，郡守必须前去劝勉，并为他们安排车驾，送到京师相国府，登记他们的品行、仪表和年龄。有贤才而郡守不举荐，被发觉后就罢免他的官职。年老有病的，不必选送。

5 从我游：参加治理天下。游，交游。

6 御史大夫：秦汉时仅次于丞相的中央最高长官，主要职务为监察、执法，兼掌重要文书图籍。西汉时丞相缺位，往往以御史大夫递补，并与丞相、太尉合称三公。昌：周昌，沛县（今属江苏）人，跟从刘邦入关破秦，建汉后为御史大夫，封汾阴侯。

7 酂侯：即萧何。沛县人。曾为沛县吏，秦末佐刘邦起义。在楚汉战争中有大功，官居丞相，封酂侯。

8 御史中执法：即御史中丞。御史大夫的副手。郡守：始置于春秋战国时，初为武职，防守边郡。秦以郡为最高的地方行政区划，每郡置守，掌治其郡。汉景帝时改称太守。

9 明德：美德。

10 必身劝为之驾：指郡守必须亲身前去劝勉，并为贤者驾车。

11 署行、义、年：登记他的品行、仪表、年龄。署，填写，登记。义，“仪”的古字，指仪表，包括身材、肤色。

12 有而弗言，觉免：有贤才而郡守不报告，被发觉后罢免其官。

13 癃病：手足不灵活的病。

明 仇英 《帝王道统万年图册》之汉高祖

文帝议佐百姓诏

西汉文

汉文帝是一位比较能体察民间疾苦的皇帝。《议佐百姓诏》表达了这位封建帝王对百姓疾苦的关心。诏中探求民众疾苦的原因，反复设问，层层逼进，表现出要求解决民食问题的迫切心情。

间(jiān)[1]者数年比不登，又有水旱疾疫之灾，朕甚忧之。愚而不明，未达其咎(jiù)。意者，朕之政有所失而行有过与(yú)？乃天道有不顺，地利或不得，人事多失和，鬼神废不享与(yú)？何以致此？将(jiāng)百官之奉养或费，无用之事或多与(yú)？何其民食之寡乏也？夫度(duó)田[2]非益寡，而

最近几年来农业屡屡歉收，又有水旱、疾病、瘟疫等灾害，对此我非常忧虑。我愚钝而不明智，不明白它的祸根所在。我思考着，是我的政令失误、行为有过错呢？还是天道不顺，地利没有发掘，人事不和，对鬼神祭祀废弃不敬呢？为什么会到这种地步？还是百官的俸禄过于优厚，无用的事情办得过多了呢？为什么老百姓的口粮这样贫乏？丈量田地没有减少，统计人口

1 间：近来。
2 度田：丈量田地。

计民未加益，以口量地，其于古犹有余，而食之甚不足者，其咎安在？无乃百姓之从事于末，以害农者蕃(fán)[3]，为酒醪(láo)以靡(mí)谷者多[4]，六畜[5]之食焉者众与(yú)？

没有增加，按照人口分配土地，比古代还多，可是吃的粮食非常不足，造成这种状况的过失到底在哪里？莫不是百姓从事工商、耽误农业的事多，酿酒耗费了大量谷物，六畜吃掉的也很多吧？

细大之义，吾未能得其中。其与丞相、列侯、吏二千石(shí)、博士议之，[6]有可以佐百姓者，率意远思，无有所隐。

这大大小小种种说法，我找不到它真正的原因。将与丞相、列侯、二千石俸禄的官吏和博士们议论这事，有可用来帮助百姓的办法，请大家坦率地提出意见，深谋远虑，不要有所保留。

3 蕃：繁多。
4 醪：酒。靡：通“糜”，糜费。
5 六畜：马、牛、羊、鸡、犬、豕。
6 二千石：汉代内自九卿郎将，外至郡守，俸禄为二千石，即月俸一百二十斛，这里是以俸禄作为职务的代称。博士：秦及汉初立博士，掌管古今史事待问及书籍典守。到汉武帝时，设五经博士，置弟子员，此后博士专传授经学，与文帝、景帝时的博士制度不同。

明 仇英 《帝王道统万年图册》之汉文帝

景帝令二千石(shí)修职诏

西汉文

本文选自《汉书·景帝纪》。这篇诏令指出，官吏们凭法作奸，助盗为盗，是百姓饥寒并至的原因，因而打算整顿吏治，而且首先要求二千石的高级官员“各修其职”。这说明汉景帝有比较清醒的政治头脑。

雕文刻镂(lòu)[1]，伤农事者也；锦绣纂(zuǎn)组[2]，害女红(gōng)[3]者也。农事伤，则饥之本也；女红害，则寒之原也。夫饥寒并至，而能无为非者寡矣。

在器具物品上雕刻花纹，是损害农事的事情；用锦绣去结五彩丝带，是损害女功的事情。农事遇到损伤，这是饥饿的根源；女功遭受危害，这是寒冷的根源。饥寒交迫，还能不做坏事的人是很少的。

朕亲耕，后亲桑，以奉宗庙粢(zī)盛(chéng)祭服[4]，为天下先。不受献，减

我亲自耕种，皇后亲自养蚕，用以供给宗庙祭祀的谷物和祭服，给天下带头。不接受贡物，减少膳食，

1 雕文刻镂：指在器物上雕刻文采。镂，雕刻。
2 纂组：五彩的丝带。
3 女红：指妇女所做的纺绩、刺绣、缝纫等事。红，通“工”。
4 粢盛：古时盛在祭器内以供祭祀的谷物。祭服：祭祀时穿的服装。

太官[5]，省徭(yáo)赋，欲天下务农蚕。素有畜(xù)积，以备灾害。强毋(wú)攘(rǎng)弱，众毋暴(bào)寡，老耆(qí)[6]以寿终，幼孤得遂[7]长(zhǎng)。

减轻徭役和赋税，要天下百姓专心务农养蚕。平时有所积蓄，来防备灾害。强大的不要侵夺弱小的，人多的不要欺侮人少的，让老年人能享其天年，小孩孤儿得到顺利成长。

今岁或不登，民食颇寡，其咎(jiù)安在？或诈伪为吏，吏以货赂(lù)为市[8]，渔夺百姓，侵牟(móu)[9]万民。县丞，长(zhǎng)吏也，奸法与盗盗，甚无谓[10]也。其令二千石(shí)，各修其职。不事官职、耗(mào)[11]乱者，丞相以闻，请其罪。布告天下，使明知朕意。

今年可能歉收，百姓吃的东西相当贫乏，造成这种状况的过失到底在哪里？或许是狡诈虚伪的人做了官吏，这些官吏拿金钱贿赂作交易，盘剥百姓，侵夺万民。县丞是众吏之长，执法徇私，助盗为盗，很不应该。我命令二千石俸禄的地方官，各自忠于职守，监察不法官吏。那些不负责任、昏乱不明的人，丞相要将情况向我报告，请求治他们的失职之罪。布告天下，使大家明白我的意思。

5 太官：汉有太官令丞，掌管膳食，属少府。
6 耆：老。古称六十岁为“耆”。
7 遂：成长。
8 市：交易。
9 侵牟：侵夺。牟，通“蛑”，食苗根的虫，引申为侵夺。
10 甚无谓：很不应该。
11 耗：通“眊”，昏乱不明。

武帝求茂材异等诏(zhào)[1]

西汉文

汉武帝求人才，不拘资格，不苛求小节，务期适用，表现了他的雄才大略。把“使绝国”与“将相”并提，也反映了其穷兵好武的思想。

盖有非常之功，必待非常之人。故马或奔踶(chí)[2]而致千里，士或有负俗[3]之累而立功名。夫泛(fěng)驾[4]之马，跅(tuò)弛[5]之士，亦在御之而已。其令州郡察吏民，有茂材异等可为将相，及使绝国[6]者。

大凡要建立不同一般的事业，必须依靠非同寻常的人才。有的马奔跑踢人，却能日行千里；有的人受到世俗讥讽，却能建立功名。这些不受驾驭的马和放纵不羁的人，也不过在于如何驾驭他们罢了。我命令各州各郡要发现官吏和百姓中那些有优秀才能，超群出众，可担任将相及出使远方的人才。

1茂材：即秀才，指优秀的人才。为避光武帝刘秀讳，后改称茂材。异等：才能超群出众的人。
2 奔踶：奔驰，踢人，意谓不驯服。踶，通“驰”。
3 负俗：受到世俗的讥刺和批评。
4 泛驾：把车子弄翻，指不受驾驭。泛，通“覂”，翻，覆。
5 跅弛：放纵不羁。
6 绝国：极为辽远的邦国。

明 仇英 《帝王道统万年图册》之汉武帝

过秦论上

贾谊[1]

过秦，就是指责秦国的过失。文章铺叙秦国如何走向强盛，轻而易举地击败九国诸侯，吞并天下，然而竟被斩木为兵的农民起义军一举推翻，从而归结出秦亡的原因："仁义不施，攻守之势异也。"文章气势磅礴，如长河巨浪汹涌澎湃，而又松紧有致，先扬后抑，姿态横生。排比句的运用，也加强了文章的气势。

秦孝公据殽(xiáo)、函之固[2]，拥雍(yōng)州[3]之地，君臣固守，以窥(kuī)周室[4]，有席卷[5]天下、包举宇内[6]、囊(náng)括[7]四海之

秦孝公凭借着殽山和函谷关的天险，拥有雍州的土地，君臣牢固地守卫着本土，暗地里盘算夺取周王朝的政权，有征服天下、统一中国、

1 贾谊（前200—前168）：洛阳人，汉文帝时杰出的政治家和文学家。二十多岁时被汉文帝征召为博士（学术顾问官），每次朝对，都对答如流，颇得文帝赏识，一年当中便升为太中大夫（高级顾问官）。他针对当时的情况，提出了一些巩固中央政权、削弱诸侯王势力的建议，遭到执政大臣的反对，文帝也不敢采纳，把他调离朝廷，任命为长沙王太傅，后改任梁王太傅。《过秦论》分为上、中、下三篇，这是上篇。

2 秦孝公：战国时秦国国君。公元前361年至前338年在位。他任用商鞅，行新法，使秦国富强。殽、函：指殽山（今河南洛宁北）和函谷关（今河南灵宝东北）。

3 雍州：相传古代分天下为九州，雍州居一，为今陕东、陕北及甘肃部分地区。

4 窥：偷看。这里是暗中打算的意思。周室：周王朝。

5 席卷：像卷席子那样地全部卷了去。

6 包举：像用布包东西那样整个地裹了去。宇内：天下。

7 囊括：像用袋子装东西那样搜括干净。

意，并吞八荒[8]之心。

控制四海的企图，并吞八方的雄心。

当是时也，商君[9]佐之，内立法度，务[10]耕织，修守战之具，外连衡[11]而斗诸侯。于是秦人拱手而取西河之外[12]。

在这个时候，商君辅佐秦孝公，国内建立了法规制度，专力发展农耕纺织，修造用于防守和进攻的武器；对外推行连横的策略，使六国互相争斗。于是，秦国轻而易举地取得了西河以外的大片土地。

孝公既没(mò)[13]，惠文、武、昭蒙故业[14]，因遗策，南取汉中[15]，西举巴、蜀(shǔ)，东割膏腴(gāo yú)[16]之地，北收要害之郡。诸侯恐惧，会盟而谋弱秦，不爱珍器、重宝、肥饶之地，以致天下之士，合

秦孝公死后，惠文王、武王、昭襄王继承祖上基业，继续奉行孝公的策略，南进占领了汉中，西进攻取了巴蜀，东进割据了肥沃的田地，北进征服了险要的郡县。六国的诸侯都恐慌害怕起来，集会结盟，想办法削弱秦国。他们不惜金玉财宝和富饶的土地，用来招请天下的贤士，以合纵策略缔结条约，

8 八荒：八方，极远的地方。
9 商君：商鞅。
10 务：专力。
11 连衡：即连横。
12 拱手：拱着手，形容很不费力。西河之外：魏国在黄河以西的一带土地。
13 没：通“殁”，死。
14 惠文：秦惠文王（前337年至前311年在位，秦孝公子，名驷。武：秦武王（前310至前307年在位），秦惠文王子，名荡。昭：秦昭襄王（前306年至前251年在位），秦武王弟，名则。
15 汉中：今陕西南部一带。
16 膏腴：肥沃。

从(zòng)缔(dì)交，相与为一。

互相联成一体。

当此之时，齐有孟尝，赵有平原，楚有春申，魏有信陵。[17] 此四君者，皆明智而忠信，宽厚而爱人，尊贤而重士，约从(zòng)[18] 离横，兼韩、魏、燕(yān)、楚、齐、赵、宋、卫、中山之众。于是六国之士，有宁(nìng)越、徐尚、苏秦、杜赫(hè)之属为之谋，[19] 齐明、周最、陈轸(zhěn)、召(shào)滑、楼缓、翟(zhái)景、苏厉、乐(yuè)毅之徒通其意，[20] 吴起、孙膑(bìn)、带佗(tuó)、兒(ní)良、王廖(liáo)、田忌、廉颇(pō)、赵奢(shē)之伦(lún)制其兵。[21] 尝以什(shí)倍之地、

当这个时候，齐国有孟尝君，赵国有平原君，楚国有春申君，魏国有信陵君。这四君，都是办事明智又讲求忠信、为人宽厚又爱护别人、尊敬而又大胆使用贤士的人。他们相约“合纵”，拆散“连横”，聚合了韩、魏、燕、楚、齐、赵、宋、卫和中山等国的全部力量。这时，六国的贤能人士，有宁越、徐尚、苏秦、杜赫这一类人给他们出谋划策，齐明、周最、陈轸、召滑、楼缓、翟景、苏厉、乐毅这班人沟通各国的意见，吴起、孙膑、带佗、兒良、王廖、田忌、廉颇、赵奢这批人统率各国的军队。他们曾经用十倍于秦的土地，上百万的大军，

17 孟尝：齐公子孟尝君田文。平原：赵公子平原君赵胜。春申：楚春申君黄歇。信陵：魏公子信陵君魏无忌。

18 约从：相约合纵。

19 宁越：赵人。徐尚：宋人。苏秦：见《战国策·苏秦以连横说秦》。杜赫：周人。属：一类。

20 齐明：东周臣。周最：周人。陈轸：楚国人，仕秦。召滑：楚人。楼缓：魏文侯弟。翟景：魏人。苏厉：苏秦弟，仕齐。乐毅：燕国名将。通：沟通。

21 吴起：卫人，事魏文侯为将，后又事楚。孙膑：齐将，著名军事家。带佗：楚将。兒良：越将。王廖、田忌：齐将。廉颇、赵奢：赵国名将。制：管理统率。

百万之众，叩关[22]而攻秦。

进逼函谷关进攻秦国。

秦人开关而延敌，九国之师，逡(qūn)巡遁(dùn)[23]逃而不敢进。秦无亡矢遗镞(zú)之费[24]，而天下诸侯已困矣。于是从(zòng)散约解，争割地而赂(lù)秦。秦有余力而制其弊(bì)，追亡逐北[25]，伏尸百万，流血漂橹(lǔ)[26]，因利乘(chéng)便，宰割天下，分裂河山，强国请服，弱国入朝。

秦国人打开关门迎击，九国的大军，退却逃跑，不敢前进。秦国没有丢掉一支箭、损失一个箭头的消耗，可是天下的诸侯已经困苦不堪了。于是合纵阵线离散，抗秦联盟瓦解，大家抢着割让土地去讨好秦国。这就让秦国有余力去抓住他们的弱点，追杀败退逃跑的军队，一路上躺着上百万的尸首，流的血多得把大盾牌也浮了起来。秦国凭借着有利的形势，趁着适宜的时机，像割肉那样，一块一块地侵占各国领土，把诸侯搞得四分五裂，这样，强国请求归服，弱国赶来朝拜。

延及孝文王、庄襄王[27]，享国之日浅，国

传到孝文王和庄襄王，他们在位的日子短，国家没有发生什么重大的事。

22 叩关：进犯函谷关。叩，击，犯。
23 遁：逃走。
24 矢：箭。镞：箭头。
25 亡：逃跑。此处作名词用。北：指军败。
26 漂：漂浮。橹：大的盾牌。
27 孝文王：秦昭襄王子，在位一年（前250）。庄襄王：秦孝文王子，在位三年（前249—前247）。

家无事。及至始皇[28]，奋六世之余烈[29]，振长策而御宇内，吞二周[30]而亡诸侯，履(lǚ)至尊而制六合[31]，执敲扑以鞭笞(chī)天下[32]，威振四海。

等到了秦始皇的时候，他发扬了六代祖先遗留下来的功业，挥动长鞭子驾驭全中国，吞并了西、东二周，灭亡了六国诸侯，登上了皇帝宝座，统一了天下，拿着棍棒来驱使、鞭打天下，威势震动四海。

南取百越[33]之地，以为桂林、象郡[34]。百越之君，俯首系(xì)颈[35]，委命下吏。乃使蒙恬(tián)北筑长城而守藩篱(fān lí)[36]，却匈奴七百余里[37]，胡人不敢南

他又在南方夺取了百越的土地，改设为桂林郡和象郡。百越的君主低着头，脖子上系着绳子，把性命交给秦国的下级官吏。又派蒙恬在北方筑长城，固守边境，把匈奴赶退了七百多里，匈奴人不敢南下放牧战

28 始皇：一本作“秦王”。
29 六世：孝公、惠文王、武王、昭襄王、孝文王、庄襄王。余烈：遗留下的功业。
30 二周：指战国末年（也就是周朝末年）的西周和东周。周朝末年，即周赧王时，周王朝分为二：西周都洛（今河南洛阳），灭于昭襄王五十一年（前256）；东周都巩（今河南巩义），灭于庄襄王元年（前249）。都不在秦始皇时。
31 履：登上。至尊：指天子之位。公元前221年秦王政称皇帝。六合：上、下及东、南、西、北四方，指天下。
32 敲扑：棍棒。短的叫敲，长的叫扑。鞭笞：刑具，这里作鞭打讲。“执敲扑”一本作“执棰拊”。
33 百越：当时散居南方各地（今浙江至越南一带）越族的总称。
34 桂林：郡名，故地约当今广西东南部及广东西北部一带。象郡：郡名，其地约当今广西西部、广东西南部和贵州南部一带。
35 俯首：低头听命。系颈：自己用绳子拴在颈上，表示投降。
36 蒙恬：秦将，秦始皇三十三年（前214），蒙恬奉命率兵三十万，北逐匈奴，筑长城。藩篱：用竹木编成的篱笆或围栅，这里引申为屏障。
37 却：击退。匈奴：秦汉时我国北部一个民族。下句“胡人”也指匈奴。

下而牧马，士不敢弯弓而报怨[38]。

马，六国的勇士也不敢张弓来报仇怨。

于是废先王之道，燔百家之言[39]，以愚黔(qián)首[40]。隳(huī)[41]名城，杀豪俊，收天下之兵聚之咸阳[42]，销锋鍉(dí)[43]，铸以为金人十二，以弱天下之民。

于是他废除了先王治国之道，烧毁了诸子百家的书籍，用来愚弄百姓，拆毁著名的城池，杀掉原来六国的豪杰，没收天下的兵器聚集到咸阳，熔化这些兵器，铸成十二个铜人，用这办法削弱天下的百姓。

然后践华[44]为城，因河为池[45]，据亿丈之城，临不测[46]之溪以为固。良将劲弩(nǔ)，守要害之处；信臣精卒，陈利兵而谁何[47]！天下已定，

然后把华山当作城墙，拿黄河当作护城濠，据守着高峻的城楼，面临深急的河水，以为这样天下就很坚固了。优秀的将领和强劲的弓弩，把守着要害的地方；可靠的臣子和精锐的兵卒，摆出锋利的武器，谁又敢如

38 “士不敢”句：指东方六国的人不敢反叛；一说指秦法森严，人们不敢报私仇。
39 燔：焚烧。百家之言：诸子百家的著述。
40 黔首：指百姓。周朝称“黎民”，秦始皇二十六年（前221），“更名民曰黔首”。
41 隳：毁坏。
42 咸阳：秦都名，故城在今陕西咸阳东。
43 销：熔化。锋：兵器尖端。鍉：通“镝”，箭头。锋鍉，泛指兵器。一本作“销锋铸鐻”。
44 华：华山。
45 河：黄河。池：城下的护城濠。
46 不测：不可探测，这里是说河水又深又急。
47 谁何：谁敢如何，谁敢怎么样的意思。

明 唐寅《华山图》（局部）

始皇之心，自以为关中之固，金城[48]千里，子孙帝王万世之业也[49]。

始皇既没(mò)，余威震于殊俗[50]。然而陈涉[51]瓮牖(wèng yǒu)绳枢(shū)[52]之子，氓隶(méng lì)[53]之人，而迁徙(xǐ)[54]之徒也。

材能不及中人，非有仲尼、墨翟(dí)[55]之贤，陶朱、猗(yī)顿之富[56]，蹑(niè)足行(háng)伍之间[57]，倔起阡陌(qiān mò)之中[58]，率罢(pí)弊(bì)[59]之卒，

何！这时天下已经平定，秦始皇的心中，自己也认为关中这样坚固，又有铜墙铁壁般的城防千里相连，这是子子孙孙称帝为王的永久基业啊！

秦始皇死后，遗留下来的威风仍然震动着边远的地区。然而，陈涉不过是一个贫寒人家的儿子，一个地位卑贱，被征发去守卫边境的士兵。

论才能赶不上普通的人，并非有孔子、墨子的德行，陶朱、猗顿的富有。他置身戍边队伍的中间，突然从田野里发难起事，率领疲困不堪的士卒，带着几百个人的队伍，调转头来进攻秦

48 金城：坚固的城池。金，比喻坚固。
49 “子孙”句：秦始皇曾说：“朕为始皇帝，后世以计数，二世、三世，至于万世，传之无穷。”
50 殊俗：风俗不同的边远地区。
51 陈涉：即陈胜，阳城（今河南登封）人。秦末农民起义领袖之一。
52 瓮牖绳枢：用瓦瓮做窗户，用绳子缚着门枢。形容屋舍简陋。意指陈涉出身贫寒。
53 氓隶：古代统治者对低贱者的称呼。氓、隶，都是指奴隶。
54 迁徙：二世元年（前209）陈胜被征调去渔阳戍边。
55 墨翟：墨家创始人墨子。
56 陶朱：即范蠡，原越王勾践的大夫，后去官到陶地经商，成为巨富，自称陶朱公。陶，故地在今山东菏泽定陶区。猗顿：春秋时鲁人，以经营盐业致富。
57 蹑足：置身。行伍：士兵的行列。
58 倔起：突起。阡陌：田间小路。这里指田野。《史记·秦始皇本纪》作“倔起什佰之中”。什佰，十人长、百人长。陈胜以屯长（小队长）的身份起事。
59 罢弊：一本作“罢散”。罢，通“疲”。

将数百之众，转而攻秦。

军。

斩木为兵，揭竿为旗。天下云集[60]而响应，赢粮而景从[61]，山东[62]豪俊，遂并起而亡秦族矣。

他们砍来木棍作为兵器，举起竹竿当作旗帜。天下百姓结队成群，纷纷响应，自己带着粮食，像影子似的跟随着他，殽山以东豪杰志士，就同时起事把秦王朝灭亡了。

且夫天下非小弱也。雍州之地，殽、函之固，自若也。陈涉之位，不尊于齐、楚、燕、赵、韩、魏、宋、卫、中山之君也；锄耰、棘矜[63]，不铦于钩、戟、长铩也[64]；谪戍之众[65]，非抗于九国之师也；深谋远虑，行军用兵之道，非及曩时[66]

说到秦朝的天下，比以前并没有缩小削弱，雍州这块地方和殽山、函谷关的天险，都还像过去一样。陈涉的地位，并不比齐、楚、燕、赵、韩、魏、宋、卫、中山的国君尊贵；锄头木棒，并不比刀剑戟矛锋利；这些被征调去戍边的人，根本无法和九国的军队比较；深谋远虑、行军打仗的策略，也不如从前那些谋士。然而，成功和失败起了变化，强大的秦王朝反而溃败，

60 云集：像密云集聚，意即结队成群。
61 赢：携带。景从：如影相随。景，“影”的本字。
62 山东：指殽山以东原来六国的广大地区。
63 锄耰：锄头柄。棘矜：戟柄。棘，通“戟”。
64 铦：锋利。铩：有长刃的矛。
65 谪戍之众：指陈胜等戍边的九百多人。
66 曩时：从前。

之士也。然而成败异变，功业相反。试使山东之国与陈涉度(duó)长絜(xié)大[67]，比权量力，则不可同年而语矣。

卑弱的陈涉反而建立了功业。假使让殽山以东的六国诸侯跟陈涉度量长短、大小，比较权势、力量，那就不能相提并论了。

然秦以区区之地，致万乘之权，招八州而朝同列[68]，百有(yòu)余年[69]矣。然后以六合为家，殽(xiáo)函为宫。一夫作难(nàn)而七庙隳(huī)[70]，身死人手[71]，为天下笑者，何也？仁义不施，而攻守之势异也[72]。

秦国靠雍州那块小小的地方，取得称帝的权力，攻取其他八州而使地位相同的诸侯朝拜，经过了一百多年。然后把天下变为一家，把殽山、函谷关变成内宫。可是一个普通人发难反抗，王朝就被灭亡，国君都死在别人手里，成为天下的笑柄，这是为什么呢？因为不施行仁义，所以攻守的形势不同了啊。

67 度：比。絜：量。
68 八州：天下分为九州，秦（雍州）居其一，因言八州。同列：同等的诸侯国。
69 百有余年：指从秦孝公至秦始皇，共一百三十余年。
70 七庙隳：古代天子有七庙，供奉七代祖先。一个王朝灭亡，它的七庙也就被新王朝拆毁。所以七庙隳就是王朝灭亡的意思。
71 身死人手：指秦二世为赵高所杀，子婴为项羽所杀。
72 攻：进攻。指攻取天下。守：守成。指保有天下。

明 刘度 《山水楼阁图》（局部）

治安策一

贾谊

《治安策》又名《陈政事疏》，选自《汉书·贾谊传》。汉初封了七个异姓王，还封了一百四十个列侯。异姓王的存在，对汉中央集权是个威胁。刘邦将他们先后消灭了，但又封九个刘姓子弟为王。汉文帝时，同姓诸王势力膨胀，他们“出入拟于天子”，甚至“不听天子诏”，时刻想举兵夺取皇位。针对这种情况，贾谊上书文帝，提出了削弱诸侯王的主张。这对巩固中央政权是有利的。然而，汉文帝没有采纳他的意见，后来到文帝的儿子景帝时，果然发生吴、楚等七国的叛乱。

夫(fú)树国固[1]，必相疑[2]之势。下数(shuò)被其殃(yāng)[3]，上数(shuò)爽其忧[4]，甚非所以安上而全下也。今或亲弟谋为东帝[5]，亲兄之子西乡(xiàng)

建立的诸侯国太强大，必然造成跟中央政权势均力敌的局面。诸侯王经常因朝廷的猜疑而遭祸，朝廷经常因诸侯的叛乱而担忧，这绝不是用来安上全下的办法。如今，在陛下的亲生兄弟中，有人图谋自立为东帝；亲哥哥的儿子也曾向西进

1 固：险要，坚固，意即强大。
2 疑：通“拟”，相拟，势力相当。
3 下：指诸侯王。数：屡次，经常。殃：灾难，祸害。
4 上：指中央朝廷。爽：伤。
5 亲弟谋为东帝：亲弟，指文帝的弟弟淮南王刘长。文帝六年（前174）刘长谋反，被人告发绝食而死。刘长封地在东，自称为东方的天子。

而击[6]，今吴[7]又见告矣。

攻，反叛中央；最近吴王又被人告发了。

天子春秋鼎盛[8]，行义未过，德泽有加焉，犹尚如是，况莫大诸侯，权力且十此者乎！然而天下少安，何也？大国之王幼弱未壮，汉之所置傅相[9]方握其事。数年之后，诸侯之王大抵皆冠[10]，血气方刚，汉之傅相称病而赐罢[11]，彼自丞尉[12]以上遍置私人，如此，有异淮南、济(jǐ)北之为邪(yé)？此时而欲为治安，虽尧舜不治。

陛下现在年富力强，施行仁义没有过失，对他们再三给以恩惠，尚且如此，何况那些权力为上述十倍的大诸侯国呢？然而现在天下还比较安定，这是什么原因呢？因为大国的诸侯王还幼弱没成年，朝廷所派去的太傅和丞相正在掌握诸侯国的实权。几年之后，这些诸侯王大都成年了，正是血气方刚的时候，而朝廷派出的太傅、丞相都年老称病，朝廷恩准他们辞官退休，诸侯王就可以把丞、尉以上的职位，都安置自己的亲信，这样，他们和淮南王、济北王的所为又会有什么不同呢？这个时候还想做到天下太平，即使是尧舜也办不到的。

6 亲兄之子西乡而击：济北王刘兴是文帝亲兄弟齐悼惠王的儿子。他在文帝三年（前177）起兵叛乱。济北王打算向西进攻荥阳，失败自杀。乡，同“向”。

7 吴：吴王刘濞（bì），高祖兄刘仲之子。

8 春秋鼎盛：年富力强的意思。春秋，年龄。鼎，方，正当。

9 傅相：西汉时皇帝为各封国所任命的太傅和丞相，掌握各封国的实权。

10 冠：成年。古代男子二十岁举行加冠礼后便算成年。

11 赐罢：恩准辞官，即年老退休。

12 丞尉：诸侯国内的低级官吏。

黄帝曰："日中必熭(wèi)，操刀必割。"[13]今令此道顺而全安，甚易。不肯早为，已乃堕(huī)骨肉之属而抗刭(jǐng)之，[14]岂有异秦之季世[15]乎？夫(fú)以天子之位，乘今之时，因天之助，尚惮(dàn)以危为安，以乱为治。假设陛(bì)下居齐桓(huán)之处，将(jiāng)不合诸侯而匡(kuāng)天下乎？臣又知陛下有所必不能矣。

假设天下如曩(nǎng)[16]时，淮阴侯[17]尚王(wàng)楚，黥(qíng)布[18]王(wàng)淮南，彭越[19]王(wàng)梁，韩信[20]王(wàng)韩，张敖[21]王

黄帝说："要晒东西必须趁太阳正午，要宰东西必须趁刀子在手。"现在将这个办法顺利实行，很容易收到安上全下的成效。不愿意及早行动，将来乃至于破坏诸侯王的骨肉之亲而诛杀他们，这难道跟秦朝末年有什么不同吗？凭借着天子的地位，趁着当今的有利时机，依靠着上天的帮助，还怕把危险当作安定，把纷乱当作太平，时刻警惕。假使陛下处在齐桓公的地位，难道能不集合诸侯匡正天下吗？我有根据知道陛下必定不能做到的了。

假设现在天下的形势像从前高帝时一样，淮阴侯做楚王，黥布做淮南王，彭越做梁王，韩信做韩王，张敖做赵王，贯高任赵相，卢绾做燕王，陈豨

13 日中必熭，操刀必割：语出《武经・六韬》。意思是说不要坐失时机。熭，曝晒。
14 已乃：就会。抗刭：抗，高举；刭，割颈。这里是指诛杀。
15 季世：末年。秦二世时，大杀秦始皇的子女。
16 曩：以往，从前。
17 淮阴侯：即韩信。
18 黥布：即英布。
19 彭越：汉初被封为梁王，后以谋反被杀。
20 韩信：即韩王信。
21 张敖：赵王张耳之子，刘邦的女婿，张耳去世，其袭爵赵王。

赵，贯高[22]为相，卢绾[23]王燕，陈豨[24]在代，令此六七公者皆亡恙，当是时而陛下即天子位，能自安乎？臣有以知陛下之不能也。

天下殽乱，高皇帝与诸公并起，非有仄室之势以豫席之也。[25]诸公幸者乃为中涓，其次廑得舍人，材之不逮至远也。[26]高皇帝以明圣威武即天子位，割膏腴之地以王诸公，多者百余城，少者乃三四十县，德至渥[27]

在代地，假使这六七位都还在世，当这个时候，陛下登上天子的宝座，还能够自己觉得安心吗？我有理由知道陛下是不能的。

秦末天下大乱，高皇帝与上述诸公一同起事，当时高皇帝并没有六国宗族的势力预先作为依靠。诸公中间最幸运的也不过做了中涓，其次的仅仅得到舍人的职位。这些人的才能与高皇帝相比，相差太远了。后来，高皇帝凭借着明圣威武登上天子之位，划出肥沃富饶的土地封诸公为侯王，多的有百多个城，少的也有三四十个县，高皇帝对他们的恩德实在很优厚了。但是在这以后七年的时间里，谋反的事件发生了九

22 贯高：赵王的相国，因策划谋害刘邦被杀。
23 卢绾：刘邦的老朋友，汉初封为燕王。
24 陈豨：刘邦的部将，汉初由郎中封为列侯。
25 高皇帝：指汉高祖刘邦。仄室：即侧室，卿大夫的庶子。这里是指六国的贵族。仄，通“侧”。豫席：预先凭借。豫，同“预”。席，凭借。
26 中涓：宫中的侍从官。舍人：帝王公侯所亲近的属官。中涓、舍人都是地位很低的官吏。
27 渥：优厚。

也。然其后七年之间反者九起。[28]陛下之与诸公，非亲角(jué)材而臣之也，[29]又非身封王(wàng)之也。自高皇帝不能以是一岁为安，故臣知陛下之不能也。然尚有可诿(wěi)者曰疏。[30]臣请试言其亲者。

起。陛下跟上述诸侯王，并没有亲自较量过才能的高下从而使他们臣服，又不是亲自赐封他们为王的。连高皇帝都不能把这种局面平安地维持一年，所以我知道陛下也是不能的。然而还有种可以推托的借口，就是说他们与刘氏的关系疏远。那么，请允许我谈谈关系亲近的同姓诸侯王。

假令悼惠王王(wàng)齐，元王王(wàng)楚，中子[31]王(wàng)赵，幽王[32]王(wàng)淮阳，共(gōng)王[33]王(wàng)梁，灵王[34]王(wàng)燕，厉王[35]王(wàng)淮南，六七贵人皆亡恙(wú)，当是时陛下即位，能为治乎？臣又知陛下之不能也。

假如还是让悼惠王做齐王，元王做楚王，中子如意做赵王，幽王做淮阳王，共王做梁王，灵王做燕王，厉王做淮南王，这六七位贵人都还在世，当这个时候，陛下即位，能够使国家太平吗？我又知道陛下是不能做到的。

28 七年之间：指高祖五年（前202）到十一年（前196）。反者九起：除韩信、韩王信、贯高、陈豨、彭越、黥布、卢绾七事外，还有燕王臧荼和利幾的谋反事件，共九起。
29 角：较量。材：才能。
30 诿：推诿，推托。疏：疏远，指不同姓。
31 中子：指赵隐王如意。
32 幽王：刘友，高祖子。
33 共王：刘恢，高祖子。
34 灵王：刘建，高祖子。
35 厉王：刘长，高祖少子。

若此诸王，虽名为臣，实皆有布衣昆弟[36]之心，虑[37]亡(wú)不帝制而天子自为者。擅爵(jué)人，赦(shè)死罪，甚者或戴黄屋[38]。汉法令非行也，虽行不轨如厉王者，令之不肯听，召之安可致[39]乎？幸而来至，法安可得加？

像这些诸侯王，虽然名义上是臣子，实际上都存着把皇帝看作是普通兄弟的心思，大概没有不想采用跟皇帝相同的制度而且自己当天子的。他们擅自把爵位封给人，赦免死罪，更过分的有时在车上张着黄色的车盖。汉朝的法令行不通了，即使行为不法像厉王那样的人，命令他不肯听从，召见他又怎肯来呢？侥幸召来了，法令又怎能加到他身上？

动一亲戚(qī)，天下圜(huán)视[40]而起。陛下之臣虽有悍(hàn)如冯敬[41]者，适启其口，匕首已陷其胸矣。陛下虽贤，谁与领[42]此？故疏者必危，

触动一个亲戚，全国的诸侯王都相顾而起发兵作乱。陛下的臣子中虽然有强悍像冯敬那样的，但刚刚张口说话，匕首就已经刺进他的胸膛了。陛下虽然贤明，又有谁敢跟您一起管理这些事呢？所以说，疏远的必然给国家造成

36 布衣昆弟：指上述同姓诸侯王虽然与天子名为君臣，而实际上却自以为与天子的关系就同百姓的兄弟关系一样，不尊重天子。布衣，老百姓。昆弟，兄弟。

37 虑：大约，大概。

38 黄屋：皇帝所乘的车子，用黄缯做车盖。屋，特指车盖。

39 致：招来。

40 圜视：互相顾看。圜，通“环”。

41 冯敬：冯无择子，因告发淮南王刘长谋反，被刘长的刺客所杀。

42 领：处理，办理。

亲者必乱，已然之效也。

危机，亲近的也必然给国家制造混乱，这是已经被事实所证明了的。

其异姓负强而动者，汉已幸胜之矣，又不易其所以然。同姓袭[43]是迹而动，既有征[44]矣，其势尽又复然。殃(yāng)祸之变[45]，未知所移[46]，明帝处(chǔ)之尚不能以安，后世将如之何？

那些异姓诸侯王依仗强势而叛变的，朝廷已经侥幸战胜了他们，但又不肯改变造成这种状况的根源。同姓诸侯王因袭这个先例发动叛乱，已经有苗头了，他们的势力一时削弱了，但不久又是故态复萌。这些突然发生的灾祸事件，不知如何改变，英明的帝王处在这种形势下，尚且不能使天下安定，后世子孙又能怎么办呢？

屠牛坦一朝(zhāo)解十二牛而芒刃不顿者，[47]所排击剥割[48]，皆众理解也。至于髋(kuān)髀(bì)之所，[49]非斤[50]则

屠牛坦一个早晨肢解了十二头牛，而锋利的刀口不钝缺的原因，是在解剖、剥骨、割肉的时候，都从肌理、关节等处下刀的。到了髋骨腿骨的地方，用的是斧头。仁义恩德，好比是帝王的刀口；权

43 袭：蹈袭。
44 征：征兆，苗头。
45 变：突然发生的事件。
46 移：改变。
47 屠牛坦：一个杀牛的人，名坦。春秋时人，事见《管子·制分》。芒刃：锋利的刀刃。顿：通“钝”。
48 排击剥割：杀牛时用刀的各种方法。排，解剖。击，敲击。剥，剥骨。割，割肉。
49 髋：胯骨。髀：大腿骨。
50 斤：斧头。

清 袁耀 《汉宫春晓图》（局部）

斧。夫(fú)仁义恩厚，人主之芒刃也；权势法制，人主之斤斧也。今诸侯王皆众髋髀也，释斤斧之用而欲婴以芒刃，[51] 臣以为不缺则折。胡不用之淮南、济(jǐ)北？势不可也。

臣窃迹[52] 前事，大抵强者先反。淮阴王(wàng)楚最强，则最先反；韩信倚胡，则又反；贯高因赵资，则又反；陈豨(xī)兵精，则又反；彭越用梁，则又反；黥(qíng)布用淮南，则又反；卢绾(wǎn)最弱，最后反。长沙[53] 乃在(cái)二万五千户耳，功少(shǎo)而最完，势疏而最忠，非独性异人也，亦形势然也。曩(nǎng)

势法制，如同是帝王的斧头。现在的诸侯王，就如同众多的髋骨腿骨，放弃斧头不用，却想拿刀口去碰它，我认为这把刀不是缺口就是折断。为什么不对淮南王、济北王讲仁义恩德呢？因为形势不允许。

我私自考察从前发生的事，大体都是强大的诸侯先反叛。淮阴侯做楚王，最强大，接着最先反叛；韩王信依靠匈奴支持，接着又反叛；贯高凭借赵国的力量，接着又反叛；陈豨的部队精良，接着又反叛；彭越利用梁国的力量，接着又反叛；黥布利用淮南的力量，接着又反叛；卢绾的力量最弱，最后反叛。长沙王吴芮封地仅有二万五千户，功劳最少而最得保全，与朝廷的关系最疏远，却最忠心。这不仅仅是长沙王的性情不同于别

51 释：放下。婴：同“撄”，触。
52 迹：考察。
53 长沙：指长沙王吴芮（ruì）。

令樊(fán)、郦(lì)、绛(jiàng)、灌[54]据数十城而王，今虽已残亡可也。令信、越之伦列为彻侯而居，[55]虽至今存可也。然则天下之大计可知已。

欲诸王之皆忠附，则莫若令如长沙王；欲臣子之勿菹醢(zū hǎi)[56]，则莫若令如樊、郦等；欲天下之治安，莫若众建诸侯而少(shǎo)其力。力少则易使以义，国小则亡(wú)邪心。令海内之势如身之使臂，臂之使指，莫不制从[57]。诸侯之君不敢有异心，辐凑(fú còu)[58]并进，而归命天子，虽在

人，也是形势造成的。从前如果叫樊哙、郦商、周勃、灌婴都占据几十座城做王，到今天即使已经破败灭亡也是可能的。如果让韩信、彭越之流只做一个彻侯而安心坐在他的位子上，虽然到今天还存在也是可以的。这样，安定天下的重大谋略就可以知晓了。

要想诸侯王都忠心归附，就莫过于使他们像长沙王那样；要想保全臣子不被剁成肉酱，就莫过于使他们像樊哙、郦商那样；要想天下的长治久安，就莫过于多分封诸侯而削弱他们的力量。诸侯的力量弱，就容易用仁义使他们归附；诸侯国小，就不会有反叛的野心。这就使得天下的形势，像人的身体指使臂膀，臂膀指使手指一样，无不受节制而服从。诸侯王不敢有野心，都从四方八面来归顺，听从天子的命令，即使是

54 樊、郦、绛、灌：指高祖时的功臣樊哙、郦商、周勃、灌婴。
55 信、越：指淮阴侯韩信和梁王彭越。彻侯：秦汉封爵共二十级，彻侯为最高级。
56 菹醢：一种酷刑，把人剁成肉酱。
57 制从：制服，听从。
58 辐凑：像车轮的辐条聚集于车轮中央。意即从四方八面来集中。

细民，且知其安，故天下咸知陛下之明。

割地定制，令齐、赵、楚各为若干国，使悼惠王、幽王、元王之子孙，毕以次各受祖之分(fèn)地，地尽而止，及燕(yān)、梁他国皆然。其分(fèn)地众而子孙少者，建以为国，空而置之，须其子孙生者，举使君之。诸侯之地其削(xuē)颇入汉者，[59]为徙(xǐ)其侯国及封其子孙也，所以数偿之[60]。一寸之地，一人之众，天子亡(wú)所利焉，诚以定治而已，故天下咸知陛下之廉。地制一[61]定，宗室子孙莫虑

小民百姓，也感到国家安定，因此天下都知道陛下的英明。

分割诸侯国的国土，定为制度，使齐、赵、楚各自分为若干小国，使悼惠王、幽王、元王的子孙，全部依次序继承祖先分封的土地，地分完了才停止，对于燕、梁和其他诸侯国也都这样。那些分地多而子孙少的国家，也分建若干小国，空着王位放在那里，等待他们的子孙出生，全部叫他们做国君。诸侯的土地，因犯罪被削除收归朝廷的，或者把这个诸侯迁到另一个地方，或者封给这个诸侯的子孙，按照原先的封地如数偿还他们。一寸土地，一个百姓，天子都不贪图他们的，实在只是为了安定太平罢了，因此天下都知道陛下廉洁。分地制度一旦确定，汉宗室的子孙不用担心不能

59 削：汉制，诸侯有罪，根据罪的轻重大小，有的削减封地，有的削除全部封地，被削的封地就收归中央，并入郡县中。颇：渐渐。

60 及封其子孙也，所以数偿之：据清人钱大昕引沈彤说，句中“也”字为“他”字之误，全句的标点应作：“及封其子孙他所，以数偿之。”

61 一：统一，划一。

不王(wàng)，下无倍畔(pàn)[62]之心，上无诛伐之志，故天下咸知陛下之仁。法立而不犯，令行而不逆，贯高、利幾(jī)[63]之谋不生，柴奇、开章之计不萌，[64]细民乡(xiàng)善，大臣致顺，故天下咸知陛下之义。

封王，诸侯就不会产生背叛朝廷的思想，朝廷也不必有诛杀讨伐的意图，因此天下都知道陛下的仁爱。法纪确立没人敢违犯，命令推行没人敢对抗，贯高、利幾的阴谋就不会发生，柴奇、开章的诡计就不会萌发，小民百姓个个向善，朝廷大臣人人效忠，因此天下都知道陛下的恩义。

卧赤子[65]天下之上而安，植遗腹[66]，朝(cháo)委裘(qiú)[67]，而天下不乱，当时大治，后世诵圣。一动而五业附[68]，陛下谁惮(dàn)而久不为此？

那时，即使让一个婴儿当皇帝统治天下也安定太平，或者扶立尚未出生的遗腹子做皇帝，只朝拜先王所遗留下来的衣服，天下也不会动乱，当代得到大治，后世歌颂圣明。一项举动就能使英明、廉洁、仁爱、恩义、后嗣平安五种功效聚集于身，陛下还有什么顾虑而久久不这样做呢？

天下之势方病

现在天下的形势，就好像一个人正

62 倍畔：同“背叛”。
63 利幾：原为项羽部将，后投降刘邦，封为颍川侯，汉高祖六年（前201）举兵谋反，被刘邦击破。
64 柴奇、开章：两人都参与淮南王谋反。萌：发生。
65 赤子：婴儿。
66 植：扶立。遗腹：遗腹子。指皇帝死时尚未出生的儿子。
67 委裘：已死去的皇帝所遗留下来的衣服。
68 五业：指上述明、廉、仁、义、后嗣平安等五种功效。附：归聚。

大瘇(zhǒng)[69]，一胫(jìng)之大几(jī)如要(yāo)，[70]一指之大几(jī)如股，[71]平居不可屈信(shēn)[72]，一二指搐(chù)[73]，身虑[74]无聊。

患有严重的两脚浮肿病。一条小腿肿得几乎像腰，一个脚趾大得几乎像大腿。平时不能弯曲伸展，一两个脚趾抽搐，就担心整个身体好像失去了依靠。

失今不治，必为锢(gù)疾[75]，后虽有扁鹊(què)[76]，不能为已。病非徒瘇(zhǒng)也，又苦跖盭(zhí lì)[77]。元王[78]之子，帝之从弟也，今之王者，从弟之子也。惠王[79]之子，亲兄子也；今之王者，兄子之子

错过今天的机会不加医治，必然成为不治之症。以后即使有扁鹊那样的名医，也不能够挽救了。病不仅是两脚浮肿，又有脚掌反背的痛苦。楚元王的儿子，是陛下的叔伯兄弟，这一代的楚王，是叔伯兄弟的儿子；齐悼惠王的儿子，是陛下亲哥哥的儿子，这一代的齐王，是您的侄孙了。您的

69 瘇：两脚浮肿的病。
70 胫：小腿。要：同“腰”。
71 指：脚趾。股：大腿。
72 屈信：弯曲伸展。信，通“伸”。
73 搐：抽搐。
74 虑：忧愁。
75 锢疾：不能医治的病。
76 扁鹊：姓秦名越人，先秦时代名医。
77 跖盭：同“跖戾”，脚掌扭折变形，即脚掌反背症。
78 元王：楚元王刘交是刘邦的弟弟，他的儿子刘郢是汉文帝的从弟（叔伯兄弟）。刘郢死后，刘戊为楚王。
79 惠王：齐悼惠王刘肥是文帝的大哥。刘肥的儿子叫刘襄。刘襄死后，其子刘侧为齐王。

也。亲者或亡(wú)分地以安天下，疏者或制大权以逼天子。臣故曰非徒病瘇(zhǒng)也，又苦跖盭(zhí lì)。可痛哭者，此病是也。

亲生儿子有的还没有得到封地来安定天下，疏远的人有的却控制着强大的权力来威逼天子。我因此说不但害了两脚浮肿的病，又有脚掌反背的痛苦。使人痛哭的事，就是害了这样的病啊！

明 佚名《山水图》

论贵粟疏

晁错[1]

《论贵粟疏》选自《汉书 · 食货志》。《汉书》本传说：晁错上书文帝，“复言守边备塞、劝农力本，当世急务二事”。本篇就是讲“劝农力本”部分。本文着重论证了农业的重要性，提出了劝农务本，奖励粮食生产，促进农业发展，打击商人投机牟利，从而富国的主张。汉文帝采纳晁错的建议，经过文帝、景帝两朝的推行，农业生产有了很大的发展，到武帝时粮食非常富足，为发动大规模抗击匈奴的战争准备了物质条件。

圣王在上，而民不冻饥者，非能耕而食(sì)之，织而衣(yì)之也，为开其资财之道也。[2]故尧、禹有九年之水[3]，汤有

圣明的帝王在上面，百姓不受冻挨饿，并不是帝王能够亲自种粮给老百姓吃，亲自织布给老百姓穿，只不过替他们开辟了创造财富的道路。所以尧、禹的时代有过连续九年的水灾，商汤的时

1 晁错（前200—前154），西汉颍川（今河南禹州）人。少学申商刑名之学，汉文帝时为太子家令，景帝时为内史，后迁御史大夫，曾先后上书主张重农贵粟，削诸侯封地以加强中央统治。前154年，吴楚等七国叛乱，以诛晁错为名。景帝为求七国罢兵，杀了晁错。

2 食之：给他们吃。衣之：给他们穿。资财：物质财富。

3 尧、禹有九年之水：《史记 · 夏本纪》：“尧听四岳，用鲧治水，九年而水不息，功用不成。”后来由禹治水成功。所以这里并言尧禹。

七年之旱[4]，而国无捐瘠(jí)者[5]，以畜(xù)积多而备先具也[6]。

今海内为一，土地人民之众，不避[7]禹、汤，加以亡(wú)天灾数年之水旱，而畜(xù)积未及者，何也？地有余利[8]，民有余力，生谷之土未尽垦，山泽之利未尽出也，游食之民未尽归农也。民贫则奸邪生，贫生于不足，不足生于不农，不农则不地著(zhuó)[9]，不地著(zhuó)则离乡轻家，民如鸟兽，虽有高城深池，严法重刑，犹不能禁也。

候有过七年的大旱，可是国内没有流离失所和面黄肌瘦的人，因为积蓄的粮食很多，早就有了准备啊。

现在全国统一，土地广大，人口众多，不亚于禹汤时代，加上又没有连续数年之久的水旱灾荒，可是粮食的积蓄却赶不上，为什么呢？这是因为土地还有潜力，百姓还有余力。能长庄稼的土地还没有全部开垦，山林湖泽的资源还没有尽量开发，游手好闲的人还没有全部回乡务农。百姓贫穷就产生奸诈邪恶的念头，贫穷是由于物资不充足产生的，物资不充足是由于不务农产生的。不务农就不会定居一个地方，不定居在一个地方就轻视家园，百姓像飞禽走兽一样，虽然有高城深池、严法重刑，也不能禁止。

4 汤有七年之旱：商汤时发生大旱，有的说五年，有的说七年。
5 捐：抛弃。指流离失所。瘠：瘦弱。
6 以：因。畜积：同“蓄积”。
7 不避：不让，不次于。
8 余利：一本作“遗利”。
9 地著：定居于一地。

夫寒之于衣，不待轻暖；饥之于食，不待甘旨[10]；饥寒至身，不顾廉耻。人情一日不再食则饥，终岁不制衣则寒。夫腹饥不得食，肤寒不得衣，虽慈母不能保其子，君安能以有其民哉！明主知其然也，故务民于农桑，薄赋敛，广畜积，以实仓廪，备水旱，故民可得而有也。

人受冻的时候，对于衣服的要求，不奢求轻暖舒适；饥饿的时候，对于食物的要求，不奢求香甜可口；饥寒来到身上，就顾不得廉耻了。人们的一般情况，一天不吃上两餐饭就感到饥饿，整年不制衣服就会受冻。肚子饥饿得不到食物，身上寒冷得不到衣服，即使是慈母也不能保全她的儿女，人君又怎能保有他的百姓呢！英明的君主懂得这番道理，所以努力督促百姓播种粮食、栽桑养蚕，减轻赋税，增加粮食的积蓄，来充实仓库，防备水旱天灾，所以就可以保有百姓了。

民者，在上所以牧[11]之，趋利如水走下，四方无择也。夫珠玉金银，饥不可食，寒不可衣，然而众贵之者，以上用之故也。

当老百姓的，在于帝王怎样管教。他们向有利的方面跑，好像水往低处流一样，不选择东西南北。那些珍珠、宝玉、黄金、白银，饿了不能充饥，冷了不能保暖，可是大家珍惜看重它们，这是因为帝王需要它们的缘故。它们作为物

10 甘旨：甜美。
11 牧：治理，统治。

其为物轻微易藏，在于把握[12]，可以周海内而亡(wú)饥寒之患，此令臣轻背其主，而民易去其乡，盗贼有所劝[13]，亡逃者得轻资[14]也。粟(sù)米布帛(bó)，生于地，长于时，聚于力[15]，非可一日成也。数石(shí)[16]之重，中人弗胜，不为奸邪所利。一日弗得而饥寒至。是故明君贵五谷而贱金玉。

今农夫五口之家，其服役者不下二人，其能耕者不过百亩，百亩之收不过百石(shí)。春耕夏耘(yún)，秋获冬藏，伐薪

品，重量轻，体积小，容易收藏，拿在手中，可以走遍天下也不会有饥寒的顾虑。这就使得人臣轻易地背弃他的君主，使得百姓轻易地离开他们的乡土，使得盗贼受到鼓励，使得逃亡的人有了便于携带的财物。粟米布帛，从地里生出来，顺着节气长起来，聚集储藏靠人力运输，这都不是短时间内能够办到的。几石的重量，一般的人就挑不起来，不会成为坏人贪求的东西。但只要一天没有它们，饥饿和寒冷就会降临。因此，英明的君主贵重五谷而看轻金玉。

如今一个五口的农夫之家，为政府服役的不少于两个人，能够耕种的土地不超过百亩，一百亩土地的粮食收成不超过一百石。他们春天耕种，夏天除草，秋天收割，冬

12 把握：握在手掌中。
13 劝：鼓励。
14 轻资：轻便的物资。
15 聚于力：荀悦《汉纪·文帝纪》作“聚于市”。
16 石：古代用“石”作为衡量轻重的单位，以一百二十市斤为“石”。

樵(qiáo)，治官府，给(jǐ)徭(yáo)役(yì)。春不得避风尘，夏不得避暑热，秋不得避阴雨，冬不得避寒冻，四时之间，无日休息。又私自送往迎来，吊死问疾，养孤长(zhǎng)幼[17]在其中。

天储藏，打柴草，修缮官府，供给徭役。春天不能够躲避风尘，夏天不能够躲避暑热，秋天不能够躲避阴雨，冬天不能够躲避寒冷，一年四季之间，没有一天休息。还有亲戚朋友送往迎来，吊祭死者，探望病人，抚养老人，养育幼儿，所需的费用，都包括在这当中。

勤苦如此，尚复被水旱之灾，急政(zhēng)暴虐[18]，赋敛(liǎn)不时，朝(zhāo)令而暮改。当具[19]，有者半贾(jià)[20]而卖，亡(wú)者取倍称(chèng)之息[21]。于是有卖田宅、鬻(yù)[22]子孙以偿债者矣。

勤劳辛苦到这般地步，还要遭受水涝干旱的天灾，急迫沉重的租税，加以官吏征赋收税不按季节，早晨的命令到了傍晚又更改，处境就更加困苦。因此，交纳租税的时候，有粮的人便只好半价卖出去，没粮的人出加倍的利息借债。这样一来，就有卖田卖屋，卖儿卖孙来偿还债务的人了。

而商贾(gǔ)大者积贮(zhù)

可是，那些商人们，资金多的就囤

17 养孤长幼：抚养孤老，养育幼儿。长，养育。
18 急政暴虐：有的本子作“急政暴赋”。政，同“征”。
19 当具：具，一作“其”。这里当“交纳”解。
20 贾：价。
21 取：借。倍称之息：加倍的利息。
22 鬻：出卖。

倍息，小者坐列贩卖，操其奇(jī)赢[23]，日游都市，乘(chéng)上之急，所卖必倍。故其男不耕耘(yún)，女不蚕织，衣必文采，食必粱肉，亡(wú)农夫之苦，有阡陌(qiān mò)[24]之得。因其富厚，交通[25]王侯，力过吏势[26]，以利相倾，千里游敖(áo)[27]，冠(guān)盖[28]相望，乘坚策肥[29]，履(lǚ)丝曳缟(yè gǎo)[30]，此商人所以兼并农人，农人所以流亡者也。

积粮食，牟取成倍的利润，资金少的就开设店铺，经营买卖，投机取巧，每天在都市里钻来钻去，利用官府的紧迫需要，卖出的价格必定加一倍。所以，这些人家里男的不耕种土地，女的不养蚕织布，但穿的是绫罗绸缎，吃的是白米鱼肉。他们没有农夫的辛苦，却能坐享田地的收获。凭借着他的雄厚财富，勾结王侯，势力超过了一般官吏。他们由于争利互相排挤，奔走千里之外，一路之上，冠服和车盖相望不绝。他们乘着坚固的车子，赶着肥壮的马，脚踏丝靴，身披绸袍。这就是商人之所以并吞农民，农民之所以流离逃亡的缘故。

今法律贱商人，商人已富贵矣；尊农

如今法律上轻视商人，可是商人已经富贵了；法律上重视农民，可是农民

23 操其奇赢：囤积居奇。操，掌握。奇赢，指利润。
24 阡陌：指田亩。
25 交通：结交来往，勾结。
26 吏势：官府的势力。
27 游敖：同“遨游”。本指游玩，这里是指奔走。
28 盖：车盖。
29 坚：坚固的车。策：马鞭，这里是赶的意思。肥：肥壮的马。
30 履：穿。丝：丝鞋。曳：拖。缟：丝织的白绢。

夫，农夫已贫贱矣。故俗之所贵，主之所贱也；吏之所卑，法之所尊也。上下相反，好恶(hào wù)乖迕(wǔ)[31]，而欲国富法立，不可得也。

方今之务，莫若使民务农而已矣。欲民务农，在于贵粟(sù)，贵粟之道，在于使民以粟为赏罚。今募天下入粟县官[32]，得以拜爵，得以除罪。如此，富人有爵，农民有钱，粟有所渫(xiè)[33]。夫能入粟以受爵(jué)，皆有余者也。取于有余，以供上用，则贫民之赋可损[34]，所谓损有余补不

已经贫贱了。因此，世俗所尊贵的人，正是国君所轻贱的商人；官吏所轻贱的人，正是法律所尊重的农民。上下相反，喜好的和厌恶的颠倒了，却想使国家富强，尊信法律，是不可能办到的。

当前的事情，没有比引导百姓务农更重要的了。要想百姓务农，在于重视粮食，重视粮食的办法，在于让百姓可以用粮食进行赏罚。现在招募天下的人把粮食交给朝廷，就能够受封爵位，就能够赎除罪罚。这样一来，富人有了爵位，农民有了钱，粮食得到流通。能够交纳粮食来受封爵位的，都是粮食多的人。从有多余粮食的人手里取出来，供应官府的需要，于是贫苦农民的赋税就可以减少，这就是所讲的拿有余补不足、命令一出百姓就能

31 乖迕：违反。
32 县官：汉代每以“县官”指皇帝。这里指朝廷、官府。
33 渫：流通。
34 损：减。

足，令出而民利者也。顺于民心，所补者三：一曰主用足，二曰民赋少，三曰劝农功。

今令民有车骑(qí)马一匹(pǐ)者，复卒(zú)[35]三人。车骑者，天下武备也，故为复卒。神农之教(jiào)[36]曰："有石城十仞(rèn)[37]，汤池[38]百步，带甲百万，而亡(wú)粟，弗能守也。"以是观之，粟者，王者大用[39]，政之本务。令民入粟受爵，至五大夫[40]以上，乃复一人耳。此其与骑马之功，相去远矣。

受益的办法。它符合百姓的愿望，好处有三条：一是皇上财政费用充足，二是百姓赋税减轻，三是鼓励了农业生产。

按照现行的法令，百姓有一匹驾战车的马，可以免除三个人的兵役。驾战车的马，是国家的军事装备，所以可以免除兵役。神农氏的书上说："即使有高达十仞的石头城墙，宽达百步的沸水护城河，披甲的军队上百万，可是没有粮食，也不能守住。"由此看来，粮食，是帝王最重大的财物，是治理国家的根本条件。让百姓交纳粮食受封爵位，到五大夫爵以上，才免除一个人的兵役，这同出战马受到的益处相差太远了。

35 复卒：免除兵役。复，免除。

36 神农之教：《汉书·艺文志》"兵家"有《神农兵法》一篇，这里所引的"神农之教"，或许出于其中。

37 仞：古代以七尺或八尺为一仞。十仞，不是实数，形容很高。

38 汤池：汤，沸水。池，护城河。比喻险要的城防。

39 大用：最重大的资财。

40 五大夫：汉代的爵位有二十级，五大夫是第九级。

爵者，上之所擅（shàn）[41]，出于口而无穷；粟者，民之所种，生于地而不乏。夫（fú）得高爵与免罪，人之所甚欲也。使天下人入粟于边[42]，以受爵免罪，不过三岁，塞下之粟必多矣。

赐封爵位，是帝王专有的权力，出于皇帝的口没有限制；粮食，是农民种的，从地里长出来不会缺乏。得到高的爵位和免除罪罚，都是人们十分渴望的。让天下的人把粮食输送到边境，以此受封爵位，免除罪罚，不到三年时间，边境的粮食就一定会多起来。

41 擅：专有。
42 边：边境。

清 萧晨 《江田种秫图》（局部）

狱中上梁王书

邹阳[1]

邹阳因受人谗毁而被下狱，他在狱中给梁孝王写了这封信。信中列举了大量历史事实和通俗而深刻的比喻、谚语来表白自己是忠而获罪、信而见疑。反复引喻，多用对偶句，是本文的主要写作特点。

邹(zōu)阳从梁孝王游。阳为人有智略，慷慨(kāng kǎi)[2]不苟合，介于羊胜、公孙诡之间[3]。胜等疾阳，恶(wù)之孝王。孝王怒，下阳吏[4]，将杀之。阳乃从狱中上书曰：

邹阳在梁孝王府中做门客。邹阳为人有智谋才略，意气风发，不随便迎合别人。他和羊胜、公孙诡相处在一起。羊胜等嫉妒邹阳，在孝王面前说他的坏话。孝王发怒，把邹阳交给法官审讯定罪，打算杀他。邹阳就在监狱中上书给孝王，说：

臣闻："忠无不报，信不见疑。"臣常以为然，

我听说："忠心的人不会得不到报答，守信的人不会被怀疑。"我曾

1 邹阳：汉初齐人，最初在吴王刘濞（bì）门下任职，曾劝说吴王不要谋反，吴王不听，邹阳便改投梁孝王门下。因为羊胜等人进谗言，梁孝王曾把他投进监狱。邹阳在狱中写了这封信，梁孝王看过之后便释放了他，并当作上客。

2 慷慨：意气风发。

3 介：处于……之间。羊胜、公孙诡：梁孝王的亲信门客。

4 下阳吏：把邹阳交给法官审讯定罪。

徒虚语耳。昔荆轲(jīng kē)慕燕(yān)丹之义[5]，白虹贯日[6]，太子畏之；卫先生为秦画长平之事[7]，太白食昴(mǎo)[8]，昭王疑之。夫(fú)精变天地，而信不谕(yù)两主，岂不哀哉！今臣尽忠竭诚，毕议愿知，左右不明，卒(zú)从吏讯，为世所疑，是使荆轲、卫先生复起，而燕(yān)秦不寤(wù)也！愿大王熟察之。

经以为这话是对的，现在看来只不过是空话罢了。从前荆轲仰慕燕太子丹的义气，替他去刺杀秦王，感动得白虹贯穿太阳，太子丹却怕他不肯去；卫先生替秦国谋划长平的战事，感动得太白侵犯昴星，秦昭王却怀疑他。他们的精诚使天地发生变异，可是他们的信义却不能为两位君主所了解，难道不是很悲哀吗！现在我竭尽忠诚，把自己的意见全部讲出来，希望大王知道，可是大王左右的人不明白我的意思，终于听信狱吏的审讯，使我被世人怀疑。这即使是荆轲、卫先生再活过来，燕太子丹和秦昭王还是不会醒悟的啊！希望大王深思明察这件事。

昔玉人献宝，楚王诛之；[9]李斯竭忠，

从前玉人卞和献宝，楚王反而砍了他的脚；李斯尽忠，胡亥反而把他处以极

5 荆轲：战国末卫人。燕丹：即燕太子丹。

6 白虹贯日：传说荆轲为燕太子丹刺秦王，出发时，出现白虹贯日的天象。

7 卫先生：秦人。长平之事：指秦昭王四十七年（前260），秦将白起在长平大败赵军，想趁势灭赵，派卫先生见秦昭王，请求增兵。但应侯范雎从中破坏，昭王怀疑白起，不发兵粮，结果灭赵之事不能成功。

8 太白食昴：太白，即金星。食，同“蚀”，此作“侵犯”讲。昴，星宿名，赵的分野。

9 “昔玉人”二句：玉人，《史记》作“卞和”。相传卞和得到一块璞，献给楚王，楚王误以为石，卞和竟受刖刑。

胡亥(hài)极刑。[10]是以箕(jī)子[11]阳狂，接舆(yú)[12]避世，恐遭此患也。愿大王察玉人、李斯之意，而后[13]楚王、胡亥之听，毋(wú)使臣为箕子、接舆所笑。臣闻比干[14]剖(pōu)心，子胥(xū)鸱(chī)夷(yí)[15]，臣始不信，乃今知之。愿大王熟察，少加怜焉。

语曰："有白头如新，倾盖如故。"[16]何则？知与不知也。故樊(fán)於(wū)期(jī)逃秦之燕(yān)，借荆轲首以奉丹事；[17]王奢(shē)去齐之魏，临

刑。所以箕子假装癫狂，接舆逃避人世，都是怕遭受这种祸患啊。希望大王体察卞和、李斯的诚意，先不要像楚王和胡亥那样听信谗言，不要使我被箕子和接舆耻笑。我听说比干被剖心，伍员的尸首被装进皮袋投入江中，我开始是不相信的，到今天才懂得了。希望大王深思明察，对我稍微加以怜惜吧。

谚语说："有的人相识多年，直到头发白了，还和新交一样；有的人在路上偶然相遇，停车交谈，却像老朋友。"为什么呢？这就是相知和不相知的缘故啊。所以樊於期从秦

10 "李斯竭忠"二句：秦始皇用李斯为丞相，统一天下。始皇死，二世胡亥即位，荒淫无道，李斯上书谏诫，胡亥不听，反而听信赵高谗言，把李斯杀了。

11 箕子：名胥余，殷纣王的叔父，因封于箕，故称箕子。

12 接舆：春秋时楚国的隐士。

13 后：放在后面，实际上是说不要那样。

14 比干：殷纣王时的贤臣，因强谏纣王而被剖胸挖心。

15 子胥鸱夷：见《乐毅报燕王书》注。

16 白头如新：相识多年，直到头发白了，还和新交一样。倾盖如故：在路上相遇，停车交谈，就好像是有多年交情的老朋友。盖，车盖，形如伞。

17 "故樊於期"二句：樊於期，原秦将，因被谗害逃到燕国。秦始皇杀了他的全家，并用重金购其头。荆轲要刺秦王，樊於期自刎，让荆轲用他的头骗取秦王的信任，以达到刺秦王的目的。

城自刭(jǐng)，以却齐而存魏。[18]夫王奢、樊於期非新于齐、秦而故于燕(yān)、魏也，所以去二国、死两君者，行合于志、慕义无穷也。

国逃到燕国，把头借给荆轲来帮助太子丹刺秦王；王奢从齐国逃到魏国，登上城墙自杀，使齐军撤退而保存魏国。王奢、樊於期并非和齐、秦是新交，而同燕、魏是旧友，他们之所以离开齐、秦二国，又为燕丹和魏君效死，是因为行为合乎他们的志向，非常仰慕燕丹、魏君的义气啊。

是以苏秦不信于天下，为燕(yān)尾生[19]；白圭(guī)战亡六城，为魏取中山。[20]何则？诚有以相(xiāng)知也。苏秦相(xiàng)燕(yān)，人恶(wù)之燕(yān)王，燕王按剑而怒，食以駃騠(jué tí)；[21]白圭显于中山，人恶(wù)之于

所以苏秦不被天下诸侯信任，唯独被燕国信任，把他看得像那抱柱而死的尾生；白圭在中山做将领时对外战败，失掉了六城，后来他帮助魏国却很勇敢，攻灭了中山。为什么呢？是因为真正相知的缘故。苏秦做燕相的时候，有人在燕王面前诽谤他，燕王听了按剑发怒，反而把骏马駃騠宰了给他吃；白圭因为攻中山的功劳而地位显贵，有人在魏文侯面前说他的

18 “王奢去齐”三句：王奢，齐臣，因得罪齐王，逃到魏国。齐伐魏，王奢登城对齐将说：“今君之来，不过以奢之故也。夫义不苟生，以为魏累。”于是自杀。

19 尾生：古代传说中坚守信约的人。据说他与一位女子相约在桥下相见，女子没到，大水来了，他抱桥柱而死。

20 “白圭”二句：白圭，战国时中山国的将领，对外作战，丢失了六城。中山国君要杀他。他逃到了魏国，魏文侯待他极厚，他帮助魏国攻灭了中山。

21 “人恶之”三句：有人向燕王谗谤苏秦，燕王对谗人十分恼怒，不但不怀疑苏秦，反而对苏秦更加优待。駃騠，良马名。

魏文侯，文侯赐以夜光之璧。何则？两主二臣，剖(pōu)心析肝相信，岂移于浮辞哉！

故女无美恶(è)，入宫见妒(dù)；士无贤不肖(xiào)，入朝见嫉(jí)。昔司马喜膑(bìn)脚于宋，[22]卒(zú)相中山；范雎(jū)拉胁折齿于魏，[23]卒(zú)为应(yīng)侯。此二人者，皆信必然之画，捐朋党之私，挟(xié)孤独之交，故不能自免于嫉(jí)妒(dù)之人也。是以申徒狄蹈(dí)雍(yōng)之河，[24]徐衍(yǎn)[25]负石入海，不容于世，义不苟取比周[26]

坏话，魏文侯反而赐给他夜光璧。为什么呢？因为这两主二臣之间，推心置腹，肝胆相照，难道会被流言蜚语所改变吗？

所以女子不论是美是丑，一进入宫中就会受到妒嫉；士人不论是贤是不贤，一进入朝廷就会被人忌恨。从前司马喜在宋国被割去膝盖骨，后来却做了中山的相；范雎在魏国被打断肋骨和牙齿，后来却被秦封为应侯。这两个人，都深信自己的计划一定能实现，抛弃朋党的私情，处于孤立无援的形势，所以不能自己避免被嫉妒者诬害。所以申徒狄投雍水而死，徐衍抱石自沉于海，因为他们不被世俗所容，在朝廷中坚持道义，不肯结党

22 司马喜：战国时宋人。在宋受刑，逃到中山，做了宰相。膑脚：割去膝盖骨。
23 范雎：魏国人，曾随魏国大夫须贾出使齐国。回国以后，遭须贾谗害，魏相魏齐痛打范雎，肋骨和牙齿都被打断。后来范雎逃到秦国，被任用为相，封为应侯。拉：折断。胁：指腋下肋骨。
24 申徒狄：姓申徒，名狄，商代人。传说因谏君不被听信，自投雍水而死。蹈雍之河：指其先投入雍水而后流入黄河。
25 徐衍：周末人，因不满于乱世，背了块石头自己投海而死。
26 比周：密切勾结。这里是指结党。

于朝(cháo)，以移主上之心。

故百里奚(xī)[27]乞食于道路，缪(mù)公委之以政；宁戚(qī)饭牛车下[28]，桓(huán)公任之以国。此二人者，岂素宦(huàn)于朝，借誉于左右，然后二主用之哉？感于心，合于行，坚如胶漆，昆弟不能离，岂惑于众口哉？故偏听生奸，独任成乱。昔鲁听季孙之说逐孔子，[29]宋任(rèn)[30]子冉(rǎn)之计囚墨翟(dí)。夫(fú)以孔、墨之辩，不能自免于谗谀(chán yú)，而二国以危。何

营私，来改变君主的心。

百里奚曾在路上讨饭，秦穆公却把政事托付给他；宁戚在车下喂牛，齐桓公却把国家大事交给他。这两个人难道是素常在朝廷做事，借着国君左右的人替他们进言，然后才得到两个国君的重用吗？不是，他们之间，心有同感，行为相合，坚固得如胶漆，像兄弟一样不能分离，难道会被众口所迷惑吗？因此偏听偏信产生邪恶，独断独行形成祸乱。从前鲁君听信季孙氏的话驱逐孔子，宋君用子冉的计谋囚禁墨子。凭着孔、墨的能言善辩，尚不能自己避免受谗言，鲁、宋两国几至倾危。为什么呢？众人的嘴连金子也会熔化，

27 百里奚：见《谏逐客书》注。

28 宁戚：春秋时卫人。因不被用，便以经商为业，住在齐郭门之外。一次，齐桓公夜间外出，看见宁戚唱着歌喂牛。桓公知道他是个贤者，举用为大夫。饭牛：喂牛。

29 听：听信。季孙：鲁国的大夫，即季桓子。据说齐人送给季桓子女子歌舞队，季桓子接受了，三天不上朝，于是孔子离开了鲁国。

30 宋任：别本作“宋信”。所指不详。

则？众口铄(shuò)金，积毁销骨也。[31]

毁谤积在一起连骨头也会销毁。

秦用戎(róng)人由余[32]，而伯(bà)中国；齐用越人子臧(zāng)，而强威、宣。[33]此二国岂系(xì)于俗，牵于世，系(xì)奇(jī)偏之浮辞[34]哉？公听并观，垂明当世。故意合则吴越为兄弟[35]，由余、子臧是矣；不合则骨肉为仇敌，朱、象、管、蔡是矣。[36]今人主诚能用齐、秦之明，后宋、鲁之听，则五伯(bà)不足侔(móu)[37]，而三王易为也[38]。

秦穆公起用戎人由余，因而称霸中国；齐国任用越人子臧，使威王、宣王两代国力强盛。这两个国家难道被世俗之见、片面之辞所束缚牵制吗？他们公正地听取意见，全面地观察事情，在当世留下明察的名声。所以情意相合、距离遥远的胡族和越族也能亲近如兄弟，由余、子臧就是这样；意见不合，那亲骨肉也成了仇敌，丹朱、象、管叔、蔡叔就是这样。现在做君主的如果确实能学习齐、秦两国君主的明察，不像宋君、鲁君那样偏听，那么五霸就不足相比，三王也容易做到了。

31 “众口铄金”二句：比喻谗言的厉害。铄、销，都是熔化的意思。
32 由余：见《谏逐客书》注。
33 子臧：春秋时越人。威、宣：指齐威王、齐宣王。
34 奇偏之浮辞：一面之辞。
35 吴越为兄弟：一本作“胡越为昆弟”。译文从“胡越”解。
36 朱：指丹朱，尧的儿子。象：舜的后母弟，象曾和父母共谋，要杀害舜。管、蔡：指管叔、蔡叔，都是周武王的弟弟。
37 侔：相等。
38 三王易为也：一本作“三王易为比也”。

是以圣王觉寤(wù)，捐子之[39]之心，而不说(yuè)田常[40]之贤，封比干之后[41]，修孕妇之墓[42]，故功业覆于天下。何则？欲善无厌也。夫晋文亲其仇，强伯(bà)诸侯；齐桓用其仇，而一匡(kuāng)天下。何则？慈仁殷勤，诚加于心，不可以虚辞借也。

所以圣明的君主觉悟了，便会抛弃传位给子之这种人的想法，不喜欢田常这样的“贤能”，封比干的后代，修孕妇的坟墓，因此功业覆盖天下。这是为什么呢？是因为他们追求善行而不满足啊。晋文公亲近他往日的仇人，因而称霸诸侯；齐桓公任用他往日的仇人，因而匡正天下。这是为什么呢？这是因为他们仁慈殷勤，确实感动人心，而不是说空话可以办到的。

至夫秦用商鞅(yāng)之法，东弱韩、魏，立强天下，卒(zú)车裂之；[43]越用大夫种[44]之谋，禽劲吴

至于秦孝公采用了商鞅的主张，向东削弱韩、魏，在天下建立一个强盛的秦国，后来秦国却把商鞅车裂而死；越王勾践采用大夫文种的计谋，擒

39 子之：人名。战国时燕王哙的相。燕王非常信任子之，让位给他，因此燕国大乱，齐乘机伐燕。
40 田常：春秋时齐简公的相，曾杀了简公而立平公，为平公相，五年以后，又夺取了齐国的王位。
41 封比干之后：据说武王伐纣后，曾封比干的儿子。
42 修孕妇之墓：传说纣王为了和妲己嬉笑而剖看孕妇的胎儿，武王为被害的孕妇修墓。
43 “至夫秦用”四句：秦孝公用商鞅实行变法，国富兵强，孝公死后，宗室贵族将商鞅车裂。
44 大夫种：越国的大夫文种，曾辅佐越王勾践灭吴，完成霸业，后被越王所杀。

而伯（bà）中国，遂诛其身。是以孙叔敖（áo）[45]三去相而不悔，於（yú）陵子仲[46]辞三公，为人灌园。

住强劲的吴王而称霸中国，后来却杀害了文种。所以孙叔敖曾三次离开令尹的职位也不悔恨；於陵子仲拒绝做三公的高官，而去帮人灌园。

今人主诚能去骄傲之心，怀可报之意，披心腹，见（xiàn）情素[47]，堕（duò）肝胆[48]，施德厚，终与之穷达[49]，无爱于士，则桀（jié）之犬可使吠（fèi）尧[50]，跖（zhí）之客可使刺由[51]。何况因万乘（shèng）之权，假圣王之资乎？然则荆轲湛（chén）七族[52]，要（yāo）离燔（fán）妻

当今的君主如果确实能够去掉骄傲之心，怀着让人可以立功的想法，推心置腹，开诚相见，披肝沥胆，施行厚德，始终同忧患共安乐，对贤能的人无所吝惜。那么，就是夏桀的犬也可使它吠唐尧，盗跖的门客也可使他刺许由。何况您是凭着万乘大国的权势，借着圣王的能力呢？如果这样，荆轲为燕丹不惜连累七族，要离为公子光不惜烧死他的妻子，难道还值得

45 孙叔敖：楚人，曾三次相楚庄王。
46 於陵子仲：齐於陵（今山东邹平东南）人子仲，楚王欲举为相，他与妻子一同逃走，为人灌园。
47 情素：真情实意。素，同“愫”，真情。
48 堕肝胆：肝胆涂地的意思。
49 终与之穷达：指国君与士始终同忧患，共安乐。穷达，逆境和顺境。
50 桀之犬可使吠尧：夏桀是个暴君，他养的狗也咬好人。尧是传说的古代圣君，后来泛指最好的人。这句话后演为“桀犬吠尧”的成语，比喻走狗一心为主子效劳。
51 跖：指盗跖。由：指许由。
52 湛：同“沉”，没。七族：指父之族、姑之子、姊妹之子、女之子、母之姓、从子和妻父母。

子，[53]岂足为大王道哉！

向大王说吗？

臣闻明月之珠，夜光之璧，以暗投人于道，众莫不按剑相眄(miǎn)[54]者。何则？无因而至前也。蟠(pán)木根柢(dǐ)，[55]轮囷(qūn)离奇[56]，而为万乘(shèng)器者，以左右先为之容也[57]。故无因而至前，虽出随珠和璧，秖(zhǐ)[58]怨结而不见德。有人先游[59]，则枯木朽株，树功而不忘。

我听说明月珠和夜光璧，在黑夜里从路上投向行人，人们没有不按剑怒目斜看的。这是为什么呢？是因为它们无缘无故地来到面前。弯树的根，盘结奇怪，却可以做天子的器物，因为事先有人把它加以雕饰了。所以无缘无故来到面前，即使是随侯之珠、和氏之璧，也只能结成仇怨而不能得到感谢。有人预先推荐，即使是枯木朽株，也能建立功业而不被忘掉。

今夫(fú)天下布衣穷居之士，身在贫羸(léi)[60]，虽蒙尧、舜之术，挟(xié)伊、管[61]之

现在天下的穷困之士，处在贫穷饥饿之中，即使掌握尧、舜的治术，具有伊尹、管仲的辩才，怀有关

53 要离：见《唐雎不辱使命》注。燔妻子：要离为了取得庆忌的信任，让吴王阖闾砍断他的右手，烧死他的妻子，伪装得罪出走，后来他刺死庆忌，自己也自杀了。
54 眄：斜视。
55 蟠木：屈曲的树木。根柢：树根。
56 轮囷离奇：屈曲盘绕的样子。
57 以左右先为之容也：一本在此句前有“何则”二字。容，指雕饰。
58 秖：同“只”。
59 游：推荐。
60 羸：瘦弱。
61 伊、管：伊尹和管仲。

辩,怀龙逄(páng)[62]、比干之意,而素无根柢(dǐ)之容,虽极精神[63],欲开忠于当世之君,则人主必袭按剑相眄(miǎn)之迹矣。是使布衣之士,不得为枯木朽株之资[64]也。

龙逄、比干的忠心,但平素无人推荐,虽然用尽精神,想取得当世君主的信任,那君主也必定会按剑斜视呢。这样就使得贫寒的士人,甚至不能起到枯木朽株的作用。

是以圣王制世御俗,独化于陶钧[65]之上,而不牵乎卑乱之语[66],不夺[67]乎众多之口。故秦皇帝任中庶子蒙嘉之言以信荆轲,[68]而匕首窃发;周文王猎泾(jīng)、渭(wèi),载吕尚归,以王(wàng)天下。

所以圣明的君主治理天下驾驭世俗,要像陶工转动圆盘一样,独自地控制教化天下,不被卑乱的话语牵制,不为众人的意见所影响而改变主张。所以秦始皇采纳中庶子蒙嘉的话,从而相信了荆轲,结果匕首从呈献的地图中出现了;周文王在泾、渭之滨打猎,载了吕尚共同乘车回家,结果统一了天下。

秦信左右而亡[69];周

秦始皇相信左右近臣的话儿

62 龙逄:关龙逄,夏代贤臣。
63 虽极精神:一本作"虽竭精神"。
64 资:作用。
65 陶钧:古代制造陶器时所用的转轮。
66 卑乱之语:一本作"卑辞之语"。
67 夺:指受影响而改变。
68 中庶子:官名,太子的属官。蒙嘉:人名。荆轲到秦,先用财物贿赂蒙嘉,蒙嘉替他在秦王面前说好话,荆轲才能见到秦王。
69 左右:指蒙嘉。亡:这是夸大之辞。

用乌集[70]而王(wàng)。何则？以其能越挛拘(luán jū)之语[71]，驰域外之议[72]，独观乎昭旷[73]之道也。今人主沉谄谀(chǎn yú)之辞，牵帷(wéi)廧(qiáng)[74]之制，使不羁(jī)之士与牛骥(jì)同皂(zào)[75]，此鲍焦[76]所以愤于世也。

臣闻盛饰入朝(cháo)者，不以私污义；底厉名号[77]者，不以利伤行。故里名胜母，曾(zēng)子不入；[78]邑号朝(zhāo)歌，墨子回车。[79]今欲使天

乎丧命；周文王任用突然来到的吕尚而做了天下的王。这是为什么呢？是因为周文王能够摆脱成见，不受拘束，因而能独自看到光明宽广的大道。当今做人主的沉溺在谗言谄语之中，被近臣妻妾所牵制，使不受世俗束缚的贤士与牛马同槽。这就是鲍焦愤恨世道的原因。

我听说，修养品德进入朝廷的人，不拿私心来污辱仁义；磨炼操行爱惜名声的人，不以私利来伤害品行。所以里巷名叫"胜母"，曾子便不进去；城邑名叫"朝歌"，墨子便掉转车头。当今想要使天下抱负远大的

70 乌集：像乌鸟那样猝然聚合。
71 能越挛拘之语：与"不牵乎卑乱之语，不夺乎众多之口"同意。挛拘，成见。
72 域外之议：不受任何局限的议论。
73 昭旷：光明宽广。
74 帷廧：指代近臣妻妾。廧，同"墙"。
75 皂：通"槽"，年马槽。
76 鲍焦：周时隐士，相传因不满当时政治，抱木饿死。
77 底厉名号：锻炼操行，爱惜名声。
78 "故里名胜母"二句：曾子极孝，经过"胜母"里，认为名称不顺，便不进入。
79 "邑号朝歌"二句：朝歌是殷时的都邑，在今河南淇县。墨子主张"非乐"，他经过朝歌，认为名字和他的主张不合，故回车离开。

下寥(liáo)廓(kuò)之士[80]，笼于威重之权，胁于位势之贵，回面[81]污行，以事谄(chǎn)谀(yú)之人，而求亲近于左右，则士有伏死堀(kū)穴岩薮(sǒu)之中耳，[82]安有尽忠信而趋阙(què)下[83]者哉？

人，被威重的权势所笼络，被高贵的势位所胁迫，使他们强作笑颜，卑躬屈节去奉承那些谄谀的人，以求得到主上的亲近，那么，贤士们只有无声无息死在山林草泽中罢了，哪里会有竭尽忠信来到朝廷的呢？

80 寥廓之士：抱负远大的人。
81 回面：丑化面容。
82 堀：同“窟”。薮：湖泽。
83 阙下：宫阙之下，帝王居住的地方。

清 王时敏《松岩静乐图》（局部）

上书谏(jiàn)猎

司马相如[1]

本文是司马相如劝阻汉武帝不要亲自打猎的一篇奏章，态度诚恳，语气婉转，因而武帝乐意接受。

相(xiàng)如从上至长杨[2]猎，是时天子方好自击熊豕(shǐ)，驰逐野兽。相如因上疏谏(jiàn)曰：

司马相如随从汉武帝到长杨宫打猎，当时武帝正爱好亲自搏击熊和野猪，驾车追逐野兽。司马相如因此上书劝阻说：

臣闻物有同类而殊能者，故力称乌获[3]，捷言庆忌[4]，勇期(qī)贲(bēn)、育[5]。臣之愚，窃以为人诚有之，兽亦宜然。

我听说，事物有同是一类，却各具特殊才能的。所以力气大的，要数乌获；善跑的，就讲庆忌；勇猛的，必说孟贲、夏育。我愚昧，私下认为在人群中确实有这样的人，在野兽中也应该是这样。

1 司马相如（前179—前117），字长卿，蜀郡成都（今属四川）人。西汉辞赋家。所作《子虚赋》《上林赋》为武帝看重，用为郎。曾奉使西南，后为孝文园令。

2 长杨：长杨宫，秦宫苑名。

3 乌获：战国时秦国力士。据说他能举千钧之重，为秦武王宠用。

4 庆忌：吴王僚的儿子。

5 贲、育：指孟贲和夏育。

今陛下好陵阻险，射猛兽，卒（cù）然[6]遇逸材之兽，骇（hài）不存之地[7]，犯属车之清尘[8]，舆（yú）不及还辕（xuányuán）[9]，人不暇（xiá）施巧，虽有乌获、逢（páng）蒙[10]之技不得用，枯木朽株，尽为难（nàn）矣。

如今陛下喜欢登上险峻的地方射杀猛兽，如果突然遇到了凶猛异常的野兽，它被逼到死亡的境地，必然咆哮反扑，侵犯陛下的车驾，这时车子来不及转过头，人也来不及施展驾车的巧技，卫士们即使有乌获、逢蒙的本领也用不上，哪怕有一段枯木朽株阻碍车道，都可成为灾难啊。

是胡越起于毂（gǔ）下，而羌（qiāng）夷接轸（zhěn）也，[11]岂不殆哉！虽万全而无患，然本非天子之所宜近也。

这就好像胡越的兵突然从车底下钻出来，羌夷的队伍跟在车后追赶，难道不危险吗？即使万分安全，没有丝毫危险，这种事也本来不是天子应该接近的啊。

且夫（fú）清道而后行，中路而驰，犹时有衔橛（jué）

再说扫清道路然后出行，沿着大路的正中奔驰，尚且有时会发生马嚼子

6 卒然：同“猝然”，突然。
7 骇不存之地：指野兽被逼惊骇，到了不能容身的地方，必然竭力反扑。
8 属车：从车。古代帝王出行时有属车相从，大驾属车八十一乘。清尘：尘，指车马行动时扬起的尘土；清，尊贵之意。后来人们用“清尘”称代尊贵的人。文中因不便直说汉武帝，故说“犯属车之清尘”。
9 舆：车厢。因代指车。还：通“旋”。辕：驾车用的直木或曲木。
10 逢蒙：夏代善射者。
11 “是胡越”二句：这里的意思是说，当时遇到的危险情景，犹如外患发生在身旁。胡越、羌夷，当时四方的少数民族，胡主要指匈奴。轸（zhěn），车后横木。

之变[12]，况乎涉丰草，骋(chěng)邱墟，前有利[13]兽之乐(lè)，而内无存变之意，其为害也不难矣[14]。夫(fú)轻万乘(shèng)之重(zhòng)不以为安，乐(lè)出万有一危之途以为娱，臣窃为陛(bì)下不取。

盖明者远见于未萌，而知(zhì)者避危于无形，祸固多藏(cáng)于隐微，而发于人之所忽者也。故鄙(bǐ)谚曰："家累(lěi)千金，坐不垂堂。"[15]此言虽小，可以喻大。臣愿陛下留意幸察。

断、钩心脱的事故，何况是在茂密的草丛中行走，在山丘中奔跑，眼前有贪图获得野兽的乐趣，心中却没有防备事故的想法，遭到祸害是很容易的啊！随便放弃天子的尊贵，不顾自己的安全，喜欢到可能有危险的地方去寻欢作乐，臣私心认为，陛下是不该这样做的。

大凡聪明的人，在事情还没有萌发时便及早看到；智慧的人在祸患没有形迹之前就能避开，祸患本来大多藏在隐微的地方，发生在人们疏忽的时候。所以俗语说："家中积累千金的人，不坐在屋檐下。"这话虽然说的是小事情，却可以说明大道理。我希望陛下留意明察。

12 衔：放在马口里的铁嚼子。橛：车钩心。变：事故。
13 利：贪图。
14 "其为"句：一本作"其为祸也不亦难乎"。
15 "家累"二句：累，积累。垂，堂边。坐不垂堂，是说怕檐瓦坠地伤人，形容富家子弟，非常自爱。

南宋 陈居中 《平原射鹿图》

答苏武书

李陵[1]

天汉二年（前99），李陵率五千步兵深入匈奴，众寡不敌，将士战死殆尽，自己被逼投降，这实在是个悲剧。后人伪托的这篇《李陵答苏武书》，重点在于揭露汉王朝对“妨功害能之臣”与“亲戚贪佞之类”备加优容，而对某些有功之人则刻薄寡恩。

子卿[2]足下：勤宣令德[3]，策名清时，[4]荣问(wén)休畅[5]，幸甚幸甚！远托异国[6]，昔人所悲，望风[7]怀想，能不依依[8]！昔者不

子卿足下：您勤勤恳恳地宣播汉家的美德，在政治清明的时代担任官职，美好的声誉到处传扬，这太好了！太好了！远离家乡寄身异国，这是古人感到悲伤的事，瞻望祖国怀想

1 李陵：字少卿，西汉陇西成纪（今甘肃静宁西南）人。名将李广的孙子。善骑射。武帝时，为骑都尉。武帝天汉二年（前99），李陵率领步卒五千出击匈奴，在士卒死伤殆尽的情况下，败降匈奴。李陵在匈奴二十余年，汉昭帝元平元年（前74）病死。汉武帝天汉元年（前100），苏武出使匈奴被扣，历十九年在汉昭帝始元六年（前81）归汉，告别李陵。苏武归汉后，曾写信给李陵，招他归汉。李陵回书苏武，就是《答苏武书》，历来有人认为《答苏武书》是后人伪作。

2 子卿：苏武字。

3 令德：美德。

4 策名：做官。古代的人出仕（担任官职），主管长官就把他的名字记在策（竹简）上，所以叫策名。清时：政治清明的时代。

5 问：通“闻”。休：美。畅：通，到处传扬。

6 异国：外国，指匈奴。

7 望风：远远相望。

8 依依：留恋的样子。

遗[9]，远辱还(huán)答，慰诲勤勤，有逾(yú)骨肉。陵虽不敏，能不慨(kǎi)然？

久别的亲友，怎能不令人留恋！先前承您不忘记我，从遥远的地方回信给我，安慰教诲，热情诚恳，超过了至亲骨肉。我虽说愚钝，又怎能不感动呢？

自从初降，以至今日，身之穷困，独坐愁苦。终日无睹，但见异类。韦鞲(gōu)毳(cuì)幕[10]，以御风雨。膻(shān)肉酪(lào)浆[11]，以充饥渴。举目言笑，谁与为欢？胡地玄冰[12]，边土惨裂，但闻悲风萧条之声。

自从我当初投降，直到今天，一个人身处困境，孤孤单单，忧愁苦闷。整天看不到别的，只看见异乡异物。穿着皮制衣裳，住着毛毡帐篷，用来抵御风雨；吃着膻肉喝着奶酪，用来充饥解渴。抬眼四望，想找人谈笑，又有谁跟我同欢乐呢？胡地的冰，厚得发黑，边塞大地，凄惨冻裂，只能听到悲哀萧条的风声。

凉秋九月，塞外[13]草衰，夜不能寐，侧耳远听，胡笳(jiā)[14]互动，牧马悲鸣，吟[15]啸成群，

凉秋九月时节，塞外的草木都枯黄了。夜间不能入睡，侧耳远听，胡笳的声音不断，牧马悲壮地嘶鸣，两者混合在一块，这些边地特有的声音，从四面

9 不遗：不遗弃，指苏武归汉后仍写信给他。
10 韦：皮革。鞲：古代的套袖。毳：鸟兽的细毛。幕：帐幕。
11 膻：羊臊气。酪：用乳汁制成的半凝固食品。浆：乳汁。
12 玄冰：冰厚则呈现黑色。
13 塞外：指外长城以北地区。
14 胡笳：古管乐器。
15 吟：指胡笳声。

边声[16]四起。晨坐听之，不觉泪下。嗟(jiē)乎子卿，陵独何心，能不悲哉！

八方响起。清晨坐起听到这些声音，禁不住流下泪来。唉，子卿啊，我李陵的感情和别人有什么不同，怎能不悲伤呢？

与子别后，益复无聊。上念老母，临年[17]被戮(lù)；妻子无辜(gū)，并为鲸(jīng)鲵(ní)[18]。身负国恩，为世所悲。子归受荣，我留受辱，命也何如？身出礼义之乡，而入无知之俗；违弃君亲之恩，长为蛮夷[19]之域，伤已！令先君之嗣(sì)[20]，更(gēng)成戎(róng)狄(dí)之族，又自悲矣。功大罪小，不蒙明察，孤负陵心区区之意。每一念至，忽然忘生。

我自从同您分别以后，就更加感到无聊。上念我的老母，临到老年还被杀戮；妻子儿女没有过错，也同遭杀害。我自己辜负了汉朝的恩德，为世人所惋惜。您回归汉朝得到荣誉，我留在胡地蒙受耻辱，这是怎样的命运啊？我生长在礼义之乡，却进入了蒙昧无知的社会中；背弃了君亲的恩德，终生流落在蛮夷之地，伤心啊！使我父亲的后嗣，成为夷狄的族人，就更加使我悲痛了。我功大罪小，不能得到皇上的清楚了解，辜负了我李陵一片心意。每当想到这里，忽然忘了还活在人世。

16 边声：边地特有的声音，即笳声马嘶之类。
17 临年：临到老年。
18 鲸鲵：动物名，雄的叫鲸，雌的叫鲵。比喻被杀戮者。
19 蛮夷：古代对边疆少数民族的贬称。
20 先君：李陵尊称去世的父亲。嗣：后代。

陵不难刺心[21]以自明，刎(wěn)颈[22]以见(xiàn)志，顾国家于我已矣[23]，杀身无益，适足增羞，故每攘(rǎng)臂[24]忍辱，辄(zhé)复苟活。左右之人见陵如此，以为不入耳之欢，来相劝勉。异方之乐，秖(zhǐ)[25]令人悲，增忉怛(dāo dá)[26]耳。

我并不难于以刺心来表明心迹，以刎颈来表现志节，但想到汉家对我已经是恩断义绝了，自杀没有益处，正好增加羞辱，所以我常常勉强振作，忍受耻辱，总是又苟且地活下来。周围的人看到我这样，因此说一些我不高兴听的乐事来安慰我、勉励我。但是，这些异国的欢乐，只能令人悲伤，增添痛苦罢了。

嗟乎子卿，人之相(xiāng)知，贵相知心。前书仓卒(cù)，未尽所怀，故复略而言之。昔先帝[27]授陵步卒(zú)五千，出征绝域。五将失道[28]，陵独遇战。而裹万里之粮，帅徒步

唉，子卿啊，人的彼此相知，贵在互相知心。前次给您的信写得匆忙，没有吐尽我的情怀，所以再简明地说说。当初先帝授予我五千步兵，出国征讨远方的匈奴。其他将领迷失道路，没有按期会合，只有我单独遇到匈奴作战。我带着征战万里的粮草，率

21 刺心：用刀子刺心。
22 刎颈：用刀子割喉管。
23 顾：念。国家：指汉王室和家庭。古代的国家概念与现在不同。
24 攘臂：奋臂；振奋精神。这里是说勉强振作精神。
25 秖：同“只”。
26 忉怛：内心悲伤痛苦的样子。
27 先帝：指汉武帝。
28 失道：迷失道路。这里是说没有按预定的日期与地点会合。

之师，出天汉[29]之外，入强胡之域，以五千之众，对十万之军，策疲乏之兵，当新羁(jī)之马[30]。然犹斩将搴(qiān)[31]旗，追奔逐北，灭迹扫尘[32]，斩其枭(xiāo)帅[33]，使三军之士，视死如归。陵也不才，希当大任，意谓此时，功难堪矣。

着徒步行军的部队，远离国境，进入强敌的国土，用五千的士兵，对抗敌人十万大军，我指挥着疲惫困乏的士兵，抵挡匈奴新装备的骑兵。然而还能斩将夺旗，追赶败退的敌兵，像消灭痕迹、扫除灰尘一样地消灭敌人，斩杀他们的勇将，使得全军将士，个个视死如归。我虽没有才干，却愿担当重任，觉得这时的功劳大得难以比拟。

匈奴既败，举国兴师，更练(jiǎn)精兵，强逾(yú)十万。单(chán)于[34]临阵，亲自合围。客主之形既不相(xiāng)如，步马[35]之势又甚悬绝。疲兵再战，一以

匈奴败退后，便全国出动军队，再挑选精兵，人数超过十万。单于来到阵前，亲自组织合围。敌我双方的形势既不能相比，步兵与骑兵的力量又悬殊。我们疲劳的步兵再次投入战斗，无不以一当千，仍然忍着伤痛，拼

29 天汉：指汉朝主要统治地区。
30 羁：系住。这里作训练、装备解。马：指骑兵。
31 搴：拔取。
32 灭迹扫尘：像抹去痕迹、扫除灰尘一样地消灭敌人。
33 枭帅：勇将。
34 单于：匈奴君主的称号。
35 步马：李陵是步卒，匈奴是马骑。

当千，然犹扶乘(chéng)创痛[36]，决命争首。死伤积野，余不满百，而皆扶病，不任干戈。然陵振臂一呼，创(chuāng)病皆起，举刃指虏(lǔ)[37]，胡马奔走。兵尽矢(shǐ)穷，人无尺铁，犹复徒首奋呼，争为先登。当此时也，天地为陵震怒，战士为陵饮血[38]。单(chán)于谓陵不可复得，便欲引还。而贼臣[39]教之，遂使复战，故陵不免耳。

死争先。死伤的士卒积满荒野，剩下的不到百人，而且都带着伤病，拿不起武器。然而我振臂一呼，受伤重病的士兵都站起来，举起刀指向敌人，使敌骑掉头逃跑。刀剑拼光了，箭射完了，人人手中没有一件武器，还是空手昂头奋力呼喊，争先向前。当这个时候，天地为我震动发怒，战士为我饮血吞泪。单于以为不能够把我俘虏，又怕汉有伏兵，便要引兵撤退。但是贼臣告密，唆使他再战，所以我李陵失败是不可避免的了。

昔高皇帝以三十万众困于平城[40]，当此之时，猛将如云，谋臣如雨，然犹七日不食，仅乃得免。

过去高祖皇帝带着三十万人马，被匈奴围困在平城，当时，猛将像云一般的多，谋臣如雨一样的多，然而还七天吃不上饭，只不过免于当俘

36 扶乘创痛：意为扶持、忍受创伤疼痛。
37 虏：敌人。我国古代泛指外族。此指匈奴。
38 饮血：吞下血泪。
39 贼臣：指管敢。管敢本是李陵军中的一名军侯，因事被校尉鞭笞五十而逃入匈奴。匈奴与李陵战至塞，恐汉有伏兵，欲引兵还。管敢告匈奴汉无伏兵。
40 平城：地名，在今山西大同东北。汉高祖七年（前200），高祖亲往击韩王信至平城，被匈奴围困了七天。

况当陵者，岂易为力哉！而执事者云云，苟怨陵以不死[41]。然陵不死，罪也。子卿视陵，岂偷生之士而惜死之人哉？宁有背君亲捐妻子而反为利者乎！然陵不死，有所为也。

故欲如前书之言，报恩于国主耳。诚以虚死不如立节，灭名不如报德也。昔范蠡(lǐ)不殉(xùn)会(kuài)稽(jī)之耻，[42]曹沫(mò)不死三败之辱，[43]卒(zú)复勾践之仇，报鲁国之羞。区区之心，窃慕此耳。何图志未立而怨已成，计未从而骨

虏。何况抵挡我的是十万大军，难道是容易对付的吗？然而执政的人议论纷纷，只是责怪我不为国而死。固然我不死是有罪的。子卿您看我李陵，难道是苟且偷生、吝惜一死的人吗？难道背离国君父母、抛弃妻子儿女而反认为是有利的吗？然而我之所以不死，是想有所作为啊。

我本来想像前一封信说的那样，等待机会向国君报恩。我实在觉得白白死去不如建立名节，徒有虚名不如报答恩德。从前范蠡不死于吴国会稽的国耻，曹沫不死于三次打败仗的羞辱，终于复了越王勾践的仇，雪了鲁国的耻。我私心羡慕他们啊。谁想到志向没有达到而怨恨已经形成，计谋没有听从而亲人遭到杀害，

41 不死：指不以身殉国。

42 范蠡：春秋末年政治家。越大夫。会稽之耻：指吴王夫差把越王勾践围在会稽的事。

43 曹沫不死三败之辱：曹沫，春秋时鲁大夫，与齐三战三败；后鲁与齐盟，曹持匕首劫齐桓公，迫使齐桓公归还全部鲁地。

肉受刑，此陵所以仰天椎(chuí)心而泣血也。

这是我仰天捶心而哭出血来的原因啊。

足下又云：“汉与功臣不薄(bó)。”子为汉臣，安得不云尔乎？昔萧、樊(fán)囚絷(zhí)[44]，韩、彭菹(zū)醢(hǎi)[45]，晁错受戮(lù)[46]，周、魏见辜(gū)[47]，其余佐命立功之士，贾谊、亚夫[48]之徒，皆信命世[49]之才，抱将相之具，而受小人之谗(chán)，并受祸败之辱，卒(zú)使怀才受谤(bàng)，能不得展。

足下又说：“汉家待功臣不薄。”您是汉朝的臣子，哪能不这样说呢？从前萧何、樊哙被拘囚，韩信、彭越被剁成肉酱，晁错被杀，周勃和窦婴被治罪，其他辅佐皇帝建立功勋的人，像贾谊、周亚夫等，都真正是杰出的人物，怀有将相的才干，却受到小人的谗害，都遭受杀戮或者贬黜的耻辱，最终使他们怀才受谤，才能得不到施展。

彼二子之遐(xiá)举[50]，谁

那贾谊、周亚夫两人的死，谁

44 萧、樊囚絷：萧，汉初的相国萧何。有一次，萧何对汉高祖刘邦说：“长安地狭，上林中多空地，请租给老百姓种，庄稼茎秆留下喂园中禽兽。”高祖大怒说：“丞相是受了商人的贿赂，来要我的园子。”于是把萧何下狱。樊，汉初功臣樊哙。高祖病重时，有人在他面前说樊哙的坏话，于是高祖派陈平解除了樊的兵权，押回长安囚禁。

45 韩、彭菹醢：韩信与彭越都是刘邦平定天下的功臣，后来都遭杀害。菹醢，肉酱，这里用作动词，指把人剁成肉酱。

46 晁错受戮：见《论贵粟疏》注。

47 周、魏见辜：周，周勃。他是刘邦的功臣，曾诛诸吕，迎立汉文帝。汉文帝时有人上书告周勃谋反，周勃被逮捕治罪。魏，魏其侯窦婴。他在景帝时任大将军，平定七国叛乱有功。后来因灌夫骂丞相田蚡的事件，论罪处死。

48 亚夫：周亚夫。西汉名将。景帝时为太尉，平定吴楚七国之乱，迁为丞相。后因其子私买皇家用物，下狱，呕血而死。

49 命世：应运出世。

50 二子：指贾谊、周亚夫。遐举：死的讳称。贾谊、周亚夫，都是受谤不得志吐血而死的。

不为之痛心哉！陵先将(jiāng)军[51]，功略[52]盖天地，义勇[53]冠三军，徒失贵臣之意，刭(jǐng)身绝域之表[54]，此功臣义士所以负戟(jǐ)而长叹者也！何谓不薄(bó)哉？

且足下昔以单车之使[55]，适万乘(shèng)之虏(lǔ)，遭时不遇[56]，至于伏剑不顾，流离辛苦，几死朔(shuò)北[57]之野；丁年[58]奉使，皓(hào)首[59]而归，老母终堂[60]，生妻去帷(wéi)[61]，此天下所希闻，古

不为他们痛心呢？我死去的祖父，功劳和才略在当时很突出，节义勇武在三军中数第一，只是不讨权贵的欢心，便被迫在极远的异域自杀。这些都是功臣义士长叹息的原因啊！怎能说汉家待功臣不薄呢？

再说您过去带领很少的人出使，到拥有万辆兵车的匈奴，碰到的时机不好，以至于拔剑自杀，不顾性命，颠沛流离，辛勤劳苦，几乎死在朔北的荒野。您壮年奉命出使，头发白了才回国，老母去世，妻子改嫁，这是天下罕闻，古今所没有的。

51 先将军：指李陵的祖父李广。
52 功略：功劳和才略。
53 义勇：节义和勇武。
54 刭身：自杀。表：外。
55 单车之使：指苏武出使匈奴带领的人很少。
56 遭时不遇：指苏武出使匈奴时，匈奴发生一宗谋反案件，牵连到苏武的副使张胜。匈奴归附汉朝本非真心，就借这件事扣留了苏武等人，并逼迫他们投降。
57 朔北：北方。
58 丁年：丁壮之年，壮年。
59 皓首：白头。
60 终堂：终于堂上，死去的讳称。
61 去帷：离开帷内，意即改嫁。帷，帐幔，古代用以障隔内外。帷内即内室。

今所未有也。蛮貊（mò）[62]之人，尚犹嘉子之节，况为天下之主乎？

陵谓足下，当享茅土[63]之荐，受千乘（shèng）之赏。闻子之归，赐不过二百万，位不过典属国[64]，无尺土之封，加[65]子之勤。而妨功害能之臣，尽为万户侯；亲戚贪佞（nìng）之类，悉为廊庙[66]宰。子尚如此，陵复何望哉？

且汉厚诛陵以不死，薄（bó）赏子以守节，欲使远听之臣望风驰命，此实难矣。所以每顾而不悔者也。陵虽孤恩，汉亦负德。昔人有言："虽忠不烈，视死如

匈奴人尚且还称赞您的节操，何况天下之主的汉家呢？

我觉得您一定会得到分封土地、担任侯爵的赏赐。听说您回到汉家，受到的赏赐不过二百万钱，官位不过是典属国，没有一尺土地的封赐，来嘉奖您的辛劳。而那些妨碍立功、陷害贤能的朝臣，都封为万户侯；亲戚和贪婪逢迎的家伙，都成了朝廷的大官。您尚且如此，我还存什么希望呢？

汉朝因我未以身殉国就严加诛戮，您坚守气节又赏赐微薄，想使远方听候命令的臣子急切地效命朝廷，这实在是太难了。这正是我每当想到这些就不悔恨的缘故。我虽辜负汉家的恩情，汉家也辜负

62 蛮貊：古代称南方的民族为蛮，东方的民族为貊。这里指匈奴。

63 茅土：古代皇帝社祭的坛用五色土（青、赤、白、黑、黄）建成，分封诸侯时，取一种颜色的泥土用茅草包好送给受封的人，作为分得土地的象征。

64 典属国：官名，始于秦，西汉沿置。掌管少数民族事务，成帝时并入大鸿胪。

65 加：加赏。

66 廊庙：犹言庙堂，指朝廷。

归。”陵诚能安，而主岂复能眷眷[67]乎？男儿生以不成名，死则葬蛮夷中。谁复能屈身稽颡(qǐ sǎng)[68]，还向北阙(què)，使刀笔之吏弄其文墨耶？愿足下勿复望陵。

了我的功德。从前有人说过：“虽忠不烈，视死如归。”我诚然能甘心地死去，然而皇上还能顾念我吗？男子汉生不能成就功名，死后就葬身在国外吧。谁还能屈身叩头，回国向着朝廷，让那般刀笔吏舞文弄墨罗织罪名呢？希望您不再盼望我归汉了。

嗟(jiē)乎子卿，夫复何言！相去万里，人绝路殊。生为别世[69]之人，死为异域之鬼，长(cháng)与足下生死辞矣。幸谢故人，勉事圣君。足下胤(yìn)子[70]无恙(yàng)，勿以为念。努力自爱。时因北风，复惠德音。李陵顿首。

唉，子卿啊，还有什么好说的呢？相隔万里，往来断绝，道路不通。我活着是另一世界的人，死了做异国的鬼，永远跟您生离死别不能相见了。希望我的老朋友，勉力侍奉圣明的君王。您的儿子很好，不要挂念他。望您尽力爱惜自己。盼望您时常借着北风，再带给我好消息。李陵叩头致敬。

67 眷眷：依恋不舍。
68 稽颡：叩头至地。颡，额。
69 别世：另一个世界，指匈奴。
70 胤子：苏武在匈奴曾娶妇，生子名通国。

南宋 陈居中 《苏李别意图卷》（局部）

尚德缓刑书

路温舒[1]

本文选自《汉书·路温舒传》，是一篇很有影响的政论文章。宣帝初立，路温舒上书劝诫宣帝崇尚德政，宽理刑狱，目的在于说服宣帝改变自武帝以来法令烦苛、冤狱四起的情况。文中深刻揭露了治狱之吏的危害，最后归结到“扫亡秦之失，尊文武之德”。文章对专制惨祸写得具体生动，并从颂扬入手，鼓励汉宣帝取法乎上，深切悲痛，很有说服力。

昭帝[2]崩，昌邑王[3]贺废，宣帝[4]初即位。路温舒上书言宜尚德缓刑。其辞曰：

昭帝去世，昌邑王刘贺被废黜，宣帝刚刚即位。路温舒上书皇帝，谈应当“尚德缓刑”。书中说：

臣闻齐有无知[5]之祸，而桓（huán）公以兴；晋有骊姬（lí jī）[6]之

臣听说齐国有无知之祸，齐桓公因此兴起；晋国有骊姬之难，晋

1 路温舒：字长君，西汉巨鹿人。举孝廉，官至廷尉奏曹掾（中央审判长官办文牍的属官）、太守等职。宣帝即位（前74），上了这封《尚德缓刑书》，反对严刑峻法。

2 昭帝：汉昭帝，名刘弗陵，武帝少子。

3 昌邑王：名贺。武帝孙。昭帝死后，霍光曾迎昌邑王为帝。后来，又因他昏乱而将其废黜驱逐。昌邑，古县名。

4 宣帝：汉宣帝，名询。公元前74年至前49年在位。大将军霍光废昌邑王后立宣帝。

5 无知：春秋时齐公子，杀齐襄公，自立为齐君，后被人杀死。

6 骊姬：春秋时晋献公宠姬。

难(nàn)，而文公用伯(bà)；近世赵王[7]不终，诸吕作乱[8]，而孝文为太宗[9]。由是观之，祸乱之作，将以开圣人也。

故桓、文扶微兴(xīng)坏，尊文、武之业，泽加百姓，功润诸侯，虽不及三王，天下归仁焉。文帝永思至德，以承天心，崇仁义，省刑罚，通关梁，一远近，敬贤如大宾，爱民如赤子，内恕情[10]之所安，而施之于海内。是以囹圄(líng yǔ)[11]空虚，天下太平。夫(fú)继变化之后，必有异旧之恩，此贤圣所以昭

文公所以称霸；近世赵王如意被害，诸吕作乱，却使孝文帝成为太宗。照这样看来，祸乱的发生，将要为圣人的出现开辟道路。

所以齐桓公、晋文公扶植弱小的国家，复兴灭亡了的国家，尊奉周文王、周武王的遗业，向百姓施加恩泽，使诸侯得到好处，他们虽然赶不上三王，但天下的人都称赞他们的仁德。文帝有深远的思虑和崇高的德行，顺承天意即皇帝位，崇尚仁义，减少刑罚，开通关塞桥梁，统一远近的地方，尊敬贤才就像接待贵宾，抚爱百姓如同保护婴儿，推己及人，关怀海内百姓。所以监狱空虚，天下太平。大凡紧接政局变乱之后，必然有异乎旧时的恩典，这是贤圣

7 赵王：高祖宠姬戚夫人的儿子，名如意，封为赵王。
8 诸吕作乱：刘邦死后，吕后专权。她命她的侄子吕产、吕禄控制中央军权，接着打击刘姓诸侯，广封吕氏为王。吕后死后，周勃等平定诸吕之乱。
9 孝文为太宗：吕后死后，丞相陈平、太尉周勃等迎立代王刘桓，即孝文帝。太宗，文帝的庙号。
10 恕情：推己及人之心。
11 囹圄：牢狱。

天命也。

君主用来彰明天命的途径啊。

往者昭帝即世而无嗣(sì)，大臣忧戚，焦心合谋，皆以昌邑尊亲，援而立之。然天不授命，淫乱其心，遂以自亡。深察祸变之故，乃皇天[12]之所以开至圣也。故大将军[13]受命武帝，股肱(gōng)[14]汉国，披肝胆[15]，决大计，黜亡(chù wú)义[16]，立有德[17]，辅天而行，然后宗庙以安，天下咸宁。

从前昭帝去世后，没有后嗣继承王位，大臣们忧虑悲伤，经过苦心思虑，共同谋划，都认为昌邑王最尊贵亲近，就推举他为君王。可是上天不授给他帝王之命，迷惑败乱他的心志，于是自取灭亡。深入考察祸变的由来，这是皇天用来为至圣开辟道路啊。所以大将军霍光接受武帝遗命，辅佐汉室，他披肝沥胆，定国家大计，废黜无义的，迎立有德的，按照上天的意旨行事，然后国家得到安定，天下都得到太平。

臣闻《春秋》正即位[18]，大一统[19]而慎始也。陛下初登至尊，与

我听说《春秋》上注意端正新君即位的名分，重视统一天下的事业，慎重地对待开始。陛下刚登上帝位，

12 皇天：天。
13 大将军：指霍光。
14 股肱：大腿和胳膊。这里是辅助的意思。
15 披肝胆：比喻竭诚效忠。披，披露。
16 黜亡义：指废昌邑王刘贺。亡，通“无”。
17 立有德：指立宣帝。
18 正即位：《春秋》记载古代帝王诸侯即位，很讲究名分，名分正的，就写即位；名分不正的，就不写即位。
19 大一统：重视统一天下的事业。大，犹言尊大、重视。

天合符，宜改前世之失，正始受命之统[20]，涤(dí)烦文，除民疾，存亡继绝，以应(yìng)天意。

跟上天的意志正相符合，应该改变前代的过失，端正初即位时所继承的法制，清除烦琐的政令条文，解除老百姓的疾苦，保存被废王侯的地位，恢复绝封功臣的封爵，来顺应天意。

臣闻秦有十失，其一尚存，治狱之吏是也。秦之时，羞文学[21]，好武勇；贱仁义之士，贵治狱之吏；正言者谓之诽谤(fěi bàng)，遏(è)过[22]者谓之妖言。故盛(shèng)服先王[23]，不用于世，忠良切言，皆郁于胸；誉谀(yú)之声，日满于耳，虚美熏(xūn)心，实祸蔽塞(sè)。此乃秦之所以亡天下也。

我听说秦朝有十条过失，现在还保存了一条，便是狱吏专权的过失。秦朝的时候，以有文化为耻辱，崇尚武勇；轻视仁义之士，看重治狱的官吏；讲正直的话叫做诽谤，防止过失的话叫做妖言。所以，非常服膺先王的人都统统废弃不用，忠诚正直的话，都郁结在心里不敢说；吹捧阿谀的声音，天天灌满耳朵，虚假的美名迷住了心窍，实在的祸殃则被蔽塞得看不见。这就是秦朝之所以失去天下的原因。

方今天下，赖陛下

当今天下，依赖陛下的厚恩，没有

20 始受命：指初即位。统：法制。

21 文学：中国先秦时期曾将哲学、历史、文学等书面著作都称为文学。这里指文教方面的事。

22 遏过：防止过失。

23 盛服先王：竭力服膺先王的人。先王，指夏禹、商汤、周文王等行仁义道德的帝王。

恩厚，亡(wú)金革[24]之危，饥寒之患，父子夫妻，戮(lù)[25]力安家。然太平未洽(qià)者，狱乱之也。

夫(fú)狱者，天下之大命也，死者不可复生，𢇍[26]者不可复属(zhǔ)。《书》曰："与其杀不辜(gū)，宁失不经。"[27]今治狱吏则不然，上下相驱，以刻为明，深者获公名，平者多后患，故治狱之吏，皆欲人死。非憎(zēng)人也，自安之道，在人之死。是以死人之血，流离于市；被刑之徒，比肩而立；大辟(pì)[28]之计，岁以万数。此仁圣之所以

战乱的危险，饥寒的祸患，老百姓父子夫妻都齐心协力，安居乐业。但是太平盛世中还有不协调的事，这便是刑狱之灾乱加于人民啊。

治狱，是天下最重要的事情。死了的人不能复生，砍断手脚的不能再续。《尚书》上说："与其杀无罪的人，宁肯不合常规。"当今治狱的官吏却不是这样，上下互相勾结，把苛刻当作精明，治狱严酷的获得公正无私的美名，治狱平和的多有后患。所以治狱的官吏，都想要犯人死。并不是他们真的憎恶犯人，而是获得自己平安的方法在于判人死刑。因此死人的鲜血，染红了刑场；受刑的人，肩并着肩站着；被判处死刑的人，一年里面数以万计。这就是仁圣的君主见了

24 金革：犹言兵革。引申指战争。
25 戮：并力，尽力。
26 𢇍：古"绝"字。
27 "与其"二句：语出《尚书·大禹谟》。不经，不合常规。
28 大辟：死刑。

伤也。太平之未洽(qià)，凡以此也。

为什么要伤心的原因。太平盛世中的不协调，大概就是这件事啊。

夫人情安则乐(lè)生，痛则思死，棰楚(chuí)[29]之下，何求而不得？故囚人不胜痛，则饰辞以视之，吏治者利其然，则指道以明之。上奏畏却[30]，则锻练而周内(nà)之[31]。盖奏当(dāng)[32]之成，虽咎繇(gāo yáo)[33]听之，犹以为死有余辜(gū)。何则？成练[34]者众，文致[35]之罪明也，是以狱吏专为深刻，残贼而亡(wú)极，偷为一切，不顾国患，此世之大贼也。

人的性情，安定就乐于生存，痛苦就想着去死，在木棍荆条的拷打下，有什么供词不能得到呢？所以犯人熬不过刑罚的痛苦，就编造假的供词给狱吏看，狱吏觉得这样对自己有利，就指出有关法令条文来证实犯人的罪。怕上奏后批驳退回，就又编造许多罪状，陷害人家。当定案后，即使让皋陶来审理，也会认为犯人是死有余辜的。为什么呢？因为编造的罪状很多，并且引作判罪根据的法令条文很明确啊！所以狱吏专门讲究严峻苛刻，残酷虐杀没有止境，只图暂时的利害，不顾国家的祸患，这是当世的大害啊。

29 棰楚：古代打人的刑具。
30 却：批驳退回。
31 锻练：比喻酷吏枉法，多方编造罪名。周内：周，周密；内，通“纳”，使陷入。这里指罗织罪状，故意陷人于罪。
32 奏当：向上奏报所判的刑正合他所犯的罪。
33 咎繇：即皋陶。传说中东夷族的首领，相传曾被舜任为掌管刑法的官。
34 成练：罗织成罪。
35 文致：文饰而使人获罪。

故俗语曰:“画地为狱议不入,刻木为吏期不对。”[36]此皆疾吏之风,悲痛之辞也。故天下之患,莫深于狱,败法乱正[37],离亲塞(sè)道,莫甚乎治狱之吏。此所谓一尚存者也。

所以俗语说:“即使在地上画个范围当作监狱,人们也不敢进入;即使刻个木人当作狱吏,人们也不肯和它相见。”这都是憎恨狱吏的民谚,悲痛的言辞啊。所以天下的大患,没有比刑狱更厉害的了,败坏法纪,扰乱政事,离间亲属,堵塞正道,没有比治狱的酷吏更严重的了。这就是前面所说的一条还留存下来的秦国暴政。

臣闻乌鸢(yuān)[38]之卵不毁,而后凤皇集;诽谤之罪不诛,而后良言进。故古人有言:“山薮(sǒu)藏疾,川泽纳污,瑾瑜(jǐn yú)匿(nì)恶,国君含诟(gòu)。”[39]唯陛下除诽谤以招切言,开天下之口,广箴(zhēn)[40]谏(jiàn)之路,扫

我听说:乌鸦、老鹰的蛋不遭毁坏,而后凤凰才会成群飞来;“诽谤”的罪不加诛罚,而后忠良之言便会进谏。所以古人说:“山林蔽藏毒物,河流沼泽容纳污浊,美玉存在瑕疵,国君容忍辱骂。”希望陛下能免除“诽谤”的罪名,来招致恳切的言论,使天下人开口,广开进言规劝的途径,扫除亡秦的过失,发扬周文王、周武王的仁德,精简法律条文,放宽

36 “画地为狱”二句:参见《报任安书》注。
37 正:同“政”。政事。
38 鸢:老鹰。
39 “山薮藏”四句:出自《左传·宣公十五年》。诟,耻辱。
40 箴:劝告,规诫。

亡秦之失，尊文武之德，省法制，宽刑罚，以废治狱，则太平之风，可兴于世，永履(lǚ)和乐(lè)，与天亡(wú)极，天下幸甚。

上善其言。

刑罚，以求废除冤狱，那么，太平景象就可以在世上出现，永远得到和平快乐，同上天一样没有穷尽的时候。这便是天下的大福。

汉宣帝认为他讲得对。

元 佚名 《太平有象图》（局部）

报孙会宗书

杨恽(yùn)[1]

本文选自《汉书 · 杨敞传》。这封信辞气怨激，表现了对朝廷的不满，杨恽因此遭到杀身之祸。这是一次文字狱。这封书信内容远不能同司马迁的《报任安书》相比，但文气流畅，有很强的感染力。

恽(yùn)既失爵位，家居治产业，起室宅，以财自娱。岁余，其友人安定太守西河孙会宗[2]，知(zhì)略士也，与恽书谏(jiàn)戒之。为言大臣废退，当阖(hé)门惶惧，为可怜之意，不当治产业，通宾客，有称誉。恽宰相子，少(shào)显朝廷，一朝暗昧(mèi)，语言见

杨恽失掉爵位后在家闲居，办置家业，建造房屋，以经营财产为自己的乐事。一年多后，他的朋友安定太守西河人孙会宗，一个有智慧、才略的人，写信劝诫他。说大臣废退，应当关起门来表示害怕，做出可怜的样子，不应当办置家业，结交宾客，有名气声望。杨恽是宰相的儿子，年轻时就名显朝廷，一时不得

1 杨恽：字子幼，华阴（今陕西华阴）人。司马迁的外孙。汉宣帝时任左曹，因告发霍氏谋反，封为平通侯，升中郎将，后官至诸吏光禄勋。遭宣帝宠臣太仆戴长乐陷害，罢官为民。后有人告他骄奢不悔过，下廷尉审理，查得他写给孙会宗的这封信，于是被加上“大逆不道”的罪名，处腰斩。
2 孙会宗：西河（今山西汾阳）人。曾任安定（治今宁夏固原）太守，杨恽的朋友。

废，内怀不服。[3]报会宗书曰：

恽材朽行秽(huì)，文质无所底[4]，幸赖先人[5]余业，得备宿(sù)卫[6]，遭遇时变[7]以获爵位，终非其任，卒(zú)与祸会[8]。足下哀其愚，蒙赐书教督以所不及，殷勤甚厚。然窃恨足下不深推其终始，而猥(wěi)[9]随俗之毁誉也。言鄙(bǐ)陋之愚心，若逆指而文(wèn)过[10]；默而息乎，恐违孔氏"各言尔志"之义，故敢略陈其

志，因言语之罪被罢官，内心不服气。他回信给孙会宗说：

我杨恽资质愚钝，行为低劣，文采、气质都没有什么可招人注意的，侥幸依赖父亲留下的功业，得以充当一名郎官。由于遇到当时突然发生的非常事件，因此获得了爵位，终究不能称职，最终还是碰上了祸害。足下怜悯我愚昧，承蒙写信把我没有想到的事给以指教督促，情意恳切深厚。然而我私下惋惜您不能深入推究事情的原委，而随随便便地附和俗人的毁谤。我想讲一讲自己的鄙陋想法，又怕违背您的好意，被认为是掩饰自己的过失；沉默不语吧，又恐怕不合孔子"各

3 "一朝"三句：杨恽丢官，是因为戴长乐告发他平时言语不敬。这句一本作"一朝以暗昧语言见废，内怀不服"。
4 文质：指文采和气质。底：招致。
5 先人：指其父杨敞（官至丞相）。
6 宿卫：指任郎官。这是护卫皇帝的侍从。
7 遭遇时变：指自己密奏霍氏谋反而封侯。
8 卒与祸会：指被罢官为平民。
9 猥：随随便便。
10 文过：掩饰自己的过错。

愚[11]，唯君子察焉。

恽家方隆盛时，乘朱轮[12]者十人，位在列卿[13]，爵为通侯[14]，总领从官[15]，与闻政事。曾(zēng)不能以此时有所建明[16]，以宣德化，又不能与群僚同心并力，陪辅朝廷之遗忘，已负窃位素餐之责久矣[17]。怀禄贪势，不能自退，遭遇变故，横被口语[18]，身幽北阙(què)[19]，妻子满狱。

当此之时，自以夷灭不足以塞(sè)责，岂意得

言尔志”的精神，所以我还是简略地陈述一下愚见，希望您能明察。

我家正当兴旺的时候，乘朱轮的就有十人。我位在九卿的中间，爵位是通侯，统领皇帝所有的侍从官员，参与国家政事。我却不能在这时有什么陈述或建议，来宣扬皇帝的德行教化，也不能跟同僚们同心协力，辅佐皇帝弥补缺漏，已经受到窃取官位、无功受禄的指责很久了。怀恋禄位，贪图权势，不能自己引退，以致遭遇变故，意外受到言语上的祸事，自身被囚禁在宫内，妻子儿女都送进监狱。

当这个时候，自以为杀头灭族也不足以堵塞人们的责备，哪里料得还

11 愚：愚见。
12 朱轮：轮子漆成朱红色的车。
13 列卿：九卿之列。
14 通侯：本称“彻侯”，因避汉武帝刘彻的名讳，改称通侯，又改称列侯。
15 总领从官：杨恽曾任光禄勋，统领所有侍从官。从官，皇帝的侍从官。
16 建明：建白，即对国家政事有所陈述和建议。
17 窃位：指窃取官位而不尽职。素餐：白吃饭，即无功受禄。
18 横被口语：指戴长乐上书告他言语不敬的事。横，突然，意外。
19 北阙：本指古代宫殿北面的门楼。这里是指皇帝宫内。

全首领，复奉先人之丘墓乎？伏惟[20]圣主之恩，不可胜量（liáng）。君子游道[21]，乐以忘忧；小人全躯，说（yuè）以忘罪。窃自私念，过已大矣，行已亏矣，长（cháng）为农夫以没（mò）世矣。是故身率妻子，戮（lù）力耕桑，灌园治产，以给（jǐ）公上，不意当复用此为讥议也。

能保全性命，还能再去奉祀先人的坟墓呢？我伏在地上思念圣主的恩德，真是没办法数得清的。君子修养道德，快乐得忘记忧愁；小人保全了性命，就高兴得忘了有罪。我私下想着，我的罪过已是很大了，我的德行已有亏缺了，长期当个农夫直到身死也就算了。因此我亲自率领妻子儿女，合力种地养蚕，灌浇园圃，置办家业，来供给国家的需要，没想到又因为这样做而受到人们的议论和讥笑啊。

夫人情所不能止者，圣人弗禁。故君父至尊亲，送其终也，有时而既[22]。臣之得罪，已三年矣。田家作苦，岁时伏腊[23]，烹羊炰（páo）[24]羔（gāo），

凡是人情所不能抑制的，圣人也不加禁止。所以君虽至尊，父虽最亲，而为君父服丧，也到一定时期就结束了。我从获罪至今，已经有三年了。田家劳作辛苦，一年之中在夏伏和冬腊，便烹羊烤羔，喝一点酒自己慰劳

20 伏惟：伏在地上想。下对上的敬称。
21 游道：在正道上行走，即修养道德。
22 既：已，尽。古制，臣子为君父服丧三年，除丧后起居行止便不再受丧服的限制。
23 伏腊：指夏伏、冬腊两个节日。
24 炰：用泥裹起来烤。

斗酒自劳(lào)[25]。

家本秦也，能为秦声；妇赵女也，雅[26]善鼓瑟(sè)，奴婢歌者数人。酒后耳热，仰天拊缶(fǔ fǒu)而呼乌乌[27]。其诗曰："田彼南山，芜秽(wú huì)不治。种一顷(qǐng)豆，落而为萁(qí)[28]。人生行乐耳，须富贵何时？"是日也，拂衣而喜，奋褎(xiù)[29]低昂，顿足起舞，诚淫荒无度，不知其不可也。恽幸有余禄，方籴(dí)贱贩贵，逐什(shí)一之利，此贾(gǔ)竖[30]之事，污辱之处，恽亲行之。

下流之人，众毁所

自己。

我的家乡原在秦地，所以能够奏出秦地歌曲；我妻子原是赵地的女子，向来会弹琴鼓瑟，奴婢中有几个会唱歌。每当酒后耳热，便昂着头，敲着瓦缶，大声呼叫。那歌词说："南山上种植谷物，野草很多不整治；种上一顷豆，落得的是豆茎几株。人生行乐罢了，等待富贵，到何时？"在这一天，我高兴得甩开外衣站起来，举起袖子，一上一下，跺足跳舞，真是放肆玩乐没有限度，不知道这是不对的啊。我幸亏有些余钱，能买贱卖贵，求得十分之一的赢利，这是鄙贱的商人做的事，是蒙受污辱的行业，我却亲身去做。

地位卑贱的人，众多的毁谤都汇

25 自劳：自己慰劳自己。
26 雅：素，向来。
27 拊：同"抚"。缶：瓦器，秦人用作乐器。
28 萁：豆茎。
29 褎：古同"袖"。
30 贾竖：卑贱商人。

归[31]，不寒而栗。虽雅知恽者，犹随风而靡(mǐ)[32]，尚何称誉之有？董生[33]不云乎：“明明求仁义，常恐不能化民者，卿大夫意也；明明求财利，尚恐困乏者，庶人之事也。”故道不同，不相为谋。今子尚安得以卿大夫之制而责仆哉？

夫(fú)西河魏土[34]，文侯所兴(xīng)[35]，有段干木、田子方[36]之遗风，漂然[37]皆有节概(gài)，知去就[38]之分。顷(qǐng)者，足下离旧土，临安

集在身上，令人不寒而栗。即使平素很了解我的人，也随风倒伏，哪里还有什么名气声望可讲？董仲舒不是说过吗：“急急忙忙地追求仁义，经常担心不能教化人民的，是卿大夫的心意；急急忙忙地追求财利，还担心困乏的，是百姓的事情。”所以各人的主张不同，便不必互相商讨。如今您怎么能够用卿大夫的规矩来责备我呢？

西河魏土，是魏文侯发迹的地方，那里的人还保存有段干木、田子方的遗风，清高得很，有节操志气，懂得去就的界限。近来，足下离开故乡，来到安定。安定在山谷之中，

31 归：集。
32 靡：披靡，倒伏。
33 董生：指董仲舒。
34 西河魏土：战国时魏的西河，约在今陕西渭南一带，与汉代的西河郡不同。杨恽这样说，是为了讽刺孙会宗。
35 文侯：指战国时的魏文侯。兴：兴起，发迹。
36 段干木、田子方：战国时贤人，文侯曾拜他们为师。
37 漂然：不可侵犯的样子。
38 去：指不应该干的、不可以干的。就：指应该干的、可以干的。

定。安定山谷之间，昆戎[39]旧壤，子弟贪鄙，岂习俗之移人哉？于今乃睹子之志矣。方当盛汉之降，愿勉旃[40]，毋多谈。

是古代昆戎族的旧地，那里的子弟贪婪卑陋，难道风俗习惯能改变人的气质吗？今天我就看到您的志趣了。正当强盛的汉家兴旺发达的时候，希望您努力，不必多谈了。

清 刘彦冲 《听阮图》（局部）

39 昆戎：指殷及西周时代的少数民族西戎。
40 旃：此处为"之焉"的合音。

光武帝临淄劳耿弇[1]

东汉文

本文选自《后汉书·耿弇传》，是光武帝刘秀表彰大将军耿弇的一段话。他先表彰耿弇的功劳，以淮阴侯韩信作衬托；再用“有志者事竟成”激励耿弇，胜过大篇笔墨。

车驾至临淄，自劳军，群臣大会。帝谓弇曰：“昔韩信破历下[2]以开基；今将军攻祝阿[3]以发迹。此皆齐之西界[4]，功足相方。

光武帝来到临淄，亲自慰劳军队，群臣都来集会。光武帝对耿弇说：“从前韩信破历下齐军，开创了汉朝的基业；如今将军攻克祝阿，因而开始显赫的功业。历下、祝阿都是齐的西部边界，你的功劳可以跟韩信相比。

“而韩信袭击已

“可是韩信袭击的是已经投降的齐

1 光武帝：即汉光武帝刘秀。临淄：原春秋战国时齐国的都城，在今山东淄博。耿弇：扶风茂陵（今陕西兴平东北）人，字伯昭。刘秀即位后他任建威大将军，封好畤侯，曾击平齐地割据势力张步，攻占城阳、琅邪等十二郡。

2 韩信破历下：汉高祖三年（前204），韩信袭击历下军，平定临淄。历下，即今山东济南东南。

3 祝阿：地名，故地在今山东济南西南。

4 西界：历下、祝阿都是古时齐、鲁的分界。在齐国的西部。

xiáng qíng
降[5],将军独拔勍敌[6],其功乃难于信也。又田横烹郦生[7],及田横降,高帝诏卫尉不听为仇[8];张步前亦杀伏隆,若步来归命,吾当诏大司徒释其怨。[9]又事尤相类也。将军前在南阳建此大策,[10]常以为落落难合,有志者事竟成也。”

（pēng lì；xiáng zhào）

军,将军独自攻克的却是实力强大的敌人,这功劳的取得就比韩信困难了。再者,田横烹杀郦生,等到田横投降的时候,高帝诏告卫尉郦商不准把田横当作仇人;张步以前也杀害了伏隆,如果张步前来归降,我就诏告大司徒伏湛消除怨仇。这又是件尤其相类似的事情了。将军以前在南阳提出这个伟大的策略,我常常认为疏阔难以实现,如今看来,有志气的人,事情一定会成功的。”

5 已降:秦末,田儋自立为齐王,割据旧齐地。后田儋子田横,立兄田荣子广为齐王,自己为相。汉王刘邦派郦生去齐劝降,田横接受,解除历下军。韩信便趁其不备袭击。
6 勍敌:即“劲敌”。实力强大的敌人。
7 田横烹郦生:当韩信袭历下时,田横以为郦生出卖了自己,便将郦生烹杀。郦生,即郦食其。
8 卫尉:即郦商。陈留高阳乡(今河南杞县)人,郦食其的弟弟,刘邦即帝位后封信成侯。
9 “张步”三句:光武帝派光禄大夫伏隆拜张步为东海太守,刘永也遣使立张步为齐王。张步接受刘永的封号,杀了伏隆。大司徒,伏隆的父亲伏湛。
10 “将军”句:耿弇在南阳跟从刘秀,自请北收上谷兵(王莽时,耿父为上谷太守),平定渔阳的彭宠、涿郡的张丰,东攻张步,平定齐地。当时刘秀同意了他的策略。

诫兄子严敦书

马援[1]

本文选自《后汉书·马援传》。文中马援抓住马严和马敦他们喜讥议、通轻侠客的弱点，谆谆训诫。又举龙伯高和杜季良加以比较，规劝他们务学忠厚谨慎，切勿华而不实，陷于轻薄。语不多而切中要害。

援兄子严、敦，并喜讥议，而通轻侠客。援前在交趾，还书诫之曰："吾欲汝曹[2]闻人过失，如闻父母之名，耳可得闻，口不可得言也。好议论人长短，妄是非正法[3]，此吾所大恶也，宁死不愿闻子孙有此行也。汝曹知吾恶之甚矣，所以复言

马援哥哥的儿子马严和马敦，都喜欢讥笑议论别人，又结交轻薄的侠客。马援以前在交趾的时候，寄回书信告诫他们说："我希望你们听到别人的过失，就像听到自己父母的名字一样，耳朵可以听，嘴里却不可以说。喜欢议论人家的长短，胡乱评论正常的法制，这是我最痛恨的事，宁愿死也不愿听到子孙有这种行为。你们已知道我最痛恨这事，之所以还要重

1 马援（前14—49）：东汉初扶风茂陵人，字文渊。建武十七年（41）为伏波将军，封新息侯。次年被光武帝派遣率兵进军交趾。
2 汝曹：你辈。
3 是非：褒贬，评论。正法：正常的法制。

者，施衿结缡[4]，申父母之戒，欲使汝曹不忘之耳。

“龙伯高[5]敦厚周慎，口无择[6]言，谦约节俭，廉公有威。吾爱之、重之，愿汝曹效之。杜季良[7]豪侠好义，忧人之忧，乐人之乐，清浊[8]无所失，父丧致客，数郡毕至。吾爱之、重之，不愿汝曹效也。效伯高不得，犹为谨敕[9]之士，所谓‘刻鹄不成尚类鹜’者也[10]；效季良不得，陷为天下轻薄

复说，犹如父母送女出嫁时亲自为她结上佩带佩巾，重申父母的训诫一样，想使你们不要忘记这个啊！

“龙伯高这个人，忠厚谨慎，不说败坏别人的话，谦虚节俭，廉洁奉公而有威望。我非常喜欢他、敬重他，希望你们学他。杜季良这个人，豪侠好义，把别人的忧愁当作自己的忧愁，把别人的快乐当作自己的快乐，不管什么人都交结，他父亲死了，吊丧的客人，有好几个郡的人全都来了。我喜欢他、敬重他，却不愿你们学他。学龙伯高不成，还能做个谨慎的人，这就是俗话说的‘刻天鹅不成，还能像只野鸭’；学杜季良不成，就会堕落为天下的轻薄子弟，这就是俗话说的‘画虎不成，

4 施衿结缡：古代女子出嫁，母亲把佩巾结在女儿身上。衿，佩带。缡，佩巾。
5 龙伯高：东汉京兆（今陕西西安）人，名述，当时为山都长。
6 择：通“殬”，败坏。
7 杜季良：东汉京兆人，名保，当时为越骑司马。
8 清：指品行好的人。浊：指品行不好的人。
9 谨敕：也作“谨饬”。谨慎，能约束自己的言行。
10 鹄：天鹅。鹜：野鸭。

子，所谓‘画虎不成反类狗’者也。讫今季良尚未可知，郡将下车辄切齿[11]。州郡以为言，吾常为寒心，是以不愿子孙效也。”

反而像只狗’了。至今季良的结局还说不定，但将到任的郡守总是对他咬牙切齿。州郡的人把这事说给我听，我常常替他担忧，因此不希望子孙学他那样。”

南宋 佚名 《深堂琴趣图》

11 郡将：即郡守。汉代郡守兼武事所以称郡将。下车：指官吏到任。

前出师表

诸葛亮[1]

《出师表》是诸葛亮出师北伐前对朝廷内政所提出的建议和对出师所作的保证。“亲贤臣，远小人”是全文的核心，这是关系国家兴亡成败的一条政治经验。这篇文章语言很质朴，反复称引“先帝”，提示“陛下”，一片丹心，溢于言表。行文时叙中有议，议中有情，叙事周密，议论恳至，感情真挚，为历代所称道。

臣亮言：先帝[2]创业未半，而中道崩殂（cú）[3]。今天下三分[4]，益州[5]疲敝（bì），此诚危急存亡之秋[6]也。

臣诸葛亮呈表进言：先帝开创大业还没完成一半，就中途去世了。现在天下分成三国，我们益州人力不够，物资缺乏，这确实是到了十分危急、关系存亡的时候啊。

然侍卫之臣不懈（xiè）于内，忠志之士忘身于

但是，侍卫大臣们在朝廷里不敢懈怠，忠诚有志的将士们在疆场上不怕牺

1 诸葛亮（181—234）：字孔明。三国时期的大政治家、军事家。辅佐刘备建立蜀汉，拜为丞相。刘备死后，受遗诏辅佐刘禅。前后六次出师伐曹魏，死于军中。
2 先帝：指刘备。
3 崩殂：死。古时皇帝死了叫崩。
4 三分：指魏、蜀、吴三国分立，形成割据局势。
5 益州：蜀国所在地。汉置益州，约当今四川及贵州、云南的一部分地区。
6 秋：指代年岁、时代。

外者，盖追先帝之殊遇[7]，欲报之于陛下也。诚宜开张圣听[8]，以光[9]先帝遗德，恢宏[10]志士之气；不宜妄自菲薄，引喻失义[11]，以塞忠谏之路也。

牲，这是大家追念先帝待他们的厚恩，想要在陛下身上来报答啊。陛下真应该广泛听取意见，发扬先帝遗下来的美德，鼓舞志士们的志气；不应该过分地看轻自己，说话不恰当，不合正道，从而堵塞大家尽忠进谏的道路。

宫中、府中[12]，俱为一体，陟罚臧否[13]，不宜异同。若有作奸犯科[14]及为忠善者，宜付有司[15]，论其刑赏，以昭陛下平明之治，不宜偏私，使内外异法也。侍中、侍郎郭攸之、费祎、董允等[16]，此皆

皇宫中的侍臣和丞相府的官员都是一个整体，对他们的提升、惩罚、表扬、批评不应该有所不同。倘若有人营私舞弊、违法乱纪，或有人忠诚善良，有了建树，都应该交给负责的部门，评定对他们的赏罚，用来表明陛下治理国家是公平清明的，不应该有偏袒，使得宫中、府中，有不同的赏罚。侍中、

7 追：追念。殊遇：特殊的待遇。
8 开张圣听：扩大您的听闻。意为广泛听取群臣的意见。圣，此为臣下对帝王的尊称。
9 光：发扬光大。
10 恢宏：鼓舞，一本作“恢弘”。
11 引喻失义：言谈不合大义。引，称引。喻，譬喻。
12 宫中：皇宫之中，指宫中侍奉皇帝的近臣。府中：丞相府中，指丞相府里的官员。
13 陟：提升。臧：善。否：恶。
14 作奸犯科：营私舞弊、违法乱纪。
15 有司：有专职的官吏。司，管理。各有专司，故叫有司。
16 侍中、侍郎：都是官名，皇帝亲近的侍臣。郭攸之：南阳人。费祎：字文伟，江夏人。董允：字休昭，南郡人。三人都是当时具有德才的人。这时郭、费任侍中，董允任黄门侍郎。

良实，志虑忠纯，是以先帝简拔以遗(wèi)陛下。愚以为宫中之事，事无大小，悉以咨(zī)之，然后施行，必能裨(bì)补阙(quē)漏，有所广益。

将军向宠[17]，性行淑均[18]，晓畅军事，试用于昔日，先帝称之曰能，是以众议举宠以为督[19]。愚以为营中之事，事无大小，悉以咨之，必能使行(háng)阵和穆(mù)，优劣得所也。亲贤臣，远小人，此先汉[20]所以兴隆也；亲小人，远贤臣，此后汉所以倾颓(tuí)也。先帝在时，每与臣论此事，

侍郎郭攸之、费祎、董允等人，他们都是贤良诚实，志向忠贞，思想纯正的人，所以先帝把他们选拔出来，留给陛下。我认为宫廷里的事务，不论大小，都去跟他们商量，然后再施行，那就一定能够防止缺失，弥补漏洞，获得更大的成效。

将军向宠，性格和善，办事公平，熟悉军事，从前试用过，先帝称赞他有才能，所以大家评议推荐他担任中部督。我认为军营里的事情，无论大小，都去跟他商量，那就一定能够使军队和睦团结，才能不同的人都各得其所。亲近贤臣，疏远小人，这是西汉兴旺发达的原因；亲近小人，疏远贤臣，这是东汉覆亡衰败的原因。先帝健在的时候，每当跟我谈论到这些事情，没有一次不对桓帝、灵帝的所作所为感到叹息、痛心和遗憾啊！侍中敦攸之，尚书陈震，长史

17 向宠：字臣违，襄阳人。后主刘禅时封都亭侯。
18 淑：和善。均：公平。
19 督：中部督。蜀国设立的官名，是保卫皇帝安全的卫队首领，很重要。
20 先汉：指西汉。下句的后汉指东汉。

未尝不叹息痛恨于桓(huán)、灵[21]也。侍中、尚书、长(zhǎng)史、参军[22]，此悉贞亮死节之臣也，愿陛下亲之信之，则汉室之隆，可计日而待也。

张裔，参军蒋琬，这些都是坚贞忠良，能以死报国的大臣。希望陛下亲近他们，信任他们，那么汉家的兴隆，就可以数着日子等得到了。

臣本布衣[23]，躬耕于南阳[24]，苟全性命于乱世，不求闻达于诸侯。先帝不以臣卑(bǐ)鄙[25]，猥(wěi)自枉屈[26]，三顾臣于草庐之中，咨臣以当世之事。由是感激，遂许先帝以驱驰[27]。

臣本来是一个平民，在南阳亲自耕种田地，只想在乱世中暂且保全性命，不想在诸侯中求得显赫名声。先帝不嫌我见识浅陋、身世低微，反而降低身份，三次到我的茅屋里看望我，向我征询对当时天下大事的意见。我因此受到感动和鼓舞，就答应为先帝奔走效劳。

后值倾覆[28]，受任[29]于败军之际，奉命于危难

后来碰上军事失利，我在失败的时刻接受了重任，在危急艰难的

21 桓、灵：指后汉时的桓帝、灵帝。这两个皇帝昏庸无能，宠信宦官，政治腐败，造成东汉末年的天下大乱。

22 侍中：指郭攸之、费祎。尚书：指陈震。长史：指张裔。参军：指蒋琬。

23 布衣：平民。

24 躬耕：亲自耕种。南阳：郡名，郡治在今河南南阳。诸葛亮隐居的隆中（今湖北襄阳西南），当时属南阳郡。

25 卑鄙：见识浅陋，地位低下。

26 猥自枉屈：指刘备自己降低身份。猥，谦词，犹言“辱”。枉屈，屈就。

27 驱驰：奔走效劳。

28 倾覆：指汉献帝建安十三年（208），刘备在当阳长坂被曹操击败。

29 受任：奉命。

之间，尔来二十有一年[30]矣。先帝知臣谨慎，故临崩寄臣以大事[31]也。受命以来，夙(sù)夜忧叹，恐托付不效，以伤先帝之明。故五月渡泸(lú)[32]，深入不毛[33]。

时候奉命出使，从那时候到如今已经有二十一个年头了。先帝知道我处事谨慎，所以在临终时把国家大事托付给我。自从接受遗命以来，早晚忧虑，唯恐托付的事情不能办好，因而损伤先帝的英明。所以我五月渡过泸水，深入到禾苗不生的荒凉地区。

今南方已定，兵甲已足，当奖帅三军，北定中原。庶竭驽钝(nú dùn)[34]，攘(rǎng)除奸凶，兴复汉室，还于旧都[35]。此臣之所以报先帝而忠陛下之职分(fèn)也。至于斟酌(zhēn zhuó)损益[36]，进尽忠言，则攸(yōu)之、祎(yī)、允之

现在南方已经平定，刀箭铠甲都已经备足，应当奖励并率领三军，北上平定中原。也许能够竭尽我的平庸鲁钝的才能，铲除奸邪凶恶的曹魏，复兴汉家的天下，回到原来的国都。这是我用来报答先帝，向陛下尽忠心的分内职责。至于对政事的斟酌处理，掌握分寸，提出忠实恳切的意见，那是郭

30 二十有一年：这是从刘备三顾草庐访诸葛亮的那年算起。
31 临崩寄臣以大事：指刘备病危时，曾召见诸葛亮，托付他辅佐刘禅，又对刘禅说，要听从诸葛亮的话，“事之如父”。
32 泸：泸水，金沙江的支流。
33 不毛：不长庄稼，指未经开发的地方。
34 驽钝：比喻才能平庸。驽，劣马。钝，刀刃不锋利。
35 旧都：指长安和洛阳，两汉的都城。蜀汉以继汉统自承，故把攻取二地叫作还旧都。
36 斟酌损益：衡量得失，掌握分寸。

任也。愿陛下托臣以讨贼兴复之效，不效则治臣之罪，以告先帝之灵；若无兴德之言，则责攸(yōu)之、祎(yī)、允之咎(jiù)，以彰其慢。陛下亦宜自谋，以咨诹(zī zōu)[37]善道，察纳雅言，深追先帝遗诏。臣不胜受恩感激。今当远离，临表涕(tì)泣，不知所云。

攸之、费祎、董允等人的责任。希望陛下把讨伐曹贼、兴复汉室的大任交付给我，如果不见成效就治我的罪，以告知先帝的英灵；如果没有向您提出发扬德行的意见，就要责备郭攸之、费祎、董允等人的过错，揭露他们的怠慢。陛下自己也应该多多考虑国家大事，征询治国的好办法，审察采纳正直的意见，深切地追念先帝的遗诏。这样我就受陛下的恩德而感激不尽了。现在要离开陛下远行了，对着这篇表文流泪哭泣，不知道说了些什么。

37 咨诹：询问。

明 戴进《三顾茅庐图》（局部）

后出师表[1]

诸葛亮

这篇文章原载于《三国志·诸葛亮传》裴松之注，也是一向广为传诵的名篇。公元228年，魏将曹休被吴国打败，魏军精锐东下，关中虚弱，诸葛亮想趁机出兵击魏，但群臣疑虑，后主动摇，诸葛亮便上此表，分析形势，陈述乘时伐魏的必要性。最后他虽知成败难以预料，但他仍以“鞠躬尽瘁，死而后已”来表达自己的决心。这两句话，堂堂正气感人至深。

先帝虑汉、贼[2]不两立，王业不偏安[3]，故托臣以讨贼也。以先帝之明，量(liàng)臣之才，固知臣伐贼，才弱敌强也。然不伐贼，王业亦亡，惟坐而待亡，孰与伐之？是故托臣而弗疑也。

先帝考虑到汉、贼不能两者并存，要建立王业，就不能偏处于一隅而自安，所以把兴师讨贼的重任托付给我。凭先帝的英明，度量我的才能，本就知道我伐贼是才弱敌强的。然而不去伐贼，帝王的事业也会灭亡，与其坐等灭亡，不如去伐贼。所以先帝毫不犹疑地把伐贼的任务托付给我。

1 据裴松之注称：“此表亮集所无，出张俨《默记》。”文中所涉史实多有矛盾，所以人们怀疑不一定是诸葛亮的作品。
2 贼：指曹魏。蜀以继承汉的正统自居，所以称曹魏为贼。
3 偏安：偏居于一个角落。指蜀汉当时偏居在四川一地。

臣受命之日，寝(qǐn)不安席，食不甘味，思惟[4]北征，宜先入南，故五月渡泸(lú)，深入不毛，并日而食[5]。臣非不自惜也，顾王业不可偏安于蜀(shǔ)都，故冒危难以奉先帝之遗意，而议者谓为非计[6]。今贼适疲于西[7]，又务于东[8]，兵法乘劳[9]，此进趋之时也。谨陈其事如左：

我自从接受先帝命令那天起，就睡不安稳，吃饭无味，考虑到要北征，应该先平定南方，所以五月率兵渡过泸水，深入禾苗不生的荒凉地区，两天才吃一天的军粮。我并不是不爱惜自己，只是看到帝王的事业不能偏处在益州这个角落而自安，所以冒着危险艰难来执行先帝的遗意，可是议论的人说伐贼是不正确的决策。如今曹贼在西边正被打得疲惫不堪，又要在东方作战，兵法上说作战要乘敌人疲劳的时候，这正是前进讨贼的好时机。现在我把讨贼的事恭敬地陈述如下：

高帝明并日月，谋臣渊深，然涉险被创(chuāng)，危然后安。今陛下未及高帝，谋臣不如

汉高帝的英明可以跟日月争光，他的谋臣深谋远虑，但是仍不免历艰险，受创伤，经过重重危难然后才安定天下。现在陛下赶不上高帝，谋臣不如张

4 思惟：考虑。
5 并日而食：两天只吃一天的食粮。指行军艰苦，不能按时进食。
6 非计：决策不正确。
7 今贼适疲于西：指蜀建兴六年（228），诸葛亮出祁山伐魏。
8 又务于东：指建兴六年曹休攻吴，被吴将陆逊大败于石亭，魏调军东下。
9 乘劳：乘敌疲劳的时候。

良、平[10]，而欲以长(cháng)策[11]取胜，坐定天下，此臣之未解一也。

良、陈平，却想以长期相持来取得胜利，安安稳稳地平定天下，这是我不能理解的第一条。

刘繇(yóu)、王朗，[12]各据州郡，论安言计，动引圣人，群疑满腹，众难塞(sè)胸，今岁不战，明年不征，使孙策坐大[13]，遂并江东，此臣之未解二也。

刘繇、王朗，各自占据着一个州郡，在那里空谈安定天下的计策，动不动引用古代圣人的话，大家疑心重重，各种非议充塞胸中，今年不出兵，明年不打仗，使得孙策自然强大，于是并吞了江东，这是我不能理解的第二条。

曹操智计，殊绝于人，其用兵也，仿佛孙、吴[14]，然困于南阳[15]，险于乌巢[16]，危于祁(qí)连[17]，逼于黎阳[18]，几(jī)败北山[19]，殆(dài)

曹操的智慧计谋，超群出众，他用兵作战，好像孙膑、吴起，可是他也曾在南阳被困，在乌巢遇险，在祁连受危，在黎阳被逼，几乎败于北山，差点在潼关丧命，然后才取得了暂时的稳定。何况

10 良、平：指张良和陈平。
11 长策：长远之计。
12 刘繇：东汉末为扬州牧。王朗：东汉末为会稽太守。
13 坐大：自然强大。
14 孙、吴：指春秋战国时的军事家孙膑、吴起。
15 困于南阳：汉献帝建安二年（197），曹操讨伐张绣，绣袭击曹军，杀操长子昂，操身中流矢败走，收拾散兵，还驻舞阳。
16 险于乌巢：乌巢，今河南延津东南，官渡之战就发生在附近。
17 危于祁连：不详。
18 逼于黎阳：建安八年（203）春二月，曹操攻黎阳。五月，操还许昌，留将贾信屯黎阳。
19 几败北山：建安二十四年（219），曹操与刘备争夺汉中，操自长安出斜谷，运米北山下，被赵云所败。

死潼(tóng)关[20],然后伪定一时[21]尔。况臣才弱,而欲以不危而定之,此臣之未解三也。

我才能微弱,却想不冒危险而平定天下,这是我不能理解的第三条。

曹操五攻昌霸[22]不下,四越巢湖[23]不成,任用李服[24]而李服图之,委任夏侯[25]而夏侯败亡。先帝每称操为能,犹有此失,况臣驽(nú)下,何能必胜?此臣之未解四也。

曹操五次攻打昌霸不能取胜,四次渡过巢湖与孙权交战不利,任用李服而李服图谋杀害他,委任夏侯渊镇守汉中而夏侯渊兵败身亡。先帝经常称赞曹操是个能人,可还有这些失误,何况我才能低下,怎么能够保证必胜呢?这是我不能理解的第四条。

自臣到汉中[26],中间期(jī)年耳,然丧赵云、阳群、马玉、阎芝、丁立、白寿、刘郃(hé)、邓铜等及曲(qū)长屯将[27]

自从我带兵到汉中,至今只有一整年的时间,可是已有赵云、阳群、马玉、阎芝、丁立、白寿、刘郃、邓铜等大将以及曲长屯将七十多

20 殆死潼关:曹操与马超交战,曹操自潼关北渡河,马超率领步骑万余人来攻,矢下如雨,曹操几乎丧命。
21 伪定一时:意指曹操暂时取得了政权。蜀汉自居正统,所以称曹为“伪”。
22 五攻昌霸:建安四年(199),东海昌霸背叛曹操,归服刘备,曹操遣刘岱、王忠讨伐,不克。
23 四越巢湖:魏以合肥为重镇,合肥东南有巢湖,曹操与孙权曾多次在这里作战。
24 李服:《通鉴》胡三省注认为李服当是王服之误。王服曾与董承等共同谋杀曹操。
25 夏侯:指夏侯渊。渊守汉中,在定军山被黄忠破杀。下文“夏侯授首”也指此事。
26 自臣到汉中:诸葛亮于蜀建兴五年(227)率军北驻汉中。
27 曲长屯将:军队中曲、屯的长官。曲,部曲,古代军队较小的编制。将军下有部,部下有曲,曲下有屯。

七十余人，突将无前[28]，賨(cóng)叟(sǒu)、青羌(qiāng)[29]散骑(qí)武骑(qí)一千余人，此皆数十年之内所纠合四方之精锐，非一州之所有；若复数年，则损三分之二也，当何以图敌？此臣之未解五也。

人战死了，还有冲锋在前的勇士及賨叟、青羌的骑兵一千多人，这都是几十年间从四方招集来的精锐，不是益州一州所能有的；如果再过几年，就会损失三分之二，到那个时候再凭什么谋图伐敌呢？这是我不能理解的第五条。

今民穷兵疲，而事不可息[30]；事不可息，则住与行劳费正等[31]，而不及早图之，欲以一州之地与贼持久，此臣之未解六也。

如今百姓穷困，兵士疲乏，但战事不能停息；战事不能停息，那么坐着等待敌人的进攻与主动出击敌人，两者所消耗的人力和物力是相等的，不及早图谋攻敌，想凭一州的地方，与贼长久相持，这是我不能理解的第六条。

夫(fú)难平[32]者，事也。昔先帝败军于楚[33]，当

难以预料的是事情的变化。从前先帝在楚地被曹操打败，当时，曹操得

28 突将无前：冲锋在前的勇将。
29 賨叟、青羌：西南地区的少数民族。
30 事不可息：战事不能停息。
31 住：指坐着等待敌人的进攻。行：指主动出击敌人。劳费：指消耗的人力物力。等：相等，一样。
32 平：衡量，这里是预测的意思。
33 “昔先帝”句：指建安十二年（207）刘备在当阳、长坂被曹操打败一事。

元 赵孟頫 《诸葛亮像》

此时，曹操拊(fǔ)手[34]，谓天下已[35]定。然后先帝东连吴、越[36]，西取巴、蜀(shǔ)[37]，举兵北征，夏侯授首，此操之失计而汉事将成也。

然后吴更(gèng)违盟[38]，关羽毁败，秭(zǐ)归蹉(cuō)跌(diē)[39]，曹丕(pī)称帝[40]。凡事如是，难可逆料。臣鞠(jū)躬尽瘁(cuì)[41]，死而后已，至于成败利钝，非臣之明所能逆睹也。

意地拍手，认为天下大局已定。可是后来先帝东面联合孙吴，西面攻取巴蜀，举兵北伐，夏侯渊被杀，这是曹操的失算，而复兴汉室的事业将要成功。

但后来孙权又违背了吴蜀盟约，偷袭荆州，关羽失败被杀，先帝又在秭归摔了跤，曹丕灭汉自称皇帝。大凡事情都是如此，难以预料。我只有小心谨慎地竭尽心力工作，到死了然后才停止，至于是成功还是失败，是顺利还是受挫折，不是我的眼光所能预先看到的。

34 拊手：拍手。形容得意之状。
35 已：别本作“以”。
36 东连吴、越：指建安十三年（208）孙刘联合大破曹兵于赤壁。
37 西取巴、蜀：指建安十九年（214）刘备打败刘璋夺取益州。
38 吴更违盟：建安二十四年（219），孙权违背吴蜀盟约，趁关羽北攻襄城的间隙，派吕蒙袭荆州，杀关羽。
39 秭归蹉跌：秭归，今湖北秭归。蹉跌，跌跤。蜀章武元年（221），刘备伐吴，次年，被吴将陆逊大破于夷陵（在今湖北宜昌西北），刘备逃到秭归，收残部回蜀。
40 曹丕称帝：曹丕在黄初元年（220）废汉献帝，自称帝号。
41 鞠躬：恭敬、谨慎的样子。尽瘁：一本作“尽力”。瘁，劳累。

卷之七　六朝唐文

陈情表

李密[1]

本文为李密写给晋武帝的奏章，主旨是为了奉养祖母而请求让他不出去做官。文中叙述了自己幼年的不幸遭遇，家中的孤苦情况和祖母对自己的辛勤抚养，详尽委曲地说明了自己屡次辞谢晋朝征召的原因，既表达了对晋朝皇帝的感激之情，又申述了终养祖母以尽孝道的决心。文章处处有根据，句句是实情，没有空洞之言，没有浮泛之语，合情合理，感人至深。据说晋武帝看了也受感动，不仅同意他的请求，而且赐给他奴婢两名，叫郡县供给他赡养祖母的费用。该文被认定为中国文学史上抒情文的代表作之一，有“读诸葛孔明《出师表》而不堕泪者，其人必不忠；读李令伯《陈情表》而不堕泪者，其人必不孝”的说法。

臣密言[2]:臣以险衅(xìn)[3],夙(sù)遭闵(mǐn)凶[4]。生孩六月,慈父见背[5];行年四岁,舅夺母志[6]。

下臣李密说:我因为命运险恶,罪孽深重,年幼时就遭到忧患和不幸。生下来才六个月,慈爱的父亲

1 李密（224—287）：字令伯，晋犍为武阳县人。以孝养祖母，闻名当时。他曾在三国时的蜀国做过尚书郎，晋灭蜀后，晋武帝司马炎又几次召他去做官，他都因祖母年高不去就职。祖母死后，才出来任太子洗马。

2 臣密言：这是臣民向皇帝上表的开头语。

3 险衅：灾难与祸患，指命运不好。

4 夙：早，指年幼时。闵：忧虑。

5 见背：相弃，背弃（指死亡）。

6 夺：强行改变。母志：母亲守节抚孤的志愿。

祖母刘，愍(mǐn)[7]臣孤弱，躬亲[8]抚养。臣少(shào)多疾病，九岁不行[9]，零丁[10]孤苦，至于成立[11]。既无叔伯，终鲜(xiǎn)[12]兄弟。门衰祚(zuò)薄(bó)[13]，晚有儿息[14]。外无期(jī)功强(qiǎng)近之亲[15]，内无应门五尺之童。茕(qióng)茕(qióng)孑(jié)立，形影相吊[16]。而刘夙婴[17]疾病，常在床蓐(rù)[18]。臣侍汤药，未尝废离[19]。

就去世了；刚刚长到四岁，舅舅就逼迫母亲改嫁。祖母刘氏可怜我孤单体弱，亲自来抚养我。我幼年时疾病多，九岁还不能走路，孤单困苦地生活，一直到长大成人。既没有伯伯叔叔，又没有哥哥弟弟。门庭衰败，福气微薄，年纪很大才有儿子。外面没有关系比较近的亲戚，家里没有看管门户的童仆。孤孤单单一个人，只有自己的身子和影子互相安慰。而祖母刘氏，早就疾病缠身，经常躺在床上。我侍奉汤药，从来没有停止、离开过。

7 愍：怜悯。
8 躬亲：亲自。
9 不行：不能行走。
10 零丁：孤独无依的样子。
11 成立：成人自立。
12 鲜：少；尽。
13 祚：福气。薄：少。
14 儿息：子嗣；儿子。息，子女。
15 期功：古代丧礼，凡为祖父母、伯叔父母、兄弟姐妹、妻子服丧一年，叫“期服”；凡为堂伯叔、堂兄弟等服丧九个月或五个月，叫“功服”。因此这里以“期功”代指伯叔兄弟姐妹以及堂伯叔、堂兄弟姐妹等比较近的亲属。强近：比较近。
16 吊：安慰。
17 婴：缠绕。
18 蓐：同“褥”，被褥。
19 废：废止。离：离开。

逮(dài)奉圣朝[20]，沐浴[21]清化。前太守臣逵(kuí)，察臣孝廉；[22]后刺史臣荣，举臣秀才。臣以供养无主[23]，辞不赴命。

等到侍奉圣明的当朝，受着清明政治教化的熏陶。前有太守逵推荐我为“孝廉”；后有刺史荣推荐我为“秀才”。我都因为无人供养祖母，辞谢没去就职。

诏书[24]特下，拜臣郎中[25]；寻蒙国恩[26]，除臣洗(xiǎn)马[27]。猥(wěi)[28]以微贱，当侍东宫[29]，非臣陨(yǔn)[30]首所能上报。臣具以表闻[31]，辞不就职。

您的诏书特地下来，授予我“郎中”的官职；不久又蒙受国恩，授给我“洗马”的职务。我这样微贱的人去侍奉太子，这不是我肝脑涂地所能报答的。我曾写了表章，一一上奏，辞谢不去就职。

诏书切峻(jùn)，责臣逋(bū)慢；[32]郡县逼迫，催臣上

现在诏书下来，急切严峻，责备我有意拖延，态度傲慢；郡县里的长官逼

20 逮：到。圣朝：圣明的朝代，这是对晋朝恭维的说法。
21 沐浴：本指洗脸洗澡，这里比喻受到熏陶。
22 察：考察和推荐。孝廉：和下面讲的“秀才”都是当时选拔官吏的科目。
23 无主：无人主持供养的事。
24 诏书：皇帝的命令。
25 拜：授予。郎中：官名，在晋代是各曹司的长官。
26 寻：不久。蒙：蒙受，得到。
27 除：授给（官职）。洗马：太子的侍从官。
28 猥：鄙。自称之辞。
29 东宫：太子所居的地方，借指太子。
30 陨：掉下。
31 具：全，都。闻：报告。
32 切峻：急切而严厉。逋：逃避。慢：轻慢。

道[33]；州司临门[34]，急于星火。臣欲奉诏奔驰，则以刘病日笃[35]；欲苟顺私情，则告诉[36]不许。臣之进退，实为狼狈。[37]

迫我动身；州官也上门来催，比星火还急。我本想遵奉诏书赶快上任，但是祖母刘氏的病一天比一天厉害；想暂且顺从个人的私情，报告诉说又得不到准许。我的处境，实在狼狈不堪啊！

伏惟[38]圣朝以孝治天下，凡在故老[39]，犹蒙矜[40]育，况臣孤苦，特为尤甚。且臣少事伪朝[41]，历职郎署[42]，本图宦[43]达，不矜[44]名节。

我想圣明的当朝是以孝治天下的，凡属年老的人，还蒙受悯恤养育，何况我的孤单苦楚更为厉害呢！况且，我年轻时在伪朝蜀国做过官，担任过尚书郎的职务，本来就希望仕途显达，并不重视名誉和节操。

今臣亡国贱俘[45]，至微至陋，过蒙拔擢[46]，

今天我是一个亡了国的卑贱俘虏，十分渺小，十分鄙陋，过分地蒙受

33 上道：上路，动身。
34 临门：来到家里。
35 笃：深厚。这里病笃指病重。
36 告诉：报告诉说。指陈诉苦衷。
37 进退：处境。狼狈：困难窘迫。
38 伏惟：敬语，表示恭敬恐惧的态度。
39 故老：本指年老多阅历的人，或年高有德的人。这里是指年老的人。
40 矜：怜悯。
41 伪朝：指三国的蜀汉。
42 郎署：郎官的衙署。
43 宦：做官。
44 矜：注重；重视。
45 亡国贱俘：李密原在蜀国做官，蜀被晋灭亡，故自称亡国贱俘。
46 过：过分地。拔擢：提拔。

宠命优渥(wò)，岂敢盘桓(pán huán)，有所希冀(jì)？[47] 但以刘日薄(bó)[48]西山，气息奄奄(yǎn yǎn)[49]，人命危浅[50]，朝不虑夕。

提拔，恩宠如此优厚，怎么还敢徘徊不前，另有非分的期望呢？只是因为祖母刘氏好像太阳迫近了西山，呼吸微弱，生命已经很危险短暂，早晨难以预料晚上。

臣无祖母，无以至今日；祖母无臣，无以终余年[51]。母孙二人，更(gēng)相为命[52]，是以区区不能废远[53]。臣密今年[54]四十有(yòu)四，祖母刘今年九十有(yòu)六。是臣尽节[55]于陛(bì)下之日长(cháng)，报刘之日短也。乌鸟[56]私情，愿乞终养。

我没有祖母，就无法活到今天；祖母没有我，也无法过完她剩下的岁月。祖母和孙儿两个，互相依靠维持生命，因此我内心确实不忍废弃供养而远离祖母。我李密现在的年纪是四十四岁，祖母刘氏现在的年纪是九十六岁。因此我为陛下效劳的日子还长，而报答刘氏的日子却是很有限了。乌鸦还有反哺其亲的私情，我恳求准许我把祖母奉养到去世。

47 盘桓：徘徊不前。希冀：企图。这里指非分的期望。
48 薄：迫近。
49 气息：呼吸。奄奄：微弱的样子。
50 危浅：危险短暂，不能长久。
51 终余年：过完晚年。
52 更相为命：互相依靠而维持彼此的生命。
53 是以：以是，因此。区区：内心，指诚恳的心意。
54 今年：现在的年龄。
55 尽节：尽臣子的节操，即为皇帝效劳。
56 乌鸟：乌鸦。据说乌鸦老了，小乌鸦会捕虫去喂养。

臣之辛苦[57]，非独蜀(shǔ)之人士及二州牧伯[58]所见明知，皇天后土[59]，实所共鉴[60]。

我的辛酸苦楚，不单是蜀地的人士和两个州牧看见知道，天地神明也确确实实都看得清楚。

愿陛下矜愍(jīn mǐn)[61]愚诚，听臣微志。庶[62]刘侥幸，卒保余年。臣生当陨(yǔn)首，死当结草[63]。臣不胜犬马怖(bù)惧之情，谨拜表以闻。

希望陛下同情和怜悯我的诚心，满足我微小的愿望。或许我的祖母刘氏能够侥幸地享尽余下来的天年。这样，我生在世上当拼命效力，死在地下当结草报恩。我有说不尽的像犬马一样恐惧的心情，恭恭敬敬地呈上这份奏章向您报告。

57 辛苦：辛酸苦楚。

58 牧伯：古代称一州的长官为牧，又称方伯。

59 皇天后土：指天和地。

60 鉴：详细了解。

61 矜愍：同情。

62 庶：副词，表示希望或可能。

63 结草：春秋时，魏武子病，嘱咐儿子魏颗说，自己死后要把最心爱的妾嫁出去，病危时又说要把她殉葬。武子死后，魏颗没有把父妾殉葬，而是遵照他父亲神志清醒时的嘱咐把她嫁了出去。后来魏颗和秦将杜回作战，见一老人用草绳绊倒杜回，因而捉住了杜回。夜晚魏颗梦见那老人自称是魏武子妾的父亲，结草绊倒杜回是为报答不叫他女儿殉葬的恩德。

清 丁观鹏《临元人四季图卷》（局部）

兰亭集序

王羲之[1]

晋穆帝永和九年（353），时任会稽内史的王羲之与友人谢安、孙绰等四十余人在兰亭举行了一次著名的诗酒集会，与会者临流赋诗，各抒怀抱。王羲之将这些诗赋辑成一集，并作序一篇。这篇序文就是《兰亭集序》。

本文通篇着眼“死生”二字，在一定程度上批判了当时盛行的“一死生”“齐彭殇”的老庄哲学观点，于悲伤感慨中透露出对生活的热爱。

永和九年[2]，岁在癸(guǐ)丑[3]，暮春之初[4]，会于会稽(kuài jī)山阴之兰亭[5]，修禊(xì)[6]事也。

群贤毕至，少长咸集。此地有崇山峻岭，茂林修竹，

永和九年，正值癸丑，晚春三月初，友人们在会稽山阴县的兰亭聚会，到水边嬉游，除去不祥。

众多的贤士都到了，老老少少都聚集在一起。这地方有高山

1 王羲之（321—379）：字逸少，东晋著名的书法家，后代称为“书圣”。

2 永和九年：公元353年。永和，晋穆帝年号。

3 岁在癸丑：这年按干支纪年属于癸丑年。

4 暮春之初：具体指三月上巳（sì）日。

5 会稽：郡名，郡治设在山阴（今浙江绍兴）。兰亭：在今绍兴西南二十七里的兰渚山麓。

6 修禊：古代习俗，在三月上巳（魏以后始固定为三月三日），到水边嬉游，以消除不祥，叫修禊。

又有清流激湍(tuān)[7]，映带[8]左右，引以为流觞(shāng)[9]曲(qū)水。列坐其次[10]，虽无丝竹管弦之盛，一觞一咏[11]，亦足以畅叙幽情[12]。

大岭，茂盛的树木，修长的竹子，还有清水急流，交相辉映，环绕兰亭两侧，我们用溪流作为漂酒杯用的曲水。大家在曲水旁边排列就座，虽然没有琴瑟箫笛演奏的繁盛场面，但饮酒几杯，赋诗几首，也足以欢畅地表述幽雅的情意。

是日也，天朗气清，惠风和畅，仰观宇宙之大，俯察品类[13]之盛，所以游目骋(chěng)怀[14]，足以极视听之娱，信可乐也。

这天天气晴朗，和风舒适，抬头纵观天地的广阔，低头审察万物的繁多，借以放开眼界，舒畅胸怀，能尽情地享受眼观和耳听的乐趣，真是高兴啊！

夫人之相与[15]，俯仰[16]一世。或取诸怀抱[17]，晤(wù)言[18]一室之内；

人们聚居在天地间，互相往来，度过一生。有的倾吐胸中抱负，在室内对面畅谈；有的把思想感情寄托在爱

7 激湍：流势急猛。
8 映带：景物互相衬托，彼此相连。
9 流觞：把漆制酒杯盛酒放在曲水上，循流而下，杯子停在某人面前，某人就取杯饮酒，称为流觞。
10 列坐其次：在曲水边依次就座。次，处所，地方。
11 一觞一咏：指饮酒和咏诗。
12 幽情：深远的感情。
13 品类：指天地万物。
14 游目：放眼观看，即随意观望。骋怀：开畅胸怀。骋，奔驰，放任。
15 相与：互相生活在一起。
16 俯仰：低头和抬头。这里有交往的意思。
17 怀抱：思想，抱负。
18 晤言：对面谈话。

或因寄所托，放浪形骸(hái)之外。虽取舍(shě)万殊，静躁(zào)[19]不同，当其欣于所遇，暂得于己，快然自足，曾不知老之将至。

好的事情上，不受约束，放纵游乐。虽然人们爱好或厌弃的千差万别，安静或急躁各不相同，但当他们对于所接触的事情感到高兴，自己所需要的暂时得到了，欢快地感到满足的时候，竟然忘记了衰老即将到来。

及其所之既倦[20]，情随事迁，感慨系(xì)之矣。向之所欣，俯仰之间[21]，已为陈迹，犹不能不以之兴怀[22]。况修短随化[23]，终期于尽。古人云："死生亦大矣。"[24]岂不痛哉！

等到对于向往的东西已经厌倦，情绪随着事物和环境的变迁而改变，就产生感慨了。原先高兴的，转眼之间成为过往的遗迹，还不能不因为它而激起心中的感触。又何况人生的长短，完全听凭造化安排，终归要走到尽头。古人说："生死也是人生大事啊。"难道不令人悲痛吗？

每览昔人兴感之由，若合一契(qì)[25]。未尝

我每次观察古人发生感慨的原因，往往像符契一样相合。面对古人那些文

19 静躁：指性情的安静和急躁。静，指"晤言一室之内"；躁，指"放浪形骸之外"。
20 所之既倦：对于追求的东西已经厌倦。
21 俯仰之间：低头抬头之间，形容时间极短。
22 以之兴怀：因它而心中引起感触。
23 化：造化。
24 死生亦大矣：语出《庄子·德充符》。
25 契：古代一种合同文书，左右二份，中间切断，双方各执其一，作为凭信。后人常以契比喻极相符合。

明 仇英《兰亭图》

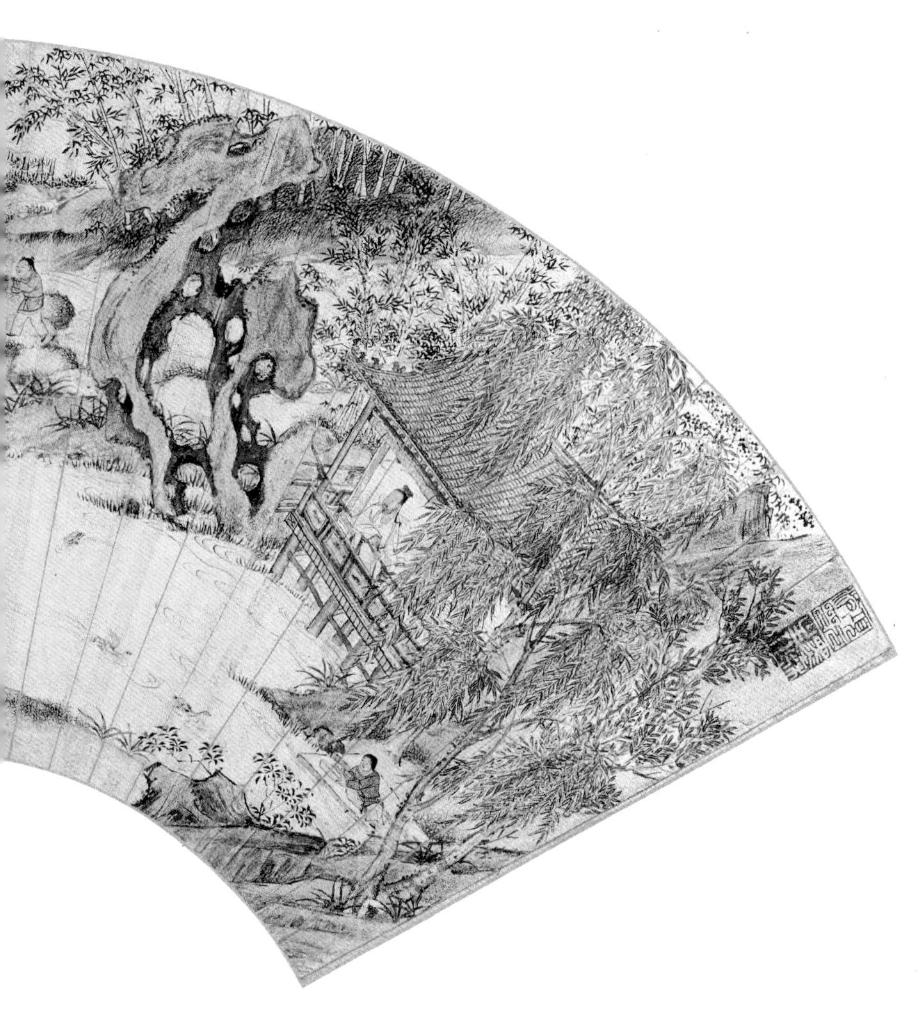

不临文嗟悼（jiē dào），不能喻之于怀[26]。固知一死生为虚诞（dàn），齐彭殇（shāng）为妄作。[27]后之视今，亦犹今之视昔。悲夫！故列叙时人，录其所述。虽世殊事异，所以兴怀，其致[28]一也。后之览者，亦将有感于斯文。

章我总是感叹悲伤，我自己心里也不明白是什么原因。本来知道把死和生看成一样是虚妄荒诞的，把长寿和短命等同起来是胡说八道。后代的人看现在，如同我们看过去。真是可悲啊！所以逐一记下此时参加兰亭集会的人，抄录他们所作的诗赋。即使将来与现在时代不同，世事有别，但是人们产生感慨的情致是一样的。后世的读者，也将对这些诗文有所感慨。

26 喻之于怀：从心里理解明白它。

27 一、齐：均作动词，是看成一样、视为等同的意思。彭：指彭祖，传说他活了八百岁。殇：未成年而死。

28 致：情致。

归去来辞

陶渊明[1]

本文是晋宋之际文学家陶渊明创作的抒情小赋，也是一篇脱离仕途回归田园的宣言。文章叙述了他弃官归田时一路上的心情，回家后的生活情趣和感受，表达了作者不愿违心混迹官场，热爱田园隐逸生活的情操。作者通过描写具体的景物和活动，创造出一种闲适宁静、乐天自在的意境，从中表达和寄托了他的生活理想。

归去来[2]兮(xī)，田园将芜(wú)，胡不归！既自以心为形役[3]，奚惆(chóu)怅(chàng)而独悲！悟已往之不谏(jiàn)[4]，知来者之可追。实迷途其未远，觉今是而昨非。

回去吧，田园快要荒芜了，为什么不回去！既然自己使心灵受形体的奴役，为什么还失意而独自伤悲！明白过去的事已不能改正，知道将来的事还可以挽回。实在是走入迷途还不远，觉悟到今天辞官的正确和过去的不对。

1 陶渊明（365—427）：一名潜，字元亮，浔阳柴桑（今江西九江西南）人，做过江州祭酒、镇军参军、彭泽令等小官。他生当晋、宋易代之际，政治腐败，门阀制度森严，他对此极为不满，四十一岁时即弃官归隐田园，躬耕终生。死后，友人私谥为“靖节”，世称靖节先生。

2 归去来：归去之意。来，语气词。

3 心为形役：心灵受形体的奴役。指违背自己的心愿去做官。形，形体。

4 谏：劝止。这里是挽回的意思。

舟摇摇以轻扬[5]，风飘飘而吹衣。问征夫以前路，恨晨光之熹(xī)微[6]。乃瞻(zhān)衡宇[7]，载[8]欣载奔。僮仆欢迎，稚(zhì)子候(hòu)门。三径[9]就荒，松菊犹存。携幼入室，有酒盈樽(zūn)。

小船荡漾着轻快地前进，清风飘飘地吹拂着衣襟。向行人探问前面的道路，恨清晨天色还只是微明。远远地望见了自己的简陋屋宇，高兴得直向前奔。仆人们欢欢喜喜出来迎接，孩子们等候在屋门。院子里的小路已快要荒芜，松树和菊花却还保存。携着孩子走进屋里，有酒满满的一樽。

引壶觞(shāng)以自酌(zhuó)，眄(miǎn)庭柯(kē)以怡颜[10]。倚南窗以寄傲，审容膝[11]之易安。园日涉以成趣，门虽设而常关。策扶老以流憩(qì)[12]，时矫(jiǎo)首而遐(xiá)观[13]。云无心以

拿起酒壶酒杯自斟自饮，斜望着庭中树木而脸色欢欣。靠着南窗寄托傲然自得的心境，深知住在仅能容膝的小屋容易安身。园子里每天走一走很有趣味，屋子虽然有门却常常关紧。拄着拐杖悠闲地散步，不时抬头自由地望远。云气自然地从山峰冒起，鸟

5 轻扬：形容船在水面上很轻快地前进。
6 熹微：天色微明。
7 衡宇：横木为门的简陋房屋。衡，横。
8 载：又，且。语气词。
9 三径：庭院里的小路。西汉末年，王莽篡夺政权，蒋诩免官回家，在院子里的竹林下开了三条小路，只同几个高雅的人往来。
10 眄：斜视。这里指随意浏览。柯：树枝。
11 容膝：形容屋子狭小，仅能容纳两膝。
12 策：拄着。扶老：拐杖。流憩：随时随地休息。
13 矫首：举首，抬头。遐观：远望。

出岫(xiù)[14]，鸟倦飞而知还。景翳翳(yì yì)以将入[15]，抚孤松而盘桓(huán)[16]。

飞累了也知道回还。日色昏暗太阳快要落山了，我抚摩着孤松徘徊流连。

归去来兮，请息交以绝游。世与我而相遗[17]，复驾言兮焉求[18]！悦亲戚之情话，乐琴书以消忧。农人告余以春及，将有事于西畴(chóu)[19]。或命巾车[20]，或棹(zhào)[21]孤舟。既窈窕(yǎo tiǎo)[22]以寻壑(hè)，亦崎岖而经丘。木欣欣以向荣，泉涓涓而始流。羡万物之得时，感吾生之行休。

回去吧，请让我同外人断绝交游。这世道同我的意愿不合，我还驾着车出去追求什么！亲戚们谈的知心话使我高兴，又从弹琴读书中寻求快乐来解除忧愁。农夫们告诉我春天来到了，该去耕种西边的田亩。有时坐着有帷幕的小车，有时独自划了一叶小舟。既弯弯曲曲地去访寻山谷，又高高下下地走过山丘。树木生机勃勃地发荣滋长，泉水从源头细细地往下流淌。羡慕那万物正得其时，感叹自己的生命行将走到尽头。

14 岫：山峰。
15 景：日光。翳翳：昏暗的样子。
16 盘桓：徘徊，流连。
17 相遗：相弃。形容自己不合世俗。
18 驾：驾车。言：语助词。
19 畴：田地。
20 巾车：有帷幕的车子。
21 棹：船桨。这里用作动词，划船。
22 窈窕：山水幽深曲折的样子。

元 赵孟頫《画渊明归去来辞图》（局部）

已矣乎！寓形宇内复几时，曷(hé)不委心任去留？胡为遑遑(huáng huáng)欲何之？富贵非吾愿，帝乡[23]不可期。怀良辰以孤往，或植杖而耘耔(yún zǐ)[24]。登东皋(gāo)以舒啸[25]，临清流而赋诗。聊乘化以归尽，乐夫天命复奚疑！

算了吧！形体寄托在天地间还能有几时，何不随着自己的心愿任情行动？为什么这样急急忙忙，还想到哪里去？富贵不是我的愿望，仙境也没有希望追寻。爱惜这美好的时光独自出去游玩，或者把手杖插在田中操劳农事。爬上东边的山岗放声长啸，走到清澈的溪边吟诗。姑且遵循着万物的自然变化走到生命的尽头，乐于顺从天命还有什么怀疑！

23 帝乡：天帝所住的地方，即仙境。
24 植杖：把拐杖竖在一边。耘：除草。耔：培苗。
25 皋：水边高地；山岗。舒啸：舒气长啸。

桃花源记

陶渊明

本文借武陵渔人行踪这一线索，把现实和理想境界联系起来，描绘了作者向往的世外桃源，也表达了对当时社会黑暗现实的不满和否定。文章以白描的手法生动地描述了桃花源的美丽图景，曲折新奇，首尾完整，层次明晰，语言精妙。

晋太原[1]中，武陵[2]人捕鱼为业。缘[3]溪行，忘路之远近。忽逢桃花林，夹(jiā)岸数百步，中无杂树，芳草鲜美，落英缤纷[4]。渔人甚异之。复前行，欲穷其林。林尽水源，便得一山。山有小口，仿佛若有光。便舍(shě)船，从口入。

晋朝太元年间，有个武陵人靠捕鱼为生。一次，他沿溪划船而上，忘记了路程远近。忽然碰上一片桃花林，夹着山溪两岸，绵延几百步，当中没有一棵杂树，芳香的青草鲜嫩美丽，初开的花朵盛密繁多。渔人很惊异。他再向前划去，想走尽那片桃林。桃林尽处，正是溪水的源头，于是看到一座山崖。那山崖下面有个小洞，隐隐约约像有亮光。渔人离船上岸，从洞口摸进去。

1 太原：应作“太元”。东晋孝武帝司马曜（yào）的年号（376—396）。
2 武陵：郡名，治所在今湖南常德。
3 缘：沿。
4 落英：初开的花。一说为“落花”。缤纷：繁多的样子。

初极狭（xiá），才通人[5]。复行数十步，豁（huò）然开朗。土地平旷，屋舍俨（yǎn）然[6]，有良田、美池、桑竹之属[7]。阡陌（qiān mò）[8]交通，鸡犬相闻。其中往来种作，男女衣着（zhuó），悉如外人。黄发垂髫（tiáo）[9]，并怡然自乐。

洞口起初极狭窄，仅能容一人行走。走了几十步，豁然开朗。只见那地面平坦宽广，房屋整齐分明，有肥沃的田地，幽美的池塘，桑树、竹林之类。田间小路交错相通，鸡鸣狗叫此起彼伏。里面人们来来往往，耕种操作，男女穿着，完全和外边的人一样。老人和小孩个个无忧无虑，欢乐愉快。

见渔人，乃大惊，问所从来，具答之。便要（yāo）[10]还家，设酒杀鸡作食。村中闻有此人，咸来问讯。自云先世[11]避秦时乱，率妻子邑（yì）人[12]来此绝境，不复出焉，遂与外

他们看到渔人，觉得十分惊讶，问他从哪里来的，渔人一一作了回答。就有人邀请渔人到家里去，摆酒、杀鸡、做饭招待他。村子里的人听说来了这么个客人，都赶来探问消息。他们自己说祖先躲避秦时祸乱，率领妻子儿女和乡邻们来到这块与世隔绝的

5 才通人：仅能容一人行走。
6 俨然：整齐的样子。
7 属：类。
8 阡陌：田间小路。
9 黄发：指老人。据说年老了头发白后转黄。垂髫：指小孩。小孩头上下垂的短发叫髫。
10 要：同“邀”。
11 先世：前代祖先。
12 邑人：同乡人。

人间隔(jiàn)[13]。问今是何世，乃不知有汉，无论魏晋。此人一一为具言所闻，皆叹惋。余人各复延至其家，皆出酒食。停数日，辞去。此中人语云："不足为外人道也。"

既出，得其船，便扶[14]向路，处处志[15]之。及郡下[16]，诣(yì)[17]太守，说如此。太守即遣人随其往，寻向所志，遂迷，不复得路。

南阳刘子骥(jì)[18]，高尚士也，闻之，欣

地方，没有再出去，和外边的人断了来往。他们问渔人现今是什么朝代，他们这些人竟然不知道有个汉代，更不必说三国、晋朝了。渔人把听到的一桩一件地给他们说了，他们听到这些，都惊叹惋惜。其余的人又各自邀请渔人到自己家里去，拿出酒菜饭食招待他。渔人逗留了几天，才辞别离开。这里的人告诉他说："用不着向外边的人讲起啊。"

渔人出了洞，找到了他的小船，就沿着原先的来路，一处处做上标志。到了武陵郡城，便去拜见太守，说了自己所经历的一切。太守马上派人跟着他去寻找先前做的标志，竟然迷失了方向，再也找不到原来的路径。

南阳有个刘子骥，是位清高的隐士，听到这消息，很高兴地亲自去寻找桃花

13 间隔：隔离而不相往来。
14 扶：沿着。
15 志：用作动词，做标记。
16 郡下：指武陵城下。
17 诣：往见。
18 南阳：郡名，治所在今河南南阳。刘子骥：晋代隐士。

然亲往[19]，未果，寻病终。后遂无问津[20]者。

源，没有找到，不久生病去世。从此以后，就不再有探寻桃花源的人了。

明 石锐 《桃源图》

19 亲往：一本作“规往”。
20 问津：原意是问渡口，这里引申为访求、寻找的意思。

五柳先生传

陶渊明

本文是陶渊明代表作之一，是一种自传体散文。文中表明了其三大志趣，一是读书，二是饮酒，三是写文章，塑造了一个真实的自我，表现了卓然不群的高尚品格，透露出强烈的人格个性之美。

先生不知何许人也，亦不详其姓字。宅边有五柳树，因以为号焉。闲静少言，不慕荣利。好读书，不求甚解，每有会意，便欣然忘食。性嗜(shì)[1]酒，家贫不能常得。亲旧知其如此，或置酒而招之。造饮辄(zhé)尽[2]，期[3]在必醉；既醉而退，曾(zēng)不吝情去

先生不知道是什么地方人，也不知道他的姓名。他屋旁有五棵柳树，就用“五柳”作他的名号了。先生安闲文静，沉默寡言，不慕荣誉，也不追逐利禄。爱好读书，而不怎么讲究对于字句的理解，往往对书中意义有所体会，便高兴得忘记吃饭。他生来爱喝酒，但家中贫穷，不能经常弄到。亲朋旧友知道他这样，有的便备酒请他去喝。他一去就要喝个痛快，图个大醉；醉了就回家，一点也不留恋。住处只有四堵墙壁，

1 嗜：爱好。
2 造：往，去。辄：总是。
3 期：希望，要求。

留[4]。环堵[5]萧然，不蔽风日；短褐穿结[6]，箪(dān)瓢屡(lǚ)空[7]，晏(yàn)如[8]也。常著文章自娱，颇示己志。忘怀得失，以此自终。

空空荡荡，不能遮蔽阳光风雨；穿着粗布短衣，还有破洞打结的地方，缺吃少喝，篮子和瓢里往往什么也没有，先生却安然自在。他常常作文自乐，很能表达自己的志趣。他忘记了世俗得失，用这种超然世外的态度度过一生。

赞[9]曰：黔娄(qián lóu)[10]有言，不戚戚(qī qī)[11]于贫贱，不汲汲(jí jí)[12]于富贵。其言兹若人之俦(chóu)[13]乎？衔觞(shāng)[14]赋诗，以乐其志，无怀氏之民欤(yú)？葛天氏之民欤(yú)？[15]

评赞说：黔娄说过，不因贫贱而忧伤，不为富贵而奔走。说的就是五柳先生这一类人物吧！他饮酒赋诗，使心灵得到娱乐，是像古朴淳厚的无怀氏时代的人呢，还是像葛天氏时代的人呢？

4 去留：复词偏义，即去，离开。
5 环堵：房屋四壁。
6 褐：粗布短衣。穿：破。结：打结，缝补。
7 箪：用苇、竹编制的放置食物的器具。瓢：舀水的器具。此处是说饮食不足。
8 晏如：安然自在。
9 赞：赞语。
10 黔娄：春秋时鲁国人，不求仕进，屡次拒绝诸侯的招聘。
11 戚戚：忧虑貌。
12 汲汲：力求貌。
13 俦：类。
14 衔觞：饮酒。觞，酒杯。
15 无怀氏、葛天氏：都是传说中的上古帝王。

宋 佚名《柳阴高士图》（局部）

北山移文

孔稚珪[1]

移文，是一种与檄文相似的文体，多用于晓喻或责备。北山，又名钟山，即今南京紫金山。本文用拟人手法，假托钟山写移文，以讽刺贪图高官厚禄的假隐士。文章从表彰真隐士开始，树立榜样，接着点出假隐士周颙的名，把他隐居时和出仕后判若两人的行为作了鲜明对比，层层揭露其虚伪，描绘其丑恶。

钟山之英[2]，草堂[3]之灵，驰烟驿(yì)路[4]，勒移山庭[5]。

北山的精英，草堂的神灵，在驿道上腾云驾雾地驱驰，要把这篇移文刻在山前。

夫以耿(gěng)介拔(fú)俗之标[6]，潇洒出尘之想，度(duó)[7]白雪以方洁，干[8]青云而

那真正的隐士具有正直的仪表，潇洒清高的志向，和白雪相比正好一样洁白，超出青云直上九霄，这种人

1 孔稚珪（447—501）：字德璋，会稽山阴（今浙江绍兴）人。曾任太子詹事等职。好诗文，能饮酒，不乐世务，爱好山水自然。
2 钟山：即今南京紫金山。因在建康城北，又叫北山。英：精灵。此处指山神。
3 草堂：周颙在钟山隐居的屋舍。
4 驰烟：驱使着烟雾。驿路：即驿道，为传递公文而开辟的大道。
5 勒：刻。庭：堂阶前，这里指山前。
6 耿介：正直不苟。拔俗：与下句“出尘”都有“超脱出世”的意思。标：风度。
7 度：度量。
8 干：犯，凌驾。

直上，吾方知之矣。若其亭亭物表[9]，皎(jiǎo)皎(jiǎo)霞外，芥(jiè)千金[10]而不盼，屣(xǐ)万乘(shèng)其如脱[11]；闻凤吹于洛浦(pǔ)[12]，值薪歌于延濑(lài)[13]，固亦有焉。

岂期终始参(cēn)差(cī)[14]，苍黄反覆[15]，泪翟(dí)子之悲，恸(tòng)朱公之哭。[16]乍(zhà)回迹以心染[17]，或先贞而后黩(dú)[18]，何其谬(miù)哉！呜

我是很仰慕了解的。至于另一种人，他们独立在世俗之外，品格高洁得像云霞一般，把千金看成草芥，不屑一顾，抛弃万乘的高位，就好像脱掉一双草鞋；洛水旁可以听到他们吹奏像凤凰鸣叫一样的乐曲，延陵水边可以遇上他们唱着樵歌，这种人也是有的啊！

哪里想到另有一种人，始终不一，变化莫测，无怪乎白丝可青可黄，使墨子为它流泪；岔路可南可北，叫杨朱为它恸哭。这些人虽然暂时隐居山林，却染上了世俗的毛病，开始洁身自好，后来却同流合污，是多么荒谬啊！唉！尚子平不在人世，仲

9 若其：至于。亭亭：高耸挺立的样子。
10 芥：小草，这里用作动词，是轻视的意思。“芥千金”，即把千金当作小草。
11 屣：草鞋，用法同“芥”。万乘：万辆兵车，借指皇帝之位。这句用尧让天下于舜的故事。
12 “闻凤”句：意思说这种人耳听仙乐，与仙人同游。
13 “值薪歌”句：意思说这种人与高士往来，不以富贵为念。薪歌，打柴人唱的歌。延濑，延陵水边。
14 参差：长短不齐，这里指前后不一。
15 苍黄反覆：青色和黄色变化无常。
16 翟子：指墨翟。朱公：指杨朱。
17 乍：暂时。回迹：躲避形迹，指隐居。染：指为世俗熏染。
18 贞：正直，洁白。黩：污浊。

呼！尚生[19]不存，仲氏[20]既往，山阿(ē)寂寥(liáo)，千载谁赏！

长统已经死了，山林寂寞冷落，千年以来，谁人赏识？

世有周子[21]，俊俗[22]之士，既文既博，亦玄[23]亦史。然而学遁(dùn)东鲁[24]，习隐南郭[25]；窃吹草堂[26]，滥巾北岳[27]；诱我松桂，欺我云壑(hè)[28]。虽假容于江皋(gāo)[29]，乃缨[30]情于好(hǎo)爵。

现在有个姓周的人，是俗人中的俊杰，能文博学，通晓老庄之道，也了解历史源流。于是他学着颜阖遁世避俗，仿效南郭子綦那样坐以忘身；在草堂冒充隐士，滥竽充数，在北山随便穿戴隐士的衣服头巾；诱惑我的松林桂树，欺骗我的彩霞沟壑。他虽然装模作样，身在隐居，内心却向往高官厚禄。

其始至也[31]，将欲排[32]巢父，拉[33]许由，傲

他刚到北山的时候，自命清高，要胜过巢父、许由，傲视诸子百家，蔑

19 尚生：尚子平，东汉初年隐士。
20 仲氏：仲长统。
21 周子：指周颙。
22 俊俗：高出一般人。
23 玄：即玄学，指魏晋时期的一种思潮，是以老、庄为主要研究对象的哲学派别。
24 东鲁：指鲁国的颜阖（hé）。
25 南郭：指南郭子綦（qí）。
26 窃吹草堂：这里借用南郭先生滥竽充数的典故，说明周子是伪装的隐士。
27 滥：失实。巾：隐者的头巾。北岳：即北山。
28 壑：山沟。
29 江皋：江边高地，这里泛指隐者所居。
30 缨：系。
31 其始至也：周颙刚到北山的时候。
32 排：排斥，超过。
33 拉：结交，或作拉下。

百氏[34]，蔑王侯，风情张(zhàng)日[35]，霜气横秋[36]。

视将相王侯，那风度情致，遮天蔽日，气概凛冽，比秋霜还要威严。

或叹幽人[37]长往，或怨王孙不游[38]。谈空空[39]于释部，核玄玄[40]于道流。务光[41]何足比，涓(juān)子不能俦(chóu)[42]。

他有时感叹隐者长去不归，有时埋怨贵族公子贪恋富贵不来隐居。他按照佛经，大讲空空的佛教义理；钻研《老子》《庄子》，寻究道家的微言大义。务光哪能和他相比，涓子更不能与他同列。

及其鸣驺(zōu)[43]入谷，鹤书[44]赴陇，形驰魄散，志变神动。尔乃眉轩席次[45]，袂(mèi)耸筵上[46]，焚芰(jì)制[47]而裂荷衣，抗

等到那皇帝的使者驾着车马进入山谷，皇帝征召的诏书送到山中，他便受宠若惊，神情恍惚。于是就在征召的筵席上，眉飞袖举，手舞足蹈，烧掉芰裳，撕破荷衣，完全显出尘世的仪容，表

34 傲百氏：傲视诸子百家。
35 风情：风度情致。张：这里有遮住的意思。
36 霜气：严肃如霜的神气。横：充满。
37 幽人：隐士。
38 游：指游于山林之间，即避世。
39 空空：佛家语。佛教认为一切都空。
40 玄玄：道家语。道家用“玄之又玄”形容道的微妙。
41 务光：《列仙传》说，商汤得天下后，想把帝位让给务光，务光赶紧逃跑隐居。
42 涓子：古代高士。俦：匹敌。
43 鸣驺：指征召周颙的使者所乘的车马。驺，即驺从（zòng），古代达官贵人出行时前后侍从的骑卒。
44 鹤书：指征召的诏书。
45 尔乃：这就。轩：高扬。
46 袂：衣袖。耸：高举。
47 芰制：用菱叶做的衣裳。比喻隐者的服饰。

尘容而走俗状[48]。风云凄其带愤，石泉咽(yè)而下怆(chuàng)[49]。望林峦(luán)而有失，顾草木而如丧。

现出世俗的举动。北山的风云因此哀痛愤恨，石上的流泉也呜咽悲伤。只见那树林山岗、花草树木都若有所失。

至其纽(niǔ)金章[50]，绾(wǎn)墨绶(shòu)[51]，跨属城之雄[52]，冠百里[53]之首，张英风于海甸(diàn)[54]，驰妙誉于浙右[55]。道帙(zhì)长摈(bìn)[56]，法筵(yán)[57]久埋，敲扑喧嚣犯其虑[58]，牒(dié)诉倥偬(kǒngzǒng)装其怀[59]。

等到周颙挂上县令的铜印，系上黑色的绶带，他便占据一郡中最大的一县，成了各县县令中的头面人物，英豪气概充满了滨海地区，美好的官声传遍了浙江的东边。于是，道家的书久久抛弃不用，讲佛法的坐席也被尘土封埋，鞭打刑讯的喧嚣扰乱着他的心思，忙碌的公文诉讼装满了他的胸怀。

琴歌既断，酒赋

他已经放弃抚琴高歌，也断绝饮

48 抗：高举，显现出。尘容：世俗的仪容。走：驰赴，实行。俗状：世俗的状态。
49 怆：悲伤的样子。
50 纽：系。金章：铜印。
51 绾：系。墨绶：挂印用的黑色丝带。
52 跨：超越，占据。属城：指一个郡下面所属的各县。雄：长。
53 百里：县。汉制，县大约纵横百里。
54 张：张大。海甸：滨海地区，这里指海盐县。
55 妙誉：美好的声誉。浙右：浙水东面。
56 道帙：道家的书。帙，书套。摈：抛弃。
57 法筵：讲法的坐席。
58 敲扑：鞭打。虑：心思。
59 牒诉：文书及诉讼。倥偬：繁忙。

无续。[60]常绸缪(chóu móu)于结课[61]，每纷纶(lún)于折狱[62]。笼张、赵于往图[63]，架卓、鲁于前录[64]。希踪三辅豪[65]，驰声九州牧[66]。

使其高霞孤映，明月独举，青松落荫，白云谁侣？[67]涧户摧绝无与归[68]，石径荒凉徒延伫(zhù)[69]。至于还飙(xuán biāo)[70]入幕，写(xiè)雾出楹(yíng)[71]。蕙(huì)帐[72]空兮夜鹤怨，山人[73]去兮晓猿

酒赋诗。常常纠缠于应付考课杂事，每每忙碌于处理诉讼案件。他还想获取比西汉张敞、赵广汉更大的名声，要超越东汉卓茂、鲁恭两人的功绩。他想追踪三辅有名的能吏，让名声在九州官吏之间远传。

他使得云霞明月没人玩赏，青松白云无人做伴。岩穴崩塌，没人回来；石径荒凉，白白地等待。以至于回风吹入帐幕，云雾吐出堂前。蕙帐空了，深夜白鹤哀怨；人离开了，清晨猿猴惊叫。从前只听说有人弃

60 琴歌、酒赋：皆借指隐士高雅的生活。
61 绸缪：纠缠。结课：考核政绩功过，以定升贬。
62 纷纶：多而乱的样子。折狱：判决诉讼案件。
63 笼：包括。张、赵：指汉代的张敞和赵广汉，两人都是当时闻名的能吏。往图：与下文“前录”，都指过去的记载。
64 架：超越。卓、鲁：指东汉的卓茂和鲁恭。两人都做过县令，很有政绩。
65 希踪：仰慕前贤的踪迹。三辅豪：三辅当中出众的官吏。三辅，汉代将京城附近分成京兆、左冯翊、右扶风，以辅卫京城，称为三辅。
66 驰声：扬名。九州牧：管理九州的地方官长。这里指全国各地方行政长官。
67 “使其”四句：是说周颙离开北山以后，山间景物寂然，云霞明月无人赏玩，青松白云无人相伴。
68 涧户：岩穴。摧绝：崩塌，破坏。
69 徒：空，白白地。延伫：久立等候。
70 还飙：回风。
71 写：同“泻”，吐。楹：堂前的柱子。
72 蕙帐：用蕙做成的帐。蕙，一种香草。
73 山人：隐士，这里指周颙。

惊。昔闻投簪(zān)逸海岸[74]，今见解兰缚(fù)尘缨[75]。

官到海边隐居，今天却见到周颙解去兰佩走上仕途！

于是南岳献嘲，北陇(lǒng)腾笑，列壑(hè)争讥，攒(cuán)峰竦(sǒng)诮(qiào)[76]。慨(kǎi)游子[77]之我欺，悲无人以赴吊[78]。故其林惭无尽，涧(jiàn)愧不歇，秋桂遣[79]风，春萝摆月[80]。骋(chěng)西山之逸议[81]，驰东皋(gāo)之素谒(yè)[82]。

于是南山诸峰送来嘲讽，北边群山传递哄笑，周围的沟壑争相讥刺，聚集的山峰严肃地指责。它们慨叹周颙欺我北山，悲愤无人前来劝慰。所以，山林石涧惭愧不尽，桂花在秋风中飘落，女萝在月下摇头。彼此传播着伯夷叔齐不食周粟的佳话，宣扬着东皋隐者纯朴安贫的品德。

今又促装下邑[83]，浪栧(yì)上京[84]。虽情投于魏阙(què)[85]，或假步于山

今天周颙又在赶紧整顿行装，离开海盐县，行船赶赴建业京城。他虽心向官场，但还想路过北山。哪能让

74 投簪：指弃官隐居。簪，贵人的冠饰。逸：隐遁。
75 解兰：指放弃隐居的生活。兰，指用兰做的佩饰，为隐士所佩。缚尘缨：指走上仕途。尘，尘世，官场。缨，系冠的带子。
76 攒峰：聚集在一起的山峰。竦：伸长脖子、提起脚跟站着。诮：指责。
77 游子：离家远游的人。这里指周颙。
78 吊：慰问。
79 遣：另本作“遗”。
80 萝：女萝。摆月：在月下摇动。
81 骋：和下文的“驰”都是传扬的意思。西山：即首阳山，伯夷、叔齐隐居的地方。
82 东皋：东边近水的耕地，阮籍、陶渊明的文章都提到过。素谒：心地纯朴，安于贫贱的言论。
83 促装：整顿行装。下邑：对国都而言，县称下邑。这里指海盐县。
84 浪栧：划船。上京：国都，这里指建业。
85 魏阙：指宫殿。魏，同“巍”，高大。阙，宫门两边的门楼。

扃(jiōng)[86]。岂可使芳杜[87]厚颜，薜荔(bì lì)[88]蒙耻，碧岭再辱，丹崖重滓(zǐ)[89]，尘游躅(zhuó)于蕙(huì)路[90]，污渌(lù)池[91]以洗耳。

宜扃岫幌(jiōng xiù huǎng)[92]，掩云关[93]，敛(liǎn)[94]轻雾，藏鸣湍(tuān)[95]，截来辕(yuán)[96]于谷口，杜妄辔(pèi)于郊端[97]。

于是丛条瞋(chēn)胆[98]，叠颖怒魄[99]，或飞柯(kē)[100]

芳草再受羞惭，薜荔又遭耻辱，山岭岩穴重被玷污呢？他的脚步会污染香草路上隐士的足迹，会弄脏因洗耳而闻名的碧水清池。

应该关上山的帘帐，掩闭云霞封锁的山路，收起薄雾，藏起急流，在山谷口阻拦他前来的车辆，在郊野边堵住他乱闯的马匹。

在这种情况下，北山的丛生的树枝和重叠的草叶都愤怒了，有的扬起树干去折毁周颙的车轮，有的忽然低

86 假步：借道。山扃：山的门户。这里指周颙想游的北山。
87 杜：杜若，香草名。
88 薜荔：香草名。
89 重滓：再次蒙上污浊。
90 尘：作动词用，污染。游躅：游踪。蕙路：长着香草的路。
91 渌池：清水池。
92 扃：关上。岫幌：山的帘帐。
93 云关：烟云封锁的山道。
94 敛：收起。
95 鸣湍：响震山谷的急流。
96 来辕：指周颙乘坐的车。
97 杜：堵塞。妄辔：指不该来而自来的车马，这里指周颙的车马。郊端：郊野的边缘。
98 丛条：丛生的树枝。瞋：发怒。
99 叠颖：重重叠叠的草叶。颖，尖端。怒魄：内心发怒。
100 柯：树枝。

以折轮，乍[101]低枝而扫迹。请回俗士驾，为君谢逋（bū）客。

下枝条去扫除他的车迹。请挡回俗士的车驾，为北山之神谢绝这个逃跑了的隐士。

明 唐寅 《秋山高士图》（局部）

101 乍：骤然。

谏太宗十思疏

jiàn

魏徵[1]

本文是魏徵于贞观十一年（637）写给唐太宗的奏章，意在劝谏太宗居安思危，戒奢以俭，积其德义。唐太宗初年励精图治，颇称英明，后来逐渐骄奢，追求珍宝异物，兴建宫殿园囿。魏徵就不断用前代兴亡的历史教训来提醒他。这一年魏徵连上四疏，本文是其中的一篇。文章从比喻入手，通过成败得失的比较推论，归结到“可畏惟人”，指出争取人心的重要。这样反复开导，才讲出“十思”的具体内容，指出“十思”的积极意义。本文语重心长，剀切深厚，无怪乎唐太宗十分赞赏，亲写诏书嘉许魏徵，并把此疏放置案头，以资警惕。

臣闻求木之长（zhǎng）[2]者，必固其根本；欲流之远者，必浚（jùn）[3]其泉源；思国之安者，必积其德义。

我听说希望树木高大，一定要巩固它的根本；想要水流长远，一定要疏浚它的源头；想要国家安定，一定要积累恩德和道义。

1 魏徵（580—643）：字玄成，河北巨鹿下曲阳人。他是唐朝初年著名的政治家和历史学家。隋朝末年，因避乱，曾一度出家为道士。后参加李密的反隋起义军。李密失败，他降唐，辅佐高祖李渊和太宗李世民。拜谏议大夫、检校侍中，领导周、隋各史的修撰工作。书成，迁左光禄大夫，封郑国公。魏徵有胆识，敢直谏，前后陈二百余事，多被太宗采纳。
2 长：高大。
3 浚：疏浚，疏通水道。

源不深而望流之远，根不固而求木之长，德不厚而思国之安：臣虽下愚，知其不可，而况于明哲乎！人君当神器[4]之重，居域中之大[5]，不念居安思危，戒奢(shē)以俭，斯亦伐根以求木茂，塞(sè)源而欲流长(cháng)也。

水源不深却希望水流长远，根本不固却要求树木高大，恩德不厚却想要国家安定：我虽是下愚的人，也知道做不到，何况是英明圣哲的人呢？君主承担帝位的重任，占据天地间的重要位置，不考虑在身处安乐之时想到危难，用崇高节俭的办法来力戒奢侈，这也是砍伐根本却要求树木茂盛，阻塞水源却希望水流长远啊。

凡昔元首，承天景[6]命，善始者实繁，克终者盖寡。岂取之易，守之难乎？盖在殷忧[7]，必竭诚以待下；既得志，则纵情以傲物。竭诚，则吴、越[8]为一体；傲物，

过去所有的君主，承受着上天的大命，开始做得好的确实很多，能坚持到底的大概很少。难道是夺取天下容易，守住天下就难吗？看来是在遇到深重的忧患之时，一定竭尽诚心来对待下属；已经达到目的，就放纵情欲而傲慢待人。竭尽诚心，那么仇敌也可以团结成为整体；傲慢待人，那么亲人也会疏

4 神器：指帝位。
5 域中之大：天地之间的重要位置。
6 景：大。
7 殷忧：深重的忧患。殷，深。
8 吴、越：春秋时互相敌对的两个诸侯国。这里用吴越两国比喻仇恨很深。

则骨肉为行路[9]。

远成为路人。

虽董[10]之以严刑，振之以威怒，终苟免而不怀仁，貌恭而不心服。怨不在大[11]，可畏惟人[12]，载舟覆舟，所宜深慎。

即使用严刑来督责他们，用威势来吓唬他们，结果大家也只图免去刑罚而不会怀念恩德，外表恭顺而内心不服。怨恨不在大小，可怕的就在于百姓，他们像水一样，既能载舟，也能覆舟，这是应当特别谨慎对待的。

诚能[13]见可欲，则思知足[14]以自戒；将有作[15]，则思知止以安人[16]；念高危，则思谦冲而自牧[17]；惧满盈，则思江海下百川[18]；乐盘游，则思三驱[19]以为

果真能够做到：见到合意的东西，就想到要知道满足，以警诫自己；将要兴建什么，就想到要适可而止，使人民安定；顾念地位的崇高、危险，就想到要谦虚，加强自己的修养；害怕自满，就想到要像江海一样，处在河流的下游；喜好游乐，就想到"三驱"的规定，以为法

9 骨肉：亲属。行路：过路的人，比喻无甚关系。
10 董：督责。
11 怨不在大：《尚书·康诰》："怨不在大，亦不在小。"孔颖达疏："人之怨不在事大，或由小事而起。虽由小事而起，亦不恒在事小，因小至大。"
12 人：即"民"。因避李世民讳，改为"人"。
13 诚能：果真能够。按"诚能"领下十句。
14 知足：《老子》："知足不辱。"
15 有作：指兴建宫室等。作，造作，建造。
16 安人：使人民得安。
17 谦冲：谦虚。冲，虚。牧：这里指修养。
18 下百川：居百川之下。
19 三驱：旧说谓为三面驱禽，即围合三面，前开一路，让鸟兽可以逃走，以示人君好生之德。

度；忧懈怠（xiè dài），则思慎始而敬终；虑壅蔽（yōng bì），则思虚心以纳下；惧谗邪，则思正身以黜（chù）恶[20]；恩所加，则思无因喜以谬（miù）赏；罚所及，则思无以怒而滥刑。	度；担心松懈，就想到开始时要谨慎，结束时更要严肃；怕受蒙蔽，就想到要虚心采纳臣下的意见；担心听信谗言，接触坏人，就想到要端正自己，斥退小人；施恩给人，就想到不要因一时高兴而错误地赏赐；要惩罚人，就想到不要因为发怒而滥施刑罚。
总此十思，宏兹九得[21]，简能而任之，择善而从之，则智者尽其谋，勇者竭（jié）其力，仁者播其惠，信者效其忠。文武并用，垂拱而治[22]。何必劳神苦思，代百司[23]之职役哉！	总括这十个“想到”，发扬九种美德，选拔贤能的人加以任用，选择好的意见加以听从，那么聪明的人就会献出他们的谋略，勇敢的人就会竭尽他们的力量，仁爱的人就会广施他们的恩惠，诚实的人就会献出他们的忠心。这样文武同时任用，君主就可以垂衣拱手，不用操劳而天下大治。哪里用得着自己去劳神费力，苦苦思索代替百官的职事呢！

20 黜恶：斥退邪恶的人。

21 九得：九种道德标准。得，通“德”。

22 垂拱而治：意谓任用得人，人君不用亲自处理政务，天下就治理好了。垂，垂衣。拱，拱手。

23 百司：百官。

元 赵雍 《太宗出猎图》（局部）

为徐敬业讨武曌（zhào）檄（xí）

骆宾王[1]

本文是骆宾王的代表作。这篇檄文立论严正，先声夺人，将武则天置于被告席上，列数其罪，借此宣告天下，共同起兵。文章气势磅礴，语言豪壮，足以动军声、振士气，具有强烈的鼓动作用，连武则天看到这篇檄文也不得不惊叹作者的才华。

伪临朝武氏者[2]，性非和顺，地[3]实寒微。

窃据君位的武氏，本性并不和顺，出身实在寒微。

昔充太宗下陈[4]，曾以更衣[5]入侍。洎（jì）[6]乎

过去充作太宗的下等侍妾，曾借侍候更衣的机会得到宠幸。到了后来，

1 骆宾王（638—？）：初唐文学家，婺州义乌（今属浙江）人。曾任长安主簿、临海丞等职。684年跟随徐敬业起兵反对武后，结果兵败后下落不明。他与卢照邻、王勃、杨炯诗文齐名，称“初唐四杰”。

2 伪：当时认为非法的、不被人承认的政权。临朝：亲临朝廷听政。武氏：武则天（624—705），名曌，初唐女皇帝、杰出的政治家。并州文水（今山西文水东）人。唐太宗时被选入宫为才人。太宗死，武则天削发为尼。高宗时被召入宫为昭仪，进号宸妃。655年立为皇后。此后即参与国政，674年号天后，与高宗并称为“二圣”。683年中宗即位，她临朝称制，不久废中宗，立睿宗。690年，改唐为周，建号为圣神皇帝。705年中宗复位，上尊号为则天大圣皇帝，八十二岁卒。她在位十六年，掌权近半个世纪。她当政的时期经济上升，对初唐转为盛唐具有承前启后的作用。

3 地：地位，出身。

4 下陈：下列。这里指姬妾。古代宫殿中，婢妾都列在堂下。

5 更衣：更换衣服。

6 洎：同“及”，至。

晚节，秽(huì)乱春宫[7]。潜隐先帝之私[8]，阴图后房之嬖(bì)[9]。

又在太子宫里荒淫秽乱。她削发为尼，掩盖曾充太宗才人的旧迹；蓄发还俗，暗里图谋高宗的嬖幸。

入门见嫉[10]，蛾眉[11]不肯让人；掩袖工谗[12]，狐媚[13]偏能惑主。践元后于翚翟(huī dí)[14]，陷吾君于聚麀(yōu)[15]。

选进后宫的嫔妃，都遭到她的嫉妒，撒娇卖俏，不肯示弱让人；掩袖作态，善进谗毁之言；狐媚伎俩，偏能迷惑主上。终于登上皇后的宝座，使太宗、高宗父子落到聚麀而败乱人伦。

加以虺蜴(huǐ yì)[16]为心，豺(chái)狼成性，近狎(xiá)邪僻(pì)[17]，残害忠良[18]，杀姊屠兄[19]，弑(shì)君鸩(zhèn)母[20]，人神之所同

加上虺蜴般的毒心，豺狼般的凶性，亲近邪僻的奸贼，残害忠心的贤臣，杀姊屠兄，弑君鸩母，真是人神都对她嫉恨，天地都不能宽

7 春宫：太子住的地方。高宗为太子时就和武氏有暧昧关系。
8 私：爱。
9 嬖：宠幸。
10 入门见嫉：选进后宫的嫔妃，都遭到她的嫉妒。
11 蛾眉：蚕蛾之触须弯细而长，古人用来比喻女子眉毛之美。亦指貌美。
12 掩袖：以袖掩面，故作娇态。工谗：善进谗言。
13 狐媚：相传狐善于魅人。
14 践：踩，登上。元后：皇后。翚翟：野鸡。据传野鸡的配偶不乱，古人用它来象征妇德，所以皇后的车服上面画着野鸡羽毛的图样。
15 聚麀：聚，共。麀，母鹿。一般说来，兽类的配偶关系是紊乱的。
16 虺蜴：毒蛇、蜥蜴一类毒物，比喻害人者。
17 狎：亲近。邪僻：邪恶的人。
18 忠良：指褚遂良、长孙无忌等。
19 姊：指韩国夫人。兄：指武惟良。
20 弑君鸩母：这里将高宗和武则天的母亲杨氏的死都算作武后的罪过。其实，二人都是病死，并非被害。

嫉(jí)，天地之所不容。

容。

犹复包藏祸心，窥(kuī)窃神器[21]。君之爱子[22]，幽之于别宫；贼之宗盟[23]，委之以重任。

还要包藏祸心，企图窃据帝位。高宗的爱子，被幽闭在别宫；武氏的亲属，被委托以重任。

呜呼！霍子孟[24]之不作，朱虚侯[25]之已亡。燕啄皇孙[26]，知汉祚(zuò)[27]之将尽；龙漦(chí)帝后[28]，识夏庭之遽(jù)衰。

唉！像霍子孟那样安定汉室的忠臣不能再出现，如朱虚侯那样诛灭诸吕的义士早已消亡。赵飞燕残害皇孙，就知道汉代的传位将要完毕；龙沫化为帝后，可以看出夏朝的天下将要衰亡。

敬业[29]皇唐旧臣，公

徐敬业是唐朝的旧臣，公侯的

21 神器：帝位。

22 爱子：指中宗李显。

23 贼之宗盟：指武后娘家的亲属武承嗣、武三思等人。贼指武则天。

24 霍子孟：即霍光。汉武帝时的大臣。

25 朱虚侯：汉初刘章的封号。

26 燕啄皇孙：汉成帝皇后赵飞燕为了专宠，把妃子生的儿子杀掉了。当时有“燕飞来，啄皇孙；皇孙死，燕啄矢”的童谣。

27 汉祚：汉代的天下。这里指唐。

28 龙漦帝后：龙漦，传说中神龙的涎沫。《史记·周本纪》说：夏代将衰，有两神龙在帝庭，自称是褒国的两先君。经问卜认为，只有请龙留下涎沫才会吉祥。于是，龙不见了，留下涎沫，帝将它藏在柜子里。夏亡，将它传给殷；殷亡，又将它传给周，都不敢打开。至厉王末年，将柜打开，龙沫流到王庭，化为玄鼋进入后宫，有童女遇上它，于是怀孕，到成年没有结婚就生下一个女孩。她感到害怕，就将这女孩抛弃了。宣王时，弃女被人带到褒国。周幽王曾伐褒，褒人以弃女献幽王，就是褒姒，后来成为幽王的皇后。褒姒甚得幽王宠爱，幽王为她举烽火戏诸侯，遭灭国丧身之祸。这个传说成为女人是亡国祸水的依据，这里也是抱此观点，认为武后当朝，于唐不利。

29 敬业：徐敬业。他是唐初大将徐世勣（赐姓李）的孙子。高宗时历任太仆少卿，眉州刺史。684年贬扬州司马，接着在扬州起兵反对武后。兵败，被部将杀死。

侯冢（zhǒng）子[30]，奉先君之成业[31]，荷（hè）[32]本朝之厚恩。宋微子[33]之兴悲，良有以也；袁君山[34]之流涕（tì），岂徒然哉！是用气愤风云，志安社稷（jì）。因天下之失望，顺宇内之推心，爰（yuán）[35]举义旗，以清妖孽（niè）。

嫡子，承奉先帝的基业，蒙受朝廷的厚恩。宋微子见到殷墟荒凉而大兴悲叹，确实很有道理！袁君山谈及权贵误国而喑呜流涕，难道竟属徒然？因此，正气可叫风云愤怒，壮志足使社稷安定。利用天下百姓对武氏失望的情绪，顺应宇内人们讨伐武氏的心愿，举起义旗，清除妖孽。

南连百越[36]，北尽三河，铁骑成群，玉轴（zhóu）[37]相接。海陵红粟（sù）[38]，仓储之积靡（mǐ）穷；江浦（pǔ）[39]黄旗，匡（kuāng）复之功何远。班声[40]动而北风起，

南面到百越边境，北面到三河尽头，铁骑成群，战车相接。海陵的粮食，仓库里储积无数；江浦的义旗，显示恢复唐室指日可待。班马鸣叫，好像北风怒号；剑气冲天，似乎与南

30 冢子：嫡子。
31 奉：侍奉。先君：已去世的君主。这里指唐高宗。
32 荷：担负。
33 宋微子：商纣王的庶兄微子启，宋的开国君主。他经过殷故墟，看到一片荒凉景象，十分悲痛，作“麦秀之歌”。
34 袁君山：即东汉袁安，仕于明帝、章帝、和帝三朝。他不避权贵，敢于面折廷争。其时，天子幼弱，外戚擅权，袁安每朝会进见，同公卿言国家事，未尝不喑呜流涕。
35 爰：助词。无义。
36 百越：种族名。
37 玉轴：指战车。
38 海陵：地名，今江苏泰州，西汉吴王濞置储粟仓于此。红粟：陈年的粟。粟因堆积年久而呈红色。
39 江浦：县名，今江苏浦口附近。
40 班声：即马鸣声。

剑气[41]冲而南斗平；喑（yīn）呜[42]则山岳崩颓（tuí），叱咤（chì zhà）[43]则风云变色。以此制敌，何敌不摧，以此图功，何功不克！

公等或居汉地[44]，或叶（xié）周亲[45]，或膺（yīng）[46]重（zhòng）寄于话言，或受顾命于宣室[47]。言犹在耳，忠岂忘心？一抔（póu）之土[48]未干，六尺之孤[49]何托？

倘（tǎng）能转祸为福，送往事居[50]，共立勤王[51]之勋，无废大君[52]之命，凡诸爵

斗星相平；胸怀怒气则山岳崩倒，厉声叱咤则风云变色。用这样的声势来制服敌人，又有什么敌人不被摧折；用这样的气概来图谋功勋，又有什么功勋不能成就呢？

诸公有的是异姓的臣子，有的属皇族的宗室，有的在外肩负使命，有的在朝受到重托。先帝的话语还余音在耳，臣子的忠心怎能忘却？一捧坟土尚未全干，六尺孤儿何所依托？

倘能转祸为福，慰先帝之灵，扶幼主之位，同建挽救王业的功勋，不弃先帝的遗命，那么，凡属参

41 剑气：宝剑的精气。班声、剑气，皆言士气高昂。
42 喑呜：怀怒气。
43 叱咤：发怒声。
44 居汉地：指异姓。
45 叶：同“协”，合于。周亲：至亲。
46 膺：接受。
47 顾命：临终之命，遗嘱。宣室：汉宫廷名。这里指唐朝廷。
48 一抔之土：一小堆土，指坟墓。抔，捧。
49 六尺之孤：指唐中宗。
50 往：往者，死者，指高宗。居：生者，指中宗李显。
51 勤王：本指勤于王事。后指君主遇到危难，大臣们起兵营救。
52 大君：天子，指高宗。

赏，同指山河。若其眷恋穷城，徘徊歧(qí)路，坐昧(mèi)先幾(jī)之兆[53]，必贻(yí)后至之诛[54]。请看今日之域中，竟是谁家之天下！

加起义的人，都将被加爵受赏，同指山河以为凭证。倘若留恋自己闭塞的城市，在歧路上徘徊观望，由于不明已经微露的征兆，必定遭到失期的惩罚。请放眼看吧，今天全国之内，究竟是谁家的天下！

唐 张萱《唐后行从图》（局部）

53 昧：不明。先幾之兆：事先显示出的微细的征兆。幾，微。
54 贻：留。后至之诛：事见《史记·夏本纪》。禹在会稽召集群臣开会，防风氏后至，禹把他杀了。

滕王阁序

王勃[1]

本文题目全称《秋日登洪府滕王阁饯别序》，后人简称《滕王阁序》。滕王阁位于江西南昌赣江边，为唐高祖李渊之子李元婴（滕王）任洪州都督时所建，故名。本文是宴会上的应酬之作，因而有不少毫无意思的应酬话，如对主人、宾客的吹捧。但全文抒发了一片报国的热情，并表达了“老当益壮，穷且益坚”的高尚情操。全文对仗工整，声调和谐，辞藻华美，用典贴切，历来为人所传诵。

南昌故郡，洪都新府。[2]星分翼轸（yì zhěn），地接衡庐。[3]

南昌是过去汉代的豫章郡，又是新设的洪州都督府治所。它在翼、轸两星区的分野，地域连接着衡山和庐山。

襟三江而带五湖，

前面屏障着三江，周围环绕着五

1 王勃（649—676）：字子安，唐代绛州龙门（今山西河津）人。二十七岁那年，前往南方探望任交趾令的父亲，渡海溺水，受惊而死。他年纪虽轻，却和当时的杨炯、卢照邻、骆宾王齐名，后人称为“初唐四杰”。相传唐初洪州刺史阎伯屿在滕王阁大宴宾客，要他的女婿事先作好了序文，恰巧王勃往交趾探望父亲，路过洪州，也被邀参加了宴会。阎伯屿假意请众宾客作序，大家都谦逊推辞，独有王勃毫不客气，提笔就写。阎伯屿很不高兴，要他手下人站在王勃身边看，写出一句就报一句。开头一大段，阎都说平平常常，到了“落霞与孤鹜齐飞，秋水共长天一色”两句，非常惊异，大为钦佩。

2 南昌：一作“豫章”。豫章是汉时郡名，郡治在南昌。洪都：南昌的别称。南昌在唐初为洪州治所，故称洪都。

3 翼轸：两个星座名。古代分星空为二十八区，每区一星座，称二十八宿。翼、轸两星座为楚的分野。豫章古属楚地。衡庐：衡州和庐州。

控蛮荆而引瓯(ōu)越。[4]物华天宝,龙光射牛斗之墟(xū)[5];人杰地灵,徐孺(rú)下陈蕃(fán)之榻[6]。

湖;西边控扼着荆楚,东边牵制着闽越。物有光华,天产珍宝,古剑的光芒直射牛、斗两个星区;人多英杰,地蕴灵秀,徐孺子曾被陈蕃特别敬重。

雄州雾列,俊彩星驰。[7]台隍(huáng)枕夷夏之交[8],宾主尽东南之美。都督阎公之雅望,棨(qǐ)戟(jǐ)遥临;[9]宇文新州之懿(yì)范,襜(chān)帷(wéi)暂驻。[10]

雄伟的州城云雾般紧凑排列,英俊的人物像流星来往奔驰。城池位于荆州和扬州交接的地方,宾主都是东南地区的精英。阎都督声望儒雅,从远道前来镇守;宇文刺史风范美好,车驾暂且停留。

十旬休暇(xiá),胜友如云;[11]千里逢迎,高

正逢十天一次的休假,才德出众的友人在这里云集;千里之远来相聚会,

4 三江:荆江、松江、浙江。五湖:太湖、鄱阳湖、青草湖、丹阳湖、洞庭湖。蛮荆:指今湖北、湖南一带,古为楚地,楚又称荆,居民多蛮族,故称。瓯越:指今浙江一带,古为越国地,境内有瓯江,故称。

5 龙光:宝剑的光芒。牛斗:两个星座名。墟:区域。传说西晋时张华夜观天象,见牛、斗二星座间有紫气照射,他认为豫章一带有宝物,于是派人到南昌附近的丰城当县令,后来果然在那里掘得两把宝剑,一名龙泉,一名太阿。

6 徐孺下陈蕃之榻:徐孺,即徐孺子,名徐稚,东汉时豫章郡名士。陈蕃,东汉时有名大臣。陈蕃做豫章太守时,不接待宾客,但是专门准备一榻接待徐稚,徐走了就把榻挂起。

7 雄州:指洪州。俊彩:指人才。

8 台隍:指城池。台,城楼。隍,无水的护城濠。夷:指楚地,今湖北、湖南一带。夏:指古扬州地区,今江苏、浙江一带。

9 都督阎公:阎伯屿。唐初于各州设都督府,置都督一人。阎伯屿是洪州都督兼洪州刺史。棨戟:有丝绸套或经过油漆的木戟,古代官员外出时的前导仪仗。

10 宇文新州:姓宇文,名不可考,因他任新州(今广东新兴)刺史,故称。一说,宇文新任澧州刺史,故称新州。襜帷:马车上的帐幔。这里代指车驾。

11 十旬休暇:唐制,官员十天休息一天,称旬休。这里指适逢十日休假的一天。休暇,一作“休假”。胜友:才德出众的友人。

朋满座。腾蛟起凤，孟学士之词宗；[12]紫电清霜，王将军之武库。[13]家君作宰，路出名区；[14]童子[15]何知，躬逢胜饯(jiàn)。

高贵的宾客坐满席位。文笔好像蛟龙腾空、凤凰起舞，孟学士是文章大师；兵器寒光闪闪、如电如霜，王将军的武略超群。家父在南方当县令，我前往探望路过贵地；后生小子不懂得什么，却亲身遇到这样盛大的饯别宴会。

时维九月，序属三秋[16]。潦(lǎo)水尽而寒潭清，烟光凝而暮山紫。[17]俨(yǎn)骖騑(cān fēi)于上路[18]，访风景于崇阿(ē)[19]。临帝子之长洲，得仙人之旧馆。[20]

时间正是九月，刚好秋天季节。雨后积水已经干涸，冷冽的潭水十分清澈；落日余晖宛如凝结，傍晚的山色一片青紫。收拾好车马在大路上行走，到高山上探访风景。来到当年滕王的长洲上，登上了这座仙人住过的楼阁。

层峦耸翠，上出重霄；飞阁流丹，下临无

只见层层的山峦一片苍翠，耸入云霄；高高的阁宇鲜红欲滴，下临清

12 腾蛟起凤：写出的文章好像蛟龙腾空、凤凰起舞，形容有很高的文才。孟学士：座中贵客。词宗：文章大师。词，指文辞，文章。

13 紫电清霜：兵器寒光闪闪，如紫电，如清霜。王将军：座中贵客。武库：本指储藏武器的仓库，这里比喻王将军精通兵法，善用各种武器。

14 家君：王勃称他的父亲，犹家父。宰：县令。王勃父名王福畤，当时任交趾（今越南河内一带）县令。名区：指洪州。

15 童子：王勃自称。

16 序：时序。三秋：秋季三个月，即秋天。

17 潦水：雨后积水。烟光：指傍晚太阳映射在云霞上发出的光辉。

18 俨：整治，收拾。骖騑：驾车的马，左称骖，右称騑。这里指车马。上路：地势高的路。

19 崇阿：高山。

20 帝子：指滕王李元婴。他是皇帝之子，故称帝子。旧馆：指滕王阁。

地。鹤汀凫渚[21]，穷岛屿之萦回；桂殿兰宫，列冈峦之体势。披绣闼[22]，俯雕甍[23]，山原旷其盈视，川泽盱其骇瞩[24]。闾阎扑地[25]，钟鸣鼎食之家[26]；舸舰[27]迷津，青雀黄龙之轴[28]。

潭。仙鹤野鸭栖息的沙滩小洲，极尽岛屿曲折回环的景致；桂树兰木建造的宫殿，随着山势起伏而排列。推开彩绘的大门，低头看雕饰的屋脊，山岭平原，辽远开阔，尽入眼底；河流湖泽，浩瀚迷茫，令人惊骇。房屋遍地，均属富室贵家；船舶满江，都是龙舟雀舫。

虹销雨霁[29]，彩彻云衢[30]。落霞与孤鹜[31]齐飞，秋水共长天一色。渔舟唱晚，响穷彭蠡[32]之滨；雁阵惊寒，声断衡阳之浦[33]。

虹销雨止，彩霞照耀在云端。满天的落霞和孤寂的野鸟，仿佛齐头并飞；碧绿的秋水和蔚蓝的长空，好像溶为一色。渔船上的歌声在晚空飘荡，一直传到鄱阳湖畔；雁群惊讶寒冷的来临，一路飞鸣直到衡山南面的水边。

21 汀：水中或水边的平地。渚：水中小洲。
22 披：推开。闼：门。
23 甍：屋脊。
24 盱：广大。瞩：注视。
25 闾阎：里巷的大门，这里指房屋。扑地：遍地。
26 钟鸣鼎食之家：古代贵族进餐，要奏音乐，桌上摆满盛有食物的鼎，所以称富贵人家为“钟鸣鼎食之家”。
27 舸舰：指大船。
28 青雀：船头作鸟雀形。黄龙：船头作龙形。前者又叫雀舫，后者又叫龙舟。轴：本作“舳”，即船。
29 虹销：一作“云销”。霁：雨雪停止。
30 云衢：指天空。云朵交错纵横，有如衢道。
31 鹜：水鸟。
32 彭蠡：湖名。即鄱阳湖。
33 衡阳：衡山的南边。浦：水边，岸边。

遥吟俯畅，逸兴遄(chuán)飞。[34]爽籁(lài)发而清风生，纤歌凝而白云遏(è)。[35]睢(suī)园绿竹[36]，气凌彭泽之樽(zūn)[37]；邺(yè)水朱华[38]，光照临川[39]之笔。

远眺低吟，心情欢畅，兴致横飞。爽朗的箫声吹起，仿佛清风徐徐而生；悠扬的歌声凝结不散，白云也被阻住不飞。个个都像当年梁孝王睢园的宾客，能诗善饮，豪情超过了陶渊明；又像曹操父子门下的文士，能文善书，光彩可媲美谢灵运的笔锋。

四美具，二难(nán)并。[40]穷睇眄(dì miǎn)于中天[41]，极娱游于暇(xiá)日。

良辰、美景、赏心、乐事，这四件美事都齐备；贤德的主人，高贵的客人，这两件难得的事合在一起。大家尽情观赏天地间的美景，趁着空暇的日子痛快游乐。

天高地迥(jiǒng)，觉宇宙之无穷；[42]兴尽悲

看到天那么高，地那么远，才觉得宇宙没有止境；高兴完了，悲伤接着来到，

34 遥吟俯畅：一作"遥襟甫畅"，意为开阔的胸怀刚刚畅快。遄：急速。
35 籁：一种管乐器，即箫。遏：停阻。
36 睢园绿竹：睢园指西汉梁孝王刘武的睢阳兔园。园内多竹，刘武经常和他的宾客在其中宴饮作赋。
37 彭泽：县名，今属江西。这里是指晋末大诗人陶渊明，他当过彭泽令，好饮酒。樽：酒杯。
38 邺水朱华：邺，今河北临漳，曹操为魏王时的都城。曹操和他的儿子曹丕、曹植，都是诗人，并且敬重文学之士。朱华，即莲花，曹植有"朱华冒绿池"的诗句。王勃借用"邺水朱华"来比喻滕王阁的盛会。
39 临川：在今江西。这里是指南朝刘宋的著名诗人谢灵运，他当过临川内史。
40 四美：良辰、美景、赏心、乐事。二难：贤主人、好宾客。
41 睇、眄：环视，目光上下左右地观览。中天：半空中。
42 迥：遥远。宇宙：指空间和时间。

来，识盈虚之有数[43]。望长安于日下[44]，指吴会于云间[45]。

才认识到成败得失都有天命。遥望长安在太阳之下，指点吴会在白云之中。

地势极而南溟(míng)[46]深，天柱高而北辰远[47]。关山难越，谁悲失路之人？萍水相逢[48]，尽是他乡之客。怀帝阍(hūn)而不见，奉宣室以何年！[49]

地势到了尽头，以南方大海最深；天柱高耸入天，还离北极星很远。关隘山岭难以行走，又有谁同情迷途的人？今天偶然聚会在一起的，都是旅居异乡的客子。怀念帝都却不能看见，想得到君王的召见不知要到哪一年！

呜呼[50]，时运不齐(qí)，命途多舛(chuǎn)[51]。冯唐易老[52]，李广难封[53]。屈贾谊于

唉！时机命运不一致，人生的道路老是不顺心。冯唐容易衰老，李广难得封侯。委屈贾谊谪官长沙，并不

43 盈：指成功、兴盛、得志、富贵等等。虚：指失败、衰落、失意、穷困等等。数：命运。
44 长安：唐代的京城。日下：封建社会将皇帝比作太阳，将皇帝住的京城称为日下。
45 吴会：秦汉时会稽郡的郡治在吴县，郡、县相连，称为吴会。云间：古代吴郡松江县的别称。
46 南溟：南方大海。王勃往交趾要南渡大海。
47 天柱：传说是昆仑山上的一根铜柱，其高入天。北辰：北极星。
48 萍水相逢：萍，浮萍。萍随水漂流，聚散无定，故称人们偶然聚会为萍水相逢。
49 帝阍：指皇帝的宫门。阍，门。宣室：汉朝未央宫前殿的正室。
50 呜呼：一作“嗟乎”。
51 舛：不顺利，不幸。
52 冯唐易老：冯唐，西汉人，有才干而一直不受重用，很老了还只做一个职位很低的官。
53 李广难封：李广，西汉名将，抗击匈奴屡立战功，他的部下有许多人封了侯，他却始终没有封侯。

长沙，非无圣主[54]；窜梁鸿于海曲，岂乏明时？[55] 所赖君子安贫，达人[56]知命。

是那时没有圣明的君主；迫使梁鸿逃亡海滨，难道不是政治清明的时代？好在君子安于贫困，通达事理的人懂得命运。

老当益壮，宁(nìng)知白首之心[57]？穷且益坚，不坠青云[58]之志。酌(zhuó)贪泉[59]而觉爽，处涸辙(hé zhé)以犹欢[60]。

年老了应当更加豪壮，有谁理解白头人的心思？处境穷困应当更加坚强，不能败坏高尚的节操。即使喝了贪泉的水，还是觉得清爽；即使陷在困境，仍然心情愉快。

北海虽赊(shē)，扶摇可接；[61] 东隅(yú)已逝，桑榆非晚。[62] 孟尝[63]高洁，

北海虽然很远，可以凭借扶摇大风飞到；青春虽然已经消逝，年纪老了发愤也不算晚。孟尝品行高洁，空怀着一

54 圣主：指汉文帝。

55 梁鸿：东汉时高士，由于受汉章帝猜忌，而隐姓埋名，躲到齐鲁一带作佣工。海曲：海滨偏远地。明时：清明的时代。指汉章帝时，历史上称章帝是“宽厚长者”。

56 达人：对人生世事看得很超脱的人。

57 宁：难道。白首：指年老。

58 青云：比喻高。

59 贪泉：在今广州市郊。传说喝了贪泉的水，廉洁的人也会变得贪婪。晋朝吴隐之为广州刺史，不相信这话，上任时特地去喝了贪泉的水，并作诗表明自己的志节。他在广州刺史任内及以后做大官，一直保持了廉洁的节操。

60 涸：水干。辙：车轮压出来的痕迹。涸辙比喻十分穷困的处境。暗用《庄子》“涸辙之鲋”的典故。

61 赊：远。扶摇：自下而上的大风。

62 东隅：古人因为太阳从东方出来，故以东隅为日出处。这里借指青年时期。桑榆：古人住宅四周多种桑树、榆树，日落时，余晖照射在桑榆上，故以桑榆指日落时。这里借指年老。

63 孟尝：东汉人，任合浦太守，有政绩，却不被重用，后辞官隐居。

空怀报国之心；阮籍(ruǎn jí)猖狂[64]，岂效穷途之哭？

勃，三尺微命，一介书生。[65]无路请缨，等终军之弱冠；[66]有怀投笔，慕宗悫(què)之长风。[67]

舍簪笏(zān hù)于百龄[68]，奉晨昏于万里[69]。非谢家之宝树[70]，接孟氏之芳邻[71]。

他日趋庭，叨(tāo)陪鲤

颗报效国家的心；阮籍行为狂放，难道今天还要学他穷途痛哭？

我王勃，是三尺绅带的卑微地位，无足轻重的一介书生。正好是终军那样的年龄，想为国家出力却没有门路；也羡慕宗悫的远大抱负，有投笔从军的壮志。

现在，我舍弃一生的功名，到万里之外去侍奉父亲。虽然不是贤能的子弟，却有幸交结到众位贤人。

以后从父亲的面前经过，一定像孔鲤那样接受教诲；今天能够进见阎公，

64 阮籍：魏末晋初人。他对魏末的权臣司马氏不满，又怕自己被司马氏杀害，就喝酒装糊涂，有时一个人驾车出游，漫无目的，走到无路可通处，痛哭而回。猖狂：任性。

65 三尺微命：三尺，指衣带下垂部分，即“绅”的长度。三尺，是士大夫中最低一级绅的长度。微命，卑微的地位。一介：同“一芥”。芥是小草，比喻渺小。

66 请缨：终军出使南越，欲说服南越王归附于汉，临行请汉武帝赐予长缨，并说：“必羁南越王而致之阙下。”缨，绳子。弱冠：古代男子二十岁行加冠礼，表示已成年。弱，年少，故二十岁左右的人称弱冠。

67 投笔：意为弃文就武，从军报国。东汉班超年轻时做抄写文字的小吏，但他胸怀大志，常放下笔叹息，后来从军出使西域，立大功封侯。宗悫：南朝宋的将军。少年时，叔父问其志向，他说：“愿乘长风破万里浪。”

68 簪：是古人束发戴冠时用以固定冠的长针。笏：朝见皇帝时用的手板。簪、笏都是官员用的，所以这里代指官职。百龄：百年。龄，年。

69 奉晨昏：指侍奉父亲。古人有早晚向父母问安的礼，故称。万里：指交趾。

70 谢家之宝树：东晋谢安问侄儿谢玄：“为什么人人都希望自己的子弟好？”玄答道：“好比芝兰玉树，想要它生在自己的庭院里。”这里喻指贤能子弟。

71 孟氏：战国时孟轲（孟子）的母亲。芳邻：好邻居。传说孟母三次搬家，为的是找个好邻居，给孟子以好影响。

对;[72] 今晨捧袂(mèi),喜托龙门[73]。杨意不逢,抚凌云而自惜[74];钟期既遇,奏流水以何惭[75]?

呜呼! 胜地不常,盛筵(yán)难再。[76] 兰亭已矣,梓(zǐ)泽丘墟(xū)。[77] 临别赠言,幸承恩于伟饯(jiàn);登高作赋,是所望于群公。敢竭鄙(bǐ)诚,

高兴得像登上了龙门。我过去逢不着杨得意那样的人,只有朗诵着自己的作品来怜惜自己;今天既然遇上钟子期这样的知音,弹上一曲高山流水又有什么惭愧?

唉! 名胜的地方不能常游,盛大的宴会难得再遇。王羲之的兰亭集会早已过去,石崇的金谷园也成了废墟。临别写下几句赠别的话,有幸在这盛大饯别宴会上受到主人的恩宠;至于登上高阁吟咏诗篇,只能寄希望于各位贵宾。我尽了自己的诚心,恭恭敬敬写下这篇短序。请每人

72 趋庭:古代君父坐在厅堂上,臣子经过时,要恭恭敬敬地快步走。庭,厅堂。鲤对:有一次,孔鲤从孔子的前面走过,孔子教诲他要学《诗》;另一次,又教诲他要学《礼》。鲤,孔子的儿子孔鲤,字伯鱼。

73 袂:衣袖。古人举两袖作揖,表示敬意。这里作进见、谒见解。龙门:原指山西河津西北黄河上游的一险滩,又名禹门口。古代传说,黄河的鲤鱼跳上这个险滩就会变成龙,故叫龙门。东汉时李膺(yīng),官位高,名声大,士大夫受到他的接待,立即提高了声誉,因此,当时称能会见李膺为"登龙门"。

74 杨意:西汉人杨得意(为了压成四字一句,省略了"得"字,下句的"钟期"亦同),汉武帝身边管狗的小官,大辞赋家司马相如由于他的引荐,才得到汉武帝的赏识。凌云:指司马相如的赋,因为汉武帝读了他的赋,非常高兴,"飘飘有凌云之气"。

75 钟期:春秋时人钟子期。他最会欣赏、理解琴音。大音乐家伯牙鼓琴,意在流水,钟子期听了就说"洋洋若江河"。这里王勃自比伯牙,把阎伯屿比作知音的钟子期。

76 胜地:名胜之地。盛筵:盛大的宴会。

77 兰亭:见《兰亭集序》注。梓泽:即西晋石崇的金谷园,故址在今河南洛阳。丘墟:意为变为废墟。

恭疏短引。[78]一言均赋，四韵俱成。[79]

滕王高阁临江渚（zhǔ），
佩玉鸣鸾（luán）罢歌舞[80]。
画栋朝飞南浦（pǔ）云[81]，
珠帘暮卷西山雨。
闲云潭影日悠悠，
物换星移几度秋。
阁中帝子今何在？
槛（jiàn）外长江空自流。

写一首诗，完成八句四韵。

滕王高高的楼阁俯临着江心的沙洲；佩玉鸣了，鸾铃响了，宴会已是舞罢歌休。早晨，南浦的彩霞从华丽的栋宇前掠过；薄暮，西山的烟雨在卷起的珠帘外停留。闲淡的云，深潭的影，时光悠然逝去；事物变化，星辰移转，谁知经过了多少春秋。当年建阁的凤子龙孙，如今到哪里去了呢？只有危栏外的江水仍在默默向前奔流。

78 鄙：卑陋。鄙诚和“鄙人”“鄙见”一样，是自谦之词。疏：分条陈述。这里指写作。引：引言，即序文。
79 一言均赋：“均赋一言”的倒装。赋，创作。一言，一首诗。四韵俱成：“俱成四韵”的倒装。俱，都。四韵，四个韵，共八句。
80 佩玉：古时士大夫佩带在身上作衣饰的玉器。鸣鸾：古时达官贵人的马车上挂的响铃。这句的意思是：歌舞完毕，宴会结束，客人们或者步行，或者赶着车子，纷纷离去。
81 画栋：彩绘的屋梁。南浦：地名，在今江西南昌西南。

元 佚名《滕王阁图》（局部）

与韩荆州书

李白[1]

这是李白初见韩朝宗时写的一封自荐信。在这封信里，作者先借“天下谈士”的话肯定韩朝宗的德高望重、援引贤才，进而以毛遂自比，不亢不卑地表明自己的态度和心愿；然后叙述自己的经历和才能，赞颂韩朝宗的学识与声望，并反复请求援引，以见“待价而沽”的用意；接着两次引证古人并历举韩朝宗提携后进的事例，委婉曲折地说明自己之所以希望“委身国士”“敢效微躯”的动机；末尾再拈“价”字作结，表示准备进献自己平日的著作，等待韩朝宗的品题。

白闻天下谈士[2]相聚而言曰:“生不用封万户侯,但愿一识韩荆州。[3]”何令人之景慕一至于此[4]!

我听得天下好谈论世事的士人聚在一起说:“活在世上用不着封万户侯,只愿结识一下韩荆州。”为什么人们对您的景仰和倾慕,竟达到这样的程度呢?

1 李白（701—762）：字太白，祖籍陇西成纪（今甘肃静宁西南）。先世于隋末流徙中亚，李白便诞生在唐代条支都督府境内的碎叶城。他是盛唐伟大的浪漫主义诗人，作品清新飘逸，热情奔放，想象奇特。

2 谈士：谈论世事的士人。

3 万户侯：食邑万户的侯。韩荆州：指韩朝宗。

4 景慕：景仰爱慕。一：乃，竟。

原文	译文
岂不以周公之风，躬吐握之事[5]，使海内豪俊，奔走而归之，一登龙门[6]，则声价十倍。所以龙蟠凤逸之士[7]，皆欲收名定价于君侯。	难道不是因为您有周公的作风，亲自实践那“握发”“吐哺”接待贤者的事情吗？使得海内的杰出人物，都奔走着前来归附您，一旦进入您的门下，就像鱼儿跳过了龙门，声名提高了十倍。所以，那些像龙一样蛰伏待动、像凤一样振羽即飞的杰出人物，都想通过您得到应有的名声和恰当的评价。
君侯不以富贵而骄[8]之，寒贱而忽之，则三千之中有毛遂[9]，使白得颖脱而出[10]，即	您不因为自己富贵而傲视他们，不因为他们贫贱而忽视他们，那么三千宾客中肯定有毛遂那样的人才，如果我能遇上

（原文注音：躬 tǔ，应为“吐”tǔ；蟠 pán）

5 躬吐握之事：亲身实行像周公那样吐哺、握发以接待贤者的事情。躬，亲自。典出汉韩婴《韩诗外传》卷三，周公说：“我一沐三握发，一饭三吐哺，犹恐失天下之士。”沐，洗头。哺，口中所含的食物。

6 登龙门：龙门，在今山西河津和陕西韩城之间的黄河中。其地水势湍急，常有鲤鱼洄游。传说鲤鱼跃上龙门便化为龙。因此，“登龙门”常用来比喻士人忽然得到荣显，或由于拜见名人而身价倍增。

7 龙蟠凤逸之士：指未被任用、潜藏闲居等待时机的豪杰。龙蟠，像龙的盘屈伏藏。凤逸，像凤的安逸自在。

8 骄：傲视。作动词用。

9 “则三千”句：据《史记·平原君虞卿列传》载，战国时赵国的平原君门下有几千宾客。孝成王九年（前257），秦军围攻赵都邯郸，赵派平原君求救于楚。平原君要从宾客中选拔文武兼备的二十人同往，挑选的结果，他认为只有十九个人够条件，其余的都不行，无法满数。这时毛遂便自我推荐，希望平原君同意他去。平原君说：“夫贤士之处世也，譬如锥之处囊（袋子）中，其末（尖端）立见。今先生处胜之门下三年于此矣，左右未有所称诵，胜未有所闻，是先生无所有也。先生不能，先生留。”毛遂说：“臣乃今日请处囊中耳。使遂早得处囊中，乃颖脱而出，非特其末见而已。”于是平原君答应毛遂让他一起出使楚国。后来毛遂在赵楚合纵过程中，果然立了功劳。

10 颖脱而出：锥子尖端透过布袋显现出来。比喻有才能的人遇到时机显露出来。

其人焉。

时机显现出来，就是毛遂那样的人啊。

白，陇(lǒng)西布衣[11]，流落楚汉。十五好(hào)剑术，遍干(gān)诸侯[12]。三十成文章，历抵卿相[13]。虽长(cháng)不满七尺，而心雄万夫。皆王公大人，许与气义[14]。此畴(chóu)曩(nǎng)心迹[15]，安敢不尽于君侯哉！

我李白是陇西一个平民，流落在楚汉之间。十五岁时就爱好剑术，广泛求见地方长官；三十岁时写成文章，屡次去拜访达官显贵。我虽然身高不满七尺，但壮志胜过万条好汉。王公大人们都赞许我的气节和道义。这就是我从前的心事和行迹，怎么敢不全部向您陈述呢？

君侯制作侔(móu)神明[16]，德行动天地，笔参(cān)造化[17]，学究天人[18]。幸愿开张心颜，不以长揖见拒。[19]必若接之以高宴，纵之以清谈[20]，请日试万言，倚马

您的功业可以和神明相比，德行感天动地；文笔精妙，深入自然的法则；学问渊博，穷究天道和人事。希望您放开襟怀，舒展容颜，不因我向您行长揖之礼而拒绝。假若您用盛大的宴会接待我，听任我尽情谈论，

11 布衣：平民。
12 干：求见。诸侯：指镇守地方的长官。
13 卿相：指朝廷的高级官员。
14 许：赞许。气义：气概和道义。
15 畴曩：从前，往日。心迹：存心与行事。
16 制作：这里指所建的功业。侔：相等。
17 参：参与。造化：天地，自然。
18 究：穷尽，通晓。天人：指天道和人事。
19 幸：希望。开张：开展，扩大。长揖：古时平等的相见礼，拱手高举自上而下。
20 清谈：尽情畅谈的意思。

可待[21]。

今天下以君侯为文章之司命[22]，人物之权衡[23]，一经品题[24]，便作佳士；而今君侯何惜阶前盈尺之地，不使白扬眉吐气、激昂青云[25]耶？

昔王子师为豫州[26]，未下车即辟(bì)荀慈明[27]，既下车又辟孔文举[28]。山涛[29]作冀(jì)州，甄(zhēn)拔[30]三十余人，或为侍中[31]、尚书，先代所美。

请您一天让我写万字的文章，我靠着马背很快就能完成。

当今普天之人都把您当作主管文章的“文曲星”，评定人物高下的权威。一经您的品评，就可成为品学优良的人；现在您又何必吝惜堂阶前这一尺宽的地方，不让我李白扬眉吐气，奋发得志呢？

从前王允做豫州刺史，未到任所就征聘了荀爽，上任后又荐举了孔融。山涛任冀州刺史时，考察选拔了三十多人，其中有人后来当了侍中、尚书，这是前人所赞美称道的。

21 倚马可待：《世说新语》载，桓温北征时，命袁宏写公告。袁靠着马起草，手不停笔，很快就写了七张纸，并且很不错。后来用“倚马可待”比喻文思敏捷。
22 司命：星名，又叫文曲星，旧时迷信说它是主管文运的。
23 权衡：称物轻重的器具。引申为衡量的标准。
24 品题：品评人物，定其高下。
25 激昂青云：奋发得志。这里指因受到荐举提拔而得志。
26 王子师：名允，东汉末年太原祁县（今山西祁县）人。豫州：治所在今河南汝南西。
27 下车：指官吏初到任。辟：任用。荀慈明：名爽。东汉人，曾与王允等谋诛军阀董卓，未遂而卒。
28 孔文举：名融，东汉末年人。曾为北海相，后被曹操杀死。
29 山涛：字巨源，西晋河内怀县（今河南武陟西南）人，曾任冀州刺史。
30 甄拔：考察选拔。
31 侍中：为自列侯以下至郎中的加官，侍从皇帝左右，出入宫廷，应对顾问，魏晋时，为亲近之官。

而君侯亦一荐严协律，入为秘书郎；[32]中间崔宗之、房习祖、黎昕(xīn)、许莹[33]之徒，或以才名见知，或以清白见赏。白每观其衔恩抚躬[34]，忠义奋发。白以此感激，知君侯推赤心于诸贤之腹中[35]，所以不归他人，而愿委身国士。倘(tǎng)急难有用，敢效微躯。

而您也曾推荐过严武，在朝中任秘书郎；中间，崔宗之、房习祖、黎昕、许莹这一批人，有的因才华横溢被您知遇，有的因廉洁清高被您赏识。我常见他们感恩戴德，出自肺腑，忠义之心，激荡流露。我因此感触很深，激动不已，知道您对于贤能之士能够赤诚相待，推心置腹，所以我不去归附别人，而愿意托身于您这位国中出类拔萃的人物。倘若急迫危难需要用人的时候，我勇于献出自己微贱的身躯。

且人非尧舜，谁能尽善？白谟猷(mó yóu)筹画[36]，安能自矜(jīn)[37]？至于制作，积成卷轴[38]，则欲尘秽(huì)视

当然，一般人并不是尧舜，谁能完美无缺？我在政治上的谋略策划，怎敢自己夸耀？至于我的诗文创作，已经积下许多卷，想拿出来玷污您的

32 严协律：据说是指严武，字季鹰，唐代华阴人。协律，掌管音乐的官。秘书郎：又叫秘书郎中，掌管图书经籍的官。

33 崔宗之、房习祖、黎昕、许莹：其事迹史书无记载。崔宗之曾任侍御史，杜甫的《饮中八仙歌》把他列为八仙之一。

34 衔恩：即不忘提拔之恩。躬：自身。

35 推赤心于诸贤之腹中：对各种贤能之人能推心置腹。赤心，真心诚意。

36 谟猷筹画：指政治上出谋划策。谟，计谋。猷，谋划，打算。

37 自矜：自诩，自夸。

38 卷轴：古代文章书画，都裱为长卷，有轴可以舒展，所以叫卷轴。

听[39]，恐雕虫小技，不合大人。

耳目，只恐这些微不足道的技能，不合大人的心意。

若赐观刍荛(chú ráo)[40]，请给(jǐ)纸笔，兼之书人[41]，然后退扫闲轩[42]，缮(shàn)[43]写呈上。庶青萍、结绿[44]，长(zhǎng)价于薛、卞(biàn)[45]之门。幸推下流[46]，大开奖饰[47]。唯君侯图[48]之！

假若您赏脸看看我这些鄙陋的文章，请赏给纸笔，并派誊写的人，然后退下去打扫一间闲静的小房子，誊抄好呈献给您。或许青萍宝剑、结绿美玉在薛烛、卞和的门下会增加价格。希望您推荐我这地位卑下的人，大大地给以鼓励赞扬。请您考虑我的要求吧！

39 尘秽视听：意为玷污您的耳目。这是作者的自谦之词。尘秽，脏物，这里用作动词。
40 刍荛：本指割草打柴的人，后指草野之人。这里是李白谦逊地指自己的文章。
41 书人：抄写的人。
42 闲轩：空闲的小房子。
43 缮：誊录。
44 庶：庶几，或许。青萍：宝剑名。结绿：美玉名。这里作者自负地用来比喻自己的文章。
45 薛、卞：薛烛、卞和，他们都是春秋时候的人，前者善于鉴别剑，后者善于鉴别玉，作者这里用来比喻会识别文章优劣的人，即恭维韩朝宗。
46 推：荐举。下流：地位卑下的人，这是作者的谦词。
47 奖饰：相当于过奖、过誉，含有不敢当的意思。
48 图：考虑。

春夜宴桃李园序

李白

本文是《李太白集》中用骈体写成的一篇脍炙人口的抒情小品，也称《春夜宴诸从弟桃李园序》。它以清新俊逸的风格，转折自如的笔调，记述了作者在春光明媚的月夜，与弟兄们聚会于桃李芬芳的名园，饮酒赋诗，高谈阔论，畅叙天伦之乐的盛况。文章辞短韵长，逸趣横生，但也流露出一种浮生若梦、及时行乐的消极思想。

夫(fú)天地者，万物之逆旅[1]；光阴者，百代之过客[2]。而浮生[3]若梦，为欢几何[4]？古人秉(bǐng)烛夜游[5]，良有以也[6]。

天地是万物的客舍，光阴是百代的过客。人生在世好像做梦一般，寻欢作乐能有多久？所以古人拿着蜡烛在夜里游玩，实在是有道理的。

况阳春召(zhào)我以烟景[7]，大块假我以文章[8]。会桃李

何况温暖的春天用它瑰丽的景色在召唤着我，天地万物又提供

1 逆旅：客舍，旅馆。
2 过客：过路的旅客。
3 浮生：人生短促，漂浮不定，好像浮萍生活在水面上一样。
4 几何：多少，多久。
5 秉烛夜游：出自《古诗十九首》："昼短苦夜长，何不秉烛游！"秉，执持，拿。
6 良：确实。以：道理，原因。
7 阳春：温暖的春天。烟景：指春天的景色，因为它常常呈现出烟雾朦胧的状态。
8 大块：天地，这里指大自然。文章：指锦绣山河。

之芳园，序天伦[9]之乐(lè)事。群季[10]俊秀，皆为惠连[11]；吾人咏歌，独惭康乐[12]。	我如锦似绣的图像。现在我们聚集在桃李芬芳的名园，畅叙父子、兄弟之间的乐事。弟兄们才华出众，都像谢惠连一样；而我吟哦诗篇，以为不如谢灵运而独自感到惭愧。
幽赏未已[13]，高谈转清。开琼筵(yán)[14]以坐花，飞羽觞(shāng)[15]而醉月。不有佳作，何伸雅怀？如诗不成，罚依金谷[16]酒数。	幽雅地观赏大自然的美景还没有完结，高谈阔论又转入到清新的话题。大家围坐在花丛中，摆开丰盛的宴席，频频举杯，在皎洁的月光下酣醉。没有出色的作品，怎能抒发幽雅的情怀？如果有作诗不成的，就照金谷园的成例罚酒三杯。

9 天伦：旧时用为父子、兄弟等亲属的代称。

10 群季：众位弟弟。季，幼小。

11 惠连：指南朝宋文学家谢惠连。他幼年能文，以诗歌擅名，与族兄谢灵运并称“大小谢”，灵运极爱其才。在这里，李白是借以赞喻众弟的才华。

12 康乐：谢灵运是谢玄的孙子，曾袭封康乐公，世称谢康乐。这里作者是借以自喻。

13 幽赏：幽雅地观赏。已：止。

14 琼筵：华贵的筵宴。

15 飞羽觞：比喻杯盏交错，开怀痛饮。羽觞，爵杯，古代的酒器。

16 金谷：园名。晋人石崇在金谷园宴客赋诗，凡不能写诗的，罚酒三杯。

清 吕焕成 《春夜宴桃李园图》（局部）

吊古战场文

李华[1]

本文以凭吊古战场起兴，抒发了作者厌战、反战的思想感情。文章着重反对秦汉以来的开边战争，却肯定了李牧破林胡、逐匈奴，以安定边疆的正义战争。唐玄宗时，开边战争大举进行，给人民生命财产带来极大的损失。故本文名为吊古，实乃伤今，主要谴责了唐王朝穷兵黩武的政策。

浩浩乎！平沙无垠(yín)[2]，敻(xiòng)[3]不见人，河水萦(yíng)带[4]，群山纠纷[5]。黯(àn)[6]兮惨悴(cuì)，风悲日曛(xūn)[7]。蓬(péng)断草枯，凛(lǐn)若霜晨。鸟飞不下，兽

浩浩瀚瀚啊！平坦的沙漠，无际无边，荒远辽阔，不见人烟，河水像带子一样环绕，群山纷纭杂乱。阴暗惨淡，风声凄厉，日色无光。蓬草枯折，寒冷得像打霜的早晨。鸟儿在空中盘旋，不敢下来；野兽拼命狂跑，顾不得同伴。亭长告诉

1 李华（715—766）：字遐叔，赞皇（今属河北）人，唐代散文家，与萧颖士齐名。他的文章承六朝文风，故多杂以骈丽之辞。但他与萧颖士等主张恢复古文，是唐代古文运动的先驱者。

2 垠：界限，边际。

3 敻：空旷。

4 萦带：像衣带一样环绕着。

5 纠纷：交错杂乱的样子。

6 黯：暗淡无光。

7 曛：昏暗不明。

铤(tǐng)亡群[8]。亭长[9]告余曰:“此古战场也,常覆三军,往往鬼哭,天阴则闻。”伤心哉!秦欤(yú)?汉欤(yú)?将[10]近代欤(yú)?

我说:“这是古代战场啊,经常在这里覆灭三军;天阴的时候,往往可以听到鬼哭的声音。”多么伤心啊!这是秦代的战场呢?汉代的战场呢?还是近代的战场呢?

吾闻夫齐魏徭(yáo)[11]戍(shù),荆韩召募。万里奔走,连年暴(pù)露。沙草晨牧,河冰夜渡;地阔天长,不知归路。寄身锋刃,腷(bì)臆(yì)[12]谁诉?秦汉而还,多事四夷;中州耗斁(dù)[13],无世无之。古称戎(róng)夏,不抗王师。[14]文教(jiào)失宣,武臣用奇(qí);奇兵有异于仁义,王道迂

我听说齐、魏征兵防守,楚、韩招兵屯戍。将士们奔走万里,一连几年在野外暴露。早晨牧马沙草中,夜晚从冰河上渡过;路途远,时间长,不知哪里是归途。他们在刀锋下过日子,忧郁的心情能向谁倾诉?秦汉以来,经常跟四夷交兵;中原地区民穷财尽,没有一个朝代没有战争。古时说边境和中原诸侯,都不对抗王师。后世不施行仁义,武将喜用奇兵诡计;奇兵不同于仁义,王道被认为迂阔不再奉行。

8 铤:快跑。亡群:失群,离群。
9 亭长:古时十里一亭,置亭长一人,掌劾捕盗贼。
10 将:还是。
11 徭:劳役。戍:守边。即征派士兵防守边境。
12 腷臆:郁结,愤懑。
13 斁:败坏。
14 戎:泛指边境地区的少数民族。夏:指我国中原地区民族,即汉族。王师:对帝王的军队的称呼。

阔而莫为。[15]呜呼！噫嘻[16]！

吾想夫北风振漠，胡兵伺便。主将骄敌，期门[17]受战。野竖旄(máo)旗，川回组练[18]。法重(zhòng)心骇(hài)，威尊命贱。利镞(zú)[19]穿骨，惊沙入面。主客相搏，山川震眩(xuàn)。[20]声析江河，势崩雷电。

至若穷阴凝闭，凛(lǐn)冽(liè)海隅(yú)；[21]积雪没胫(jìng)，坚冰在须。鸷(zhì)鸟休巢，征马踟蹰(chí chú)；[22]缯纩(zēng kuàng)无温[23]，堕(duò)指裂肤。

唉，可叹啊！

我想，当北风猛吹着沙漠，胡兵等候进攻的时机。主将轻敌麻痹，敌人来到营门才迎战。野地里竖满了旌旗，平川上奔驰着战士。军法苛重心里惧怕，主将威严兵命微贱。锐利的箭头射穿人骨，飞动的沙尘扑入人面。主客两军相互攻击，山川也为之震动、晕眩。声音之大可以把江河撕裂，声势之猛仿佛轰雷闪电。

至于严冬季节，天昏地暗，乌云四合，凛冽的寒风吹遍沙漠；积雪掩没了小腿，坚冰凝固在胡须。凶猛的鸟儿躲在巢中，战马也徘徊不肯驰驱；身穿棉衣却没有暖气，冻坏了指头和皮肤。

15 奇兵：乘着敌人没有防备而突然袭击的部队。迂阔：不切合实际。
16 噫嘻：感叹词。
17 期门：指守卫军营的大门。
18 川：平川，平原。组练：组甲和练袍，军士穿的两种衣甲。这里指披上铠甲的军队。
19 镞：箭头。
20 主客：指主客两军，即防守者和入侵者。眩：迷乱。
21 穷阴凝闭：指严冬季节乌云四合，凝结不开。凛冽：严寒。
22 鸷鸟：凶猛的鸟。踟蹰：徘徊不进。此指畏寒而不前。
23 缯：古代对丝织品的统称。纩：丝绵。

当此苦寒，天假强胡[24]，凭陵杀气[25]，以相剪屠。径截辎(zī)重[26]，横攻士卒；都尉[27]新降(xiáng)，将军覆没(mò)。尸填巨港[28]之岸，血满长城之窟(kū)。无贵无贱，同为枯骨，可胜言哉！

正是这样苦寒的时候，老天爷赐给强胡机会，凭仗着严寒的天气来进攻杀戮。拦路劫取物资，侧面袭击士卒；都尉和将军们，有的被迫投降，有的全军覆没。尸体堆积在大河的岸边，血液流满了长城的穴窟。不分贵贱，一起成了枯骨。这悲惨的情状，能够讲得完吗？

鼓衰兮力尽，矢竭兮弦绝[29]。白刃交兮宝刀折，两军蹙(cù)[30]兮生死决。降矣哉，终身夷狄；战矣哉，骨暴(pù)沙砾(lì)。鸟无声兮山寂寂，夜正长兮风淅淅；魂魄结兮天沉沉，鬼神聚兮云幂幂(mì mì)[31]。日

鼓声衰竭啊，气力已用尽，箭射完了啊，弓弦也断了。白刃交加啊，宝刀断折；两军相迫啊，拼个死活。投降呢，终身做夷狄；打下去呢，骨头暴露在沙砾。鸟不出声啊，山林悄悄；夜正长啊，风声淅淅。魂魄凝结啊，天色昏暗；鬼神聚集啊，云雾阴惨。日光寒冷啊，草不长，月色凄苦啊，霜更白。景象凄惨

24 假：借，引申为赐予。强胡：强大的胡人，这里借指强悍的少数民族。
25 凭陵：依仗。杀气：寒气。
26 辎重：军用物资的统称。
27 都尉：武官名，汉代在边境各郡设都尉，掌武事。
28 巨港：大河。
29 绝：断绝。
30 蹙：迫，逼近。
31 幂幂：黑沉沉、阴森森的样子。

光寒兮草短，月色苦兮霜白。伤心惨目，有如是耶！

得令人不忍心看，有像这个样子的吗？

吾闻之：牧用赵卒，大破林胡。[32] 开地千里，遁(dùn)逃匈奴。汉倾(qīng)天下，财殚(dān)力痡(pū)。[33] 任人[34]而已，其在多乎？

我听说：李牧带领赵国的兵卒，大破林胡。开拓土地千里，赶跑了匈奴。汉朝动用了全国的人力物力，却落得个财尽民苦。可见只要用人得当，不在士兵的多少。

周逐猃狁(xiǎn yǔn)，北至太原。[35] 既城朔方[36]，全师而还。饮至策勋[37]，和乐且闲，穆穆棣棣(dài dài)[38]，君臣之间。秦起长城，竟海[39]为关，荼(tú)毒生灵，万里朱殷(yān)。[40] 汉击匈奴，虽得阴

周朝驱逐猃狁，北面到了太原，在朔方筑了一座城，就全军凯旋。告捷太庙，功劳载入简策，君臣之间和乐悠闲，谦恭文雅，互相尊敬。秦朝修建长城，关塞直到海边，百姓遭受摧残，万里长城沾满了血迹。汉朝进攻匈奴，虽然获得阴山，但是尸

32 牧：李牧，战国末年赵国名将，长期防守在赵国的北边，打败东胡，降服林胡，使匈奴远遁，十余年不敢接近赵国边境。林胡：匈奴的一支。
33 倾天下：尽全国之力。殚：竭尽。痡：病，引申为疲敝。
34 任人：指用人得当。
35 猃狁：古代北方的一个少数民族，即汉代的匈奴。太原：在今宁夏固原北，是太原戎所居之地。
36 城：筑城。朔方：北方。
37 饮至：古时诸侯朝见、会盟、征伐完毕都要到宗庙里告祭祖先，饮酒庆贺。策勋：把功劳记录在简策上。
38 穆穆：和平恭敬的样子。棣棣：亦作“逮逮”。雍容娴雅的样子。
39 竟海：一直到海。竟，终。
40 荼毒：毒害，残害。朱殷：指赤黑色的血迹。

山[41]，枕骸(hái)遍野，功不补患。

体堆满了山野，功绩抵不上祸患。

苍苍蒸民[42]，谁无父母？提携捧负，畏其不寿。谁无兄弟，如足如手？谁无夫妇，如宾如友？生也何恩，杀之何咎(jiù)？其存其没(mò)，家莫闻知。人或有言，将信将疑。

天下众多的百姓，谁没有父母？牵着拉着抱着背着，生怕他命不长久。谁没有兄弟，就像手足一样亲近？谁没有夫妇，相敬如宾，相好如友？当他活着是受了什么恩，杀死他又是犯了什么罪？他们的生和死，家里一点也不知道。有人说起，将信将疑。

悁悁(yuān yuān)[43]心目，寝寐(qǐn mèi)见之。布奠(diàn)倾觞(shāng)[44]，哭望天涯。天地为愁，草木凄悲。吊祭不至，精魂何依？必有凶年，人其流离。呜呼噫嘻！时耶命耶？从古如斯。为之奈何，守在四夷[45]。

心中充满忧愁，睡梦里也梦见出征的亲属。摆设祭品倒满酒，望着远方放声哭。天地为他们忧愁，草木为他们凄楚。吊祭不到，灵魂依托在哪里？战后必有凶年，人们又要四散流离。唉，可怜啊！是时机不好呢，还是命运不济？然而从古以来都是这样的！有什么办法呢？只有施行仁义，归化四夷，让他们替天子守卫疆域。

41 阴山：内蒙古自治区境内山脉，西起河套，东接内兴安岭。汉武帝多次伐匈奴，才夺得此山，设兵屯守，匈奴之势始衰。

42 苍苍：盛多的样子。蒸民：同“烝民”。众多的百姓。

43 悁悁：忧闷的样子。

44 布奠：摆设祭品。觞：酒杯。

45 守在四夷：引自《左传·昭公二十三年》：“古者天子，守在四夷。”这是说要用仁德使四方归服，都来为天子守卫国土，就没有战争的祸患了。

陋室铭

刘禹锡[1]

《陋室铭》聚描写、抒情、议论为一体，通过具体描写“陋室”恬静、雅致的环境和主人高雅的风度来表述自己两袖清风的情怀。全文不满一百字，通篇紧扣“陋室不陋”这一主旨。开头以山水陪衬陋室不陋；中间以室外景、室中人、室内事说明陋室不陋；再以诸葛庐、子云亭相比赞陋室不陋；最后引孔子的话作出权威的结论。

山不在高，有仙则名；水不在深，有龙则灵。斯是陋室，惟吾德馨（xīn）[2]。苔痕上阶绿，草色入帘青。谈笑有鸿儒，往来无白丁。[3]

山，不在于高，有神仙住着就出名；水，不在于深，有蛟龙潜藏就显灵。这是一间简陋的住室，由于我道德高尚而散发芳馨。苔藓爬上台阶一片碧绿，芳草映入窗帘格外翠青。在里边谈笑的有学问渊博的学者，往来的没有无知识的俗人。

1 刘禹锡（772—842）：字梦得。洛阳（今属河南）人。唐顺宗永贞元年（805），参加了以王叔文为首的政治集团，反对宦官专权和藩镇割据。不久失败，被贬为朗州（今湖南常德一带）司马，九年之后才迁连州（今广东连州一带）刺史，历任夔、和、苏、汝、同等州刺史，最后做到太子宾客，加检校礼部尚书。他是唐代有名的文学家，也是一位具有唯物主义思想的哲学家。
2 馨：能散布到远处的芳香。这里指德行的美好。
3 鸿儒：博学之士。白丁：没有功名的人。这里是指无知识的俗人。

可以调(tiáo)素琴，阅金经。[4]无丝竹之乱耳，无案牍(dú)之劳形[5]。南阳诸葛庐[6]，西蜀(shǔ)子云亭[7]。孔子云："何陋之有[8]？"

在这里可以抚弄清雅的古琴，诵读金字书写的佛经。没有各种浊杂的音乐嘈耳，也没有案卷公文劳累心身。它好比诸葛亮在南阳住的茅庐，扬子云在西蜀住的草玄亭。孔子说："这有什么简陋的呢！"

南宋 夏圭 《烟岫林居图》

4 调：弹奏。金经：指佛经。古人用金色颜料写佛经，故称。
5 案牍：公文案卷。这里是泛指官署公务。劳形：使身体感到劳累。
6 诸葛庐：汉末诸葛亮隐居南阳郡的邓县隆中（今湖北襄阳西），住的是茅庐。
7 子云亭：子云，汉代学者扬雄的字。扬雄是蜀郡成都人，他曾在成都专心著述《太玄经》，名其住室为"草玄亭"。
8 何陋之有：语出《论语·子罕》。孔子在政治上失意，想到九夷去住，有人说那里太简陋了，孔子说："君子居之，何陋之有！"

阿房宫赋

杜牧[1]

本文是唐代文学家杜牧创作的一篇借古讽今的赋体散文。作者通过描写阿房宫的兴建及毁灭，生动形象地总结了秦朝统治者骄奢亡国的历史经验，并向唐朝统治者发出了警告。

本文既充分发挥了赋的长处，又能突破樊篱，骈散结合，夹叙夹议。描写处铺排夸张，概括凝练，极力形容阿房宫体制的宏丽、宫廷生活的奢侈；议论时笔锋犀利，所向披靡，着重揭露独夫民贼与广大人民的尖锐对立。两两相生，有力地突出了作品的主题。

六王毕[2]，四海一[3]，蜀山兀(wù)[4]，阿房(ē páng)出。

六国诸侯被消灭以后，全国就统一了。秦始皇下令砍光了蜀山的树木，建起了阿房宫。

覆压三百余里，隔离天日。[5]骊(lí)

阿房宫纵横绵延三百多里，遮天蔽日。从骊山北边开始修筑，再向西拐，一

1 杜牧（803—853）：字牧之，祖籍京兆万年（今陕西西安）人。二十六岁中进士，曾作了十多年的幕僚。历任黄、池、睦、湖等州刺史，官终中书舍人。工诗、赋、文、辞，尤长于诗。世称“小杜”，以别于杜甫。
2 六王：指楚、齐、韩、赵、魏、燕六国的君王。毕：完结。这里指六王统治的结束。
3 四海：即全国。一：统一。
4 蜀山：蜀地之山，即今川陕边界的山脉。兀：山高而秃。这里指山上的树木被砍光了。
5 据《三辅黄图》记载：“阿房宫，亦曰阿城。惠文王造宫，未成而亡。始皇广其宫。规恢三百余里，离宫别馆，弥山跨谷，辇道相属，阁道通骊山八百余里。”

山北构而西折，直走咸阳。[6] 二川溶溶[7]，流入宫墙。五步一楼，十步一阁，廊腰缦(màn)回，檐牙高啄，各抱地势，钩心斗角。盘盘[8]焉，囷囷(qūn qūn)[9]焉，蜂房水涡，矗(chù)不知其几千万落。[10]

直伸向咸阳。渭水樊川，微波荡漾，流进了宫墙。五步一座楼台，十步一处亭阁。长廊像一条缯做的腰带，回环往复；檐头像仰天啄食的鸟嘴，翘然上指；各处建筑都随着地形的起伏而自然变化，四方向核心辐凑，又互相争雄斗势。周转回旋啊，错综纷纭啊，如同密密的蜂房，又像激流中的水涡，高高耸立，也不知有几千万座院落。

长桥卧波，未云何龙[11]？复道行空，不霁(jì)何虹？[12] 高低冥(míng)迷，不知西东。歌台暖响，春光融融；舞殿冷袖，风雨

长桥横卧渭水，天空无云，何处飞来了苍龙？复道飞跨长空，不是雨后刚晴，怎么出现的彩虹？令人晕头转向，不识高低，难辨西东。歌台上笙歌嘹亮，热烈气氛宛若和暖的春光；舞厅里长袖飘逸，旋起阵阵冷风，好似秋天的苦雨凄风。在

6 骊山：在今陕西西安临潼区东南。咸阳：秦都城，故城在今陕西咸阳东北窑店镇附近。

7 二川：渭水、樊川。溶溶：河水流动的样子。

8 盘盘：盘旋貌。

9 囷囷：曲折回旋的样子。

10 蜂房：蜂巢内的小室，比喻建筑物的多和密。水涡：旋涡，比喻建筑物的曲折回旋；一说水涡即瓦沟。落：院落；一说指屋檐的滴水装置。

11 《周易·乾·文言》：“云从龙，风从虎。”古人迷信，认为云必伴随龙生，风必跟着虎起。

12 复道：楼阁之间架木构成的通道。霁：雨后或雪后转晴。

凄凄。一日之内，一宫之间，而气候不齐。

一天之内，一宫之间，气候竟然如此不同。

妃嫔媵嫱（fēi pín yìng qiáng）[13]，王子皇孙，辞楼下殿，辇（niǎn）[14]来于秦，朝（zhāo）歌夜弦，为秦宫人。

六国的妃子、嫔御、媵妾、女官、王子、皇孙，离开了自己的宫殿，来到秦朝的阿房宫中，清晨唱歌，傍晚弹琴，变成了秦王的宫人。

明星荧荧（yíngyíng）[15]，开妆镜也；绿云扰扰（rǎo rǎo）[16]，梳晓鬟（huán）也；渭流涨腻（zhàng nì）[17]，弃脂水也；烟斜雾横，焚椒（jiāo）兰[18]也；雷霆乍惊，宫车过也；[19]辘辘（lù lù）远听，杳（yǎo）不知其所之也。一肌一容，尽态极妍（yán），缦（màn）立远视，而望幸

明星闪闪，是美人打开了梳妆的奁镜；绿云纷纷，是美人早晨梳理着黑色的长发；渭水泛起一层油腻，是美人泼弃的胭脂水；宫中弥漫着烟雾，是焚烧着花椒与兰花；雷霆突然震响，是皇帝乘坐的宫车驶过；可车声辘辘，渐行渐远，也不知去向何方。宫中美女，千姿百态，梳妆打扮，久久站立，倚门远眺，希望得到宠幸。有些人竟这样等了

13 妃：皇帝的妾，地位次于皇后。嫔：皇帝的妾，地位次于妃。媵：妾的一种。古代贵族女子出嫁时的随嫁女子，称为媵。嫱：宫中女官。
14 辇：帝王和皇后所乘的车，这里作动词用。
15 荧荧：光明貌。
16 绿云：比喻妇女黑润而稠密的头发。扰扰：纷纷扬扬。
17 腻：油脂。
18 焚椒兰：古代贵族妇女在房中烧香料熏室。椒，花椒。兰，兰花。
19 语出《长门赋》："雷殷殷而响起兮，声象君之车音。"汉武帝陈皇后失宠，贬居长门宫，惆怅哀婉，郁郁寡欢，文学家司马相如为她写了这篇作品。

焉。有不得见者三十六年。

三十六年，连皇帝的面孔都没有见过。

燕(yān)、赵之收藏[20]，韩、魏之经营，齐、楚之精英，几世几年，取掠其人[21]，倚叠如山。一旦不能有，输来其间。鼎铛(chēng)玉石[22]，金块珠砾(lì)[23]，弃掷逦(lǐ)迤(yǐ)[24]，秦人视之，亦不甚惜。

燕国、赵国收藏的金银，韩国、魏国聚敛的珠玉，齐国、楚国挑选的珍宝，是诸侯年深日久，靠掠夺本国老百姓而积集起来的，堆积如山。一旦国破家亡，这些再也不能占有了，都被运进了阿房宫中。秦国人把宝鼎当作铜铛，美玉当作石头，金银当作泥土，珍珠当作粗砂，随便乱扔，遍地都是，秦人看见这些，也并不感到可惜。

嗟呼！一人之心，千万人之心也。秦爱纷奢(shē)，人亦念其家。奈何取之尽锱(zī)铢(zhū)[25]，用之如泥沙！使负栋之柱，多于南亩[26]之农夫；架梁

唉！一个人的心愿，也就是千万个人的心愿。秦国皇族喜爱豪华奢侈，但人们也顾念自己的家呀。为什么搜刮百姓的时候，一丝一毫也不放过，用起来却跟泥沙一样？使得宫中支承栋梁的柱子，比田野里的农夫还要多；架

20 收藏：与下两句中之“经营”“精英”皆指六国搜刮的珍宝。

21 取掠：掠夺，搜刮。人：民。

22 鼎：古代食器。铛：平底浅锅。

23 块：土块。砾：粗砂。

24 逦迤：绵绵不绝。

25 锱铢：古代重量单位，六铢为一锱，一铢略等于后来一两的二十四分之一。用来比喻轻微。

26 南亩：泛指田野。

之椽，多于机上之工女；钉头磷磷，多于在庾之粟粒；[27] 瓦缝参差，多于周身之帛缕；直栏横槛，多于九土之城郭[28]；管弦呕哑，多于市人之言语。使天下之人，不敢言而敢怒。独夫[29]之心，日益骄固。戍卒叫，函谷举；[30] 楚人[31]一炬，可怜焦土。

在梁上的椽条，比织布机上劳动的妇女还要多；密集的钉头，比放在露天谷仓里的粟粒还要多；参差不齐的瓦缝，比全身衣服上的纱线还要多；纵横长短的栏杆，比全国的城郭还要多；管弦奏出的嘈杂声，比集市上的人声还要多。看着这些，天下的人民，口不敢言心中却怨怒。而独夫民贼的思想，却日益骄横顽固。戍卒大呼而起，函谷一举攻开；楚兵一把大火，把阿房宫烧成一片焦土。

呜呼！灭六国者，六国也，非秦也；族[32]秦者，秦也，非天下也。嗟夫！使六国各爱其人，则足以拒秦；秦复爱

啊！消灭六国的，是六国自己啊，而不是秦国；消灭秦国的，是秦国自己啊，而不是天下的人民。唉！要是六国都能爱护自己的人民，那么就完全能够抵挡住秦国了；假如秦国又能够

27 磷磷：水里的石头密集，这里是形容显露的样子。庾：露天谷仓。
28 郭：外城。
29 独夫：专横残暴的统治者为人民所痛恨，众叛亲离，故称“独夫”。
30 戍卒叫：指陈胜吴广起义。函谷：函谷关（今河南灵宝西南）。秦二世三年（前207）八月，赵高杀秦二世，立子婴为帝。十月，刘邦入关，进兵灞上，子婴迎降。
31 楚人：项羽及其部队。
32 族：古时的一种残酷的刑罚，多至诛灭九族。

六国之人，则递三世可至万世而为君[33]，谁得而族灭也？秦人不暇（xiá）自哀，而后人哀之；后人哀之而不鉴之，亦使后人而复哀后人[34]也。

爱护六国的人民，那么皇位就可以传到三代，以至千秋万世都做皇帝，谁能够消灭他们的家族呢？秦人来不及痛惜自己的亡国，而后人替他们哀伤；后人替秦人哀伤，却不以秦人作为鉴戒，只怕又会使更后的人们来哀伤他们呢！

清 袁江 《阿房宫图》（局部）

33 《史记·秦始皇本纪》载秦并六国后，始皇下诏废除谥法："朕为始皇帝，后世以计数，二世三世至于万世，传之无穷。"

34 亦使后人而复哀后人：前一个"后人"指唐代以后的人；后一个"后人"，指唐代统治者。

原道

韩愈[1]

《原道》是韩愈复古崇儒、攘斥佛老的代表作。文中观点鲜明，有破有立，引证古今，层层剖析，驳斥佛老之非，论述儒学之是，归结到恢复古道、尊崇儒学的宗旨，是唐代古文的杰作。

博爱[2]之谓仁，行而宜之之谓义[3]，由是而之焉之谓道[4]，足乎己无待于外之谓德[5]。

仁与义为定名，道与德为虚位。[6]故

广泛爱人叫作仁，行动适宜叫作义，从仁义出发，去立身行事叫作道，自己本来就具有而不需要外来影响叫作德。

仁与义是具有实际内容的定名，道与德是需要实际内容去填充的虚位。因为道与德是虚位，所以有君子之道，

1 韩愈（768—824），字退之，河阳（今河南孟州南）人。祖籍河北昌黎，故世称韩昌黎。他和柳宗元等倡导了中唐时期的古文运动，是杰出的散文家、有特色的诗人。

2 博爱：广泛爱人。博，大。

3 行：行为，实践。宜：指合于人情事理所当然。义：“仁”的具体表现。

4 是：此，指仁义。道：应该行走的路，应遵循的道理。

5 足乎己无待于外之谓德：意谓德是内心本来具有的，加强修养，见之行动，自然心安理得，不需要外来的影响。

6 “仁与义为定名”二句：谓仁与义是具体事物的固定名称，循名责实，有其实际内容。道德则可以做不同的解释，是从不同的内容和准则抽象出来的，故曰虚位。

道有君子小人，而德有凶有吉。[7]

小人之道的区分，有凶德、吉德的区别。

老子[8]之小仁义，非毁之也，其见者小也。坐井而观天[9]，曰天小者，非天小也。彼以煦（xù）煦（xù）[10]为仁，孑（jié）孑（jié）[11]为义，其小之也则宜。其所谓道，道其所道，非吾所谓道也；其所谓德，德其所德，非吾所谓德也。[12]凡吾所谓道德云者，合仁与义言之也，天下之公言也；老子之所谓道德云者，去仁与义言之[13]也，一人之

老子轻视仁义的意义，不是有意诋毁仁义，而是由于他所见狭小的缘故。正如从井中观天，说天如何小，并不是天真的这样小。他把巧言令色看作仁，细谨小节看作义，因而贬低仁义的意义，就不足为怪了。老子所讲的道，是把他对道的理解当作道，不是我所讲的道；老子所讲的德，是把他对德的理解当作德，不是我所讲的德。我所讲的道与德，都是包括仁与义来谈的，是天下的公理；老子所讲的道与德，都是

7 “道有君子小人”二句：说明道与德为什么是虚位。有君子之道，小人之道；有凶德，吉德。

8 老子：春秋时哲学家，姓李，名耳，楚国人。创立道家学派，被后来的道教奉为始祖。著有《老子》一书。

9 坐井而观天：譬喻所见不广。

10 煦煦：温润和悦貌。

11 孑孑：琐屑细小貌。

12 “其所谓道”六句：道其所道，德其所德，上“道”字、“德”字皆作动词用。《老子》：“人法地，地法天，天法道，道法自然。”“上德不德，是以有德；下德不失德，是以无德。”大旨归于无为自化，与后面所引《大学》诚意、正心、修身、齐家、治国之说迥然有别，所以说“非吾所谓道”“非吾所谓德”。

13 去仁与义言之：《老子》有“绝仁与义，民复孝慈”的话。

私言也。	离开仁与义来谈的，是一己的私见。
周道衰[14]，孔子没(mò)[15]，火于秦[16]，黄老于汉[17]，佛于晋、魏、梁、隋之间[18]。	自从周王朝权力衰微，孔子去世后，诗书史籍被秦烧毁，汉代受到黄老之学的影响，晋、魏、梁、隋几个朝代又受到佛教的影响。
其言道德仁义者，不入于杨，则入于墨；[19]不入于老，则入于佛。[20]入于彼，必出于此。入者主之，出者奴之；入者附之，出者污之。[21]噫！后之人其欲闻仁义道德之说，孰从而听之？	所以，谈论道德仁义的人，不是信奉杨朱的学说，就是信奉墨翟的学说；不是信奉黄老学说，就是信奉佛教学说。推崇那一说，一定排斥这一说。推崇一说，就奉为宗主；排斥一说，就看作隶属。推崇一说，就无限夸大它；排斥一说，就肆意诋毁它。唉！后学之士想要懂得儒家仁义道德的学说，从哪里去听到它呢？
老者[22]曰："孔子，	崇尚老子学说的人说："孔子是我

14 周道衰：指周平王东迁洛阳后，王朝权力日益削弱。
15 孔子没：孔丘死于鲁哀公十六年（前479），以后诸子百家争鸣，儒家内部也分成八派。
16 火于秦：指秦始皇焚书。火，焚烧。
17 黄老：指黄帝、老子之学，这里作动词用，谓黄老之学盛行于汉代。
18 佛于晋、魏、梁、隋之间：句法上与上句同，谓佛教盛行于晋、北魏、梁、隋几个朝代。
19 杨：杨朱。墨：墨翟。此处谓杨朱、墨翟的学说。
20 “不入于老”二句：指汉以后直至唐代黄老之学和佛教盛行的情况。
21 附：附益，增加，夸大。污：贬低，歪曲。
22 老者：崇尚老子学说的人。

吾师之弟子也。”佛者[23]曰:“孔子,吾师之弟子也。”为孔子者[24],习闻其说,乐其诞而自小也[25],亦曰“吾师亦尝师之”云尔。不惟举[26]之于其口,而又笔[27]之于其书。噫!后之人虽欲闻仁义道德之说,其孰从而求之?

甚矣,人之好(hào)怪也!不求其端[28],不讯其末,惟怪之欲闻。古之为民者四,今之为民者六;[29]古之教者处(chǔ)其一,今之教者处其三。[30]农之家一,而食粟之家

们先师的弟子。”信奉佛教的人说:“孔子是我们佛祖的弟子。”推崇孔子学说的人,听惯了老、佛两家的说法,赞赏他们的奇谈怪论而贬低自己,也跟着说:“我们孔子也曾向他们老师学习过呢!”不仅在他们的口里称道着,而且在他们著的书里也记载着。唉!后学之士即使想要懂得儒家仁义道德的学说,又从哪里去探求呢?

人们好怪诞,也太厉害了!不推求事物的开端,不探究其发展情况和影响,只爱听一些荒诞无稽的话。古时有士、农、工、商四民,今天增加僧、道,有六民了;古时士民主教化,于四民之中居其一,今天士和僧、道并主教化,于六民之中居其三。这样,一

23 佛者:信奉佛教的人。
24 为孔子者:推崇孔子学说的人。
25 诞:荒诞,虚妄。自小:自卑,贬低自己。
26 举:称述。
27 笔:记载。
28 端:开始。
29 为民者四:指士、农、工、商四种人。为民者六:上述四种人加上佛教徒、道教徒。
30 “古之教者处其一”二句:谓古时士民掌教化,居四民之一;现在掌教化的增加佛、道二民,居六民之三。

六；工之家一，而用器之家六；贾（gǔ）之家一，而资焉[31]之家六。奈之何民不穷且盗也！

户农民，要供六户人家的口粮；一户工民，要供六户人家的器用；一户商民，要供六户人家的生活资料。如何不弄得人民穷困，被迫去做盗贼啊！

古之时，人之害多矣。有圣人者立，然后教（jiào）之以相生相养之道；为之君，为之师，驱其虫蛇禽兽而处（chǔ）之中土[32]。寒然后为之衣，饥然后为之食。木处（chǔ）[33]而颠，土处（chǔ）而病也，然后为之宫室。为之工，以赡（shàn）[34]其器用；为之贾（gǔ），以通其有无；为之医药，以济其夭死；为之葬埋祭祀，以长（zhǎng）其恩爱；为之礼，以

古时候，人类遇到的危害很多。有圣人出来，教导人们共同生活和长育的道理、方法；为他们设立君主，为他们设立师长，赶跑虫蛇禽兽，让人们居住在中原地带。冷了，帮他们找穿的，饿了，帮他们找吃的。住在树上容易颠仆，住在土洞容易生病，就帮他们建筑宫室。为人们分设工民，来充分供应他们的器具；为人们分设商民，来沟通他们的有无；为人们寻找医药，来拯救他们的夭折死亡；为人们倡导葬埋祭祀，来增长他们的恩爱感情；为人们规定礼仪，来叙列他们的尊卑长幼；为人们制作音乐，来宣泄他们的抑郁

31 资焉：依靠商贾以取得生活资料。
32 中土：中原地带。
33 木处：树上架巢而居。下句“土处”指穴居野处。处，居。
34 赡：供应。

次其先后；为之乐(yuè)，以宣其湮(yān)郁[35]；为之政，以率其怠倦[36]；为之刑，以锄其强梗[37]。相欺也，为之符玺(xǐ)斗斛(hú)权衡以信之[38]；相夺也，为之城郭甲兵以守之。害至而为之备，患生而为之防。

苦闷；为人们布施政教，来督率怠惰；为人们设立刑罚，来锄除强暴。有欺骗别人的事，便为人们设置符节、印章、斗斛、权衡，来作为凭信；有侵略别人的事，便为人们筑城郭、造兵甲来帮助守卫。总之，有了危害就为人守备，发生灾祸就为人防范。

今其言曰："圣人不死，大盗不止；剖斗折衡，而民不争。[39]"呜呼！其亦不思而已矣！如古之无圣人，人之类灭久矣。何也？无羽毛鳞介以居寒热也，无爪牙以争食也。

现在老子一派人的言论说："如果圣人不死，大盗窃国的事就不会停止；只有劈掉斗、折断秤，人民才不会相争。"唉！说这种话的人也实在是不去想一想罢了！如果古时无圣人，人类早绝迹了。为什么呢？人没有羽毛鳞甲来适应严寒酷热的环境，没有锐爪利牙来与禽兽争夺食物啊。

是故君者，出令者

因此，君主是发布号令的；臣子

35 宣：宣泄，抒发。湮郁：情志抑塞不舒。
36 怠倦：怠惰。
37 强梗：强暴。
38 符：竹制，分而相合以示信。玺：印章。斛：量器。权：秤锤。衡：秤杆。
39 "圣人不死"四句：见《庄子·胠箧》，庄子的意思是说大盗不但窃国，而且还利用圣人之法来维持他的统治地位。

也；臣者，行君之令而致之民者也；民者，出粟米麻丝，作器皿（mǐn），通货财，以事其上者也。君不出令，则失其所以为君；臣不行君之令而致之民，则失其所以为臣；民不出粟米麻丝，作器皿，通货财，以事其上，则诛[40]。今其法曰“必弃而君臣，去而父子，禁而相生相养之道”[41]，以求其所谓清净寂灭[42]者。呜呼！其亦幸而出于三代之后，不见黜（chù）于禹、汤、文、武、周公、孔子也；其亦不幸而不出于三代之前，不见正于禹、汤、

是执行君王的号令并实施于老百姓的；老百姓则是生产粟米麻丝、制造器皿、流通货物，来侍奉上面的。君主不发布号令，就失掉做君主的职责；臣子不执行君主的号令并实施于老百姓，就失去了做臣子的职责；老百姓不生产粟米麻丝、制造器皿、流通货物，来侍奉上面，就应该受到责罚。现在佛道的办法是：“必须废弃你的君臣礼节，断绝你的父子亲属关系，取消你的共同生活和长育的道理、方法”，用这来求得他们所谓清净寂灭的境界。唉！这些荒诞的说法，也就侥幸地出现在夏、商、周三代之后，没有被禹、汤、文、武、周公、孔子废黜掉；这些荒诞的教法，又不幸没有出现在夏、商、周三代之前，没有得到禹、汤、

40 诛：责罚。

41 “必弃而君臣”三句：句中“而”字皆与汝、尔同义。僧人见君不下拜，所以说“弃而君臣”；弃世出家，所以说“去而父子”；不事生产劳动，所以说“禁而相生相养之道”。

42 清净寂灭：道教和佛教修行的理想境界，指一切欲望和念头以及现实世界都是虚幻的。

文、武、周公、孔子也。

帝之与王，其号虽殊，其所以为圣一也。[43]夏葛而冬裘(qiú)，渴饮而饥食，其事虽殊，其所以为智一也。今其言曰：“曷(hé)不为太古之无事？”是亦责冬之裘者曰：“曷不为葛之之易也？”责饥之食者曰：“曷不为饮之之易也？”

传(zhuàn)曰[44]：“古之欲明明德于天下者[45]，先治其国；欲治其国者，先齐其家；欲齐其家者，先修其身；欲修其身者，先正其心；欲正其心者，先

文、武、周公、孔子的纠正。

五帝三王，他们的名号虽然不同，而都有功德于民则是相同的。夏天穿麻布衣，冬天穿皮衣，口渴了饮水，肚子饿了吃饭，这些事情虽然不同，但都很明智则是相同的。现在老子一派人的言论说：“为什么不回到太古的简陋无事？”这也像责备冬天穿皮衣的人说：“为什么不干穿葛布衣那样容易的事呢？”责备肚子饿了而吃饭的人说：“为什么不干饮水那样容易的事呢？”

解释经义的传这样说：“古时要在天下显明他的至德的人，首先必须治理他的国；要治理他的国，首先必须整肃他的家；要整肃他的家，首先必须修身；要修身，首先必须端正思想；要端正思想，首先必须诚实他的意念。”由此

43 “帝之与王”三句：黄帝、颛顼、帝喾、尧、舜称五帝，夏禹、商汤、周文王武王称三王。时代不同，名号各异，而有功德于民则相同。

44 传：解释儒家经典的书籍。引文出自《礼记·大学》。

45 古之欲明明德于天下者：郑玄说：“明明德，显明其至德。”朱熹说：“明明德于天下者，使天下之人皆有以明其明德也。”

诚其意。”然则古之所谓正心而诚意者，将以有为[46]也。今也欲治其心，而外天下国家，灭其天常[47]，子焉而不父其父，臣焉而不君其君，民焉而不事其事。

可知，古时讲端正思想，诚实意念，是要借此有所作为（即治国平天下）的。现在信奉佛教的人要怡养心性，却把天下国家当作外物，废止人类的天然秩序，做儿子的不孝敬他的父亲，做臣子的不尊奉他的君主，做国民的不履行他的义务。

孔子之作《春秋》也，诸侯用夷礼则夷之，进于中国则中国之。[48]经曰：“夷狄之有君，不如诸夏之亡(wú)[49]。”《诗》曰：“戎狄是膺(yīng)，荆舒是惩。”[50]今也举夷狄之法，而加之先王之教之上，几(jī)何其不胥(xū)[51]

孔子作《春秋》的时候，凡中原地区的诸侯如果采用夷礼的，便把他看作夷人；夷人如果能向慕、采用中原地区礼节的，便把他看作中原地区的诸侯。《论语·八佾》说：“夷狄虽然有君主，但没有礼义，不如中国虽也偶然无君，却礼义不废。”《诗经》说：“要抗击西方北方的戎狄，要惩罚南方的荆、舒。”现在称述夷狄的教法，放在先王的教化之

46 有为：有作为。
47 天常：天伦，指封建秩序如君臣、父子、兄弟、夫妇等。
48 “孔子之作《春秋》也”三句：《春秋》三传都认为《春秋》记载历史事实，寓有褒贬深意。其中之一，即所谓明夷夏之辨，把中国与四周少数民族国家严格区别开来。
49 诸夏：古代指中原各诸侯国。亡：通“无”。
50 “诗曰”三句：见《诗·鲁颂·宫》。膺，抗击。荆，楚国。舒，服属于楚的小国，今安徽舒城一带。
51 胥：相，皆。

而为夷也！

夫所谓先王之教者，何也？博爱之谓仁，行而宜之之谓义，由是而之焉之谓道，足乎己无待于外之谓德。其文《诗》《书》《易》《春秋》，其法礼乐(yuè)刑政，其民士农工贾(gǔ)，其位君臣父子师友宾主昆弟夫妇，其服麻丝，其居宫室，其食粟米果蔬鱼肉。其为道易明，而其为教易行也。是故以之为己，则顺而祥；以之为人，则爱而公；以之为心，则和而平；以之为天下国家，无所处(chǔ)而不当。是故生则得其情，死则尽其常[52]；郊焉

上，差不多叫大家都成为夷人了啊！

我所说的先王之教是什么呢？广泛地爱人叫作仁，办事行动适宜叫作义，从仁义出发去立身行事叫作道，自己本来具有而不需要外来的影响叫作德。它的典籍就是《诗经》《尚书》《周易》《春秋》，它的法度就是礼、乐、刑、政，它的人民就是士、农、工、商，它的秩位就是君臣、父子、师友、宾主、兄弟、夫妇，它的衣着就是麻丝，它的居处就是宫室，它的食物就是粟米、果蔬、鱼肉。总之，先王之教的道理容易明了，教化容易施行。因此用它来律己，就顺遂吉利；用它来待人，就仁爱公正；用它来涵养心性，就气和心平；用它来治理天下国家，采取的方针、政策，没有不周到适宜的。所以，它使人在生时言行无失、合乎情理，死去时大节已尽，终其天

52 死则尽其常：意谓尽了君臣、父子之义，能终其天年。常，即上文的天常。

而天神假(gé)[53]，庙焉而人鬼飨(xiǎng)[54]。曰："斯道也，何道也？"曰："斯吾所谓道也，非向所谓老与佛之道也。"尧以是传之舜，舜以是传之禹，禹以是传之汤，汤以是传之文武周公，文武周公传之孔子，孔子传之孟轲(kē)，轲之死，不得其传焉。荀与扬也，择焉而不精，语焉而不详。[55]由周公而上，上而为君，故其事行；由周公而下，下而为臣，故其说长(cháng)。

然则如之何而可也？曰："不塞(sè)不流，不

年；祭天时天神被感通降临，祭祖庙时祖宗来享食祭品。有人会问："这个道是什么道呢？"我回答说："这道正是我所讲的道，不是过去人们所讲的老与佛的道了。"尧把这个道传给舜，舜把这个道传给禹，禹把这个道传给汤，汤把这个道传给文王、武王、周公，文王、武王、周公传给孔子，孔子传给孟轲，孟轲死后，便找不到这个传道的人了。后来的荀况与扬雄虽然都有成就，但荀况的言论还欠简择，不精粹，扬雄阐述道理还欠详尽。从周公上推，尧舜禹汤文武在上为君，所以他们的事功广泛施行；从周公下推，孔子孟轲在下为臣，所以他们的言论长久流传。

既然这样，对目前情况怎么办才可以呢？回答说："佛老之道不加堵

53 郊：郊祀，祭天。假：通"格"，到。

54 庙：指宗庙祭祀。人鬼：指祖宗。飨：同"享"，享食祭品。

55 "荀与扬也"三句：荀，荀况。扬，扬雄。择焉而不精，谓荀况言论深博，但欠简择，不精粹。语焉而不详，谓扬雄言论尊圣人，但太简略，不详尽。

止不行。[56]人其人[57]，火其书，庐其居[58]，明先王之道以道(dǎo)之，鳏(guān)寡孤独废疾者有养也[59]，其亦庶乎其可也！”

塞、不禁止，先王之道就不能流传、不能施行。必须迫使僧尼道士返还四民之中各就本业，烧毁传布佛老教义的书，把他们住的寺观庙宇改为民用庐舍，大力宣传先王之道来引导他们，使天下的鳏夫、寡妇、孤儿、孤老、残疾，生活都有保障，这样也就差不多算可以了。”

明 唐寅 《老子图》

56 “不塞不流”二句：孙汝听说：“言佛老之道不塞不止，则圣人之教不流不行也。”

57 人其人：上“人”字用如动词，意谓迫使僧尼、道士返还四民之中，各就本业。

58 庐其居：句法与“人其人”同，意谓把僧尼、道士住的寺观庙宇改为民用的庐舍。

59 鳏：没有妻子的老人。独：没有子女的老人。

原毁

韩愈

此文论述和探究毁谤产生的原因。作者以儒家的道德观念为依据，从待己和待人两方面立论，以古今作比较，分析揭示了毁谤产生的根源在于懒惰和嫉妒。文章高度赞扬了“古之君子”严以律己、宽以待人的精神，抨击了惯于“怠”与“忌”、好说别人坏话的“今之君子”，呼吁社会改变“事修而谤兴，德高而毁来”的嫉贤妒能的坏风气。

古之君子[1]，其责己也重（zhòng）以周[2]，其待人也轻以约。重以周，故不怠（dài）[3]；轻以约，故人乐（lè）为善。

古时候的君子，他们要求自己严格而全面，要求别人宽容而简约。要求自己严格、全面，所以不懒惰；要求别人宽容、简约，所以别人乐于做好事。

闻古之人有舜者，其为人也，仁义人也。[4]求[5]其所以为舜者，责

听说古代的人有个叫舜的，为人仁爱正义。他便探求舜之所以成为舜的道理，然后责备自己说：“他（舜）是人，

1 君子：古代指有道德修养的人。
2 责：要求。重以周：严格而详尽，与下句“轻以约”为对文。以，连词，相当于“而”。
3 怠：怠惰。
4 舜：虞舜。仁义人：能行仁义的人。
5 求：探求，研究。

于己曰："彼，人也；予（yú），人也。彼能是，而我乃不能是！"[6]早夜以思，去其不如舜者，就其如舜者。[7]闻古之人有周公者，其为人也，多才与艺人[8]也。求其所以为周公者，责于己曰："彼，人也；予，人也。彼能是，而我乃不能是！"早夜以思，去其不如周公者，就其如周公者。舜，大圣人也，后世无及焉；[9]周公，大圣人也，后世无及焉。是人[10]也，乃曰："不如舜，不如周公，吾之病[11]也。"是不亦[12]责于身者重（zhòng）以周乎！

我也是人。他能这样，而我却不能这样！"于是早晚思考，去掉那些不及舜的东西，发展那些与舜相同的东西。又听说古代的人有个叫作周公的，是个多才多艺的人。他便探求周公之所以成为周公的道理，然后责备自己说："他（周公）是人，我也是人。他能这样，我却不能这样！"于是早晚思考，去掉那些不及周公的东西，发展那些和周公相同的东西。舜是一个伟大的圣人，后代没有赶得上的；周公是一个伟大的圣人，后代没有赶得上的。这种人却说："不如舜，不如周公，就是我的毛病。"这不是要求自己严格而全面吗？

6 彼：指舜。是：如此，这样。
7 去：去掉。就：追求，成就。
8 多才与艺人：多才多艺的人。
9 圣人：贤明圣哲的人。无及：没有能赶得上。
10 是人：这个人，指"古之君子"。
11 病：弱点，缺陷。
12 是不亦：这不是……。亦，表判断。

其于人[13]也，曰："彼人也，能有是，是足为良人[14]矣；能善是，是足为艺人[15]矣。"取其一，不责其二；即其新，不究其旧。[16]恐恐然惟惧其人之不得为善之利[17]。一善，易修也，一艺，易能也。[18]其于人也，乃曰："能有是，是亦足矣。"曰："能善是，是亦足矣。"不亦待于人者轻以约乎！

他们对待别人，总是说："那个人能有这些优点，这就够得上一个善良的人了；能擅长这些事情，这就够得上一个有才技的人了。"取别人的一点优点，不再强求他还有第二点；只就别人的现在看，不追究他的过去。担心的是怕别人做了好事而得不到应得的好处。某个方面的一种善良品德是容易修养的，一门技艺是容易具备的。但他们对于别人却说："能有这些优点，这就足够了。"说："能长于这些，这就足够了。"这不是要求别人宽容而简约吗！

今之君子则不然。其责人也详，其待己也

今天的"君子"却不是这样。他们要求别人详尽苛刻，要求自己太少太

13 其于人：他对待别人。
14 良人：善良的人。
15 艺人：有才技的人。
16 "取其一"四句：取别人的一点（优点），不强求他再有第二点；只就别人当时好的表现看，不追究他的过去。
17 恐恐然：担心的样子。惟惧：只怕。不得为善之利：得不到做了好事而应得的好处。
18 一善：一方面或一时的好处。一艺：一门技艺。

廉。[19]详，故人难于为善；廉，故自取也少[20]。己未有善，曰："我善是，是亦足矣。"己未有能，曰："我能是，是亦足矣。"外以欺于人，内以欺于心[21]，未少有得而止矣，不亦待其身者已廉乎。	低。要求别人详尽苛刻，所以别人难以做好事；要求自己太少太低，所以自己获得进步不多。本来他自己没有什么善良品德，却说："我有这些善良品德，这就够了。"自己没有长处，却说："我长于这个，这就够了。"对外以此欺骗别人，对内以此欺骗自己，还没有一点收获就停止前进了，不是对自己要求太少太低吗？
其于人也，曰："彼虽能是，其人不足称也[22]；彼虽善是，其用[23]不足称也。"举其一不计其十，究其旧不图其新；[24]恐恐然惟惧其人之有闻（wèn）[25]也。是	他们对于别人，总是说："他虽有这个特长，但他的人品不足称道呀；他虽然有这些善良品德，但他的才能不足称道呀。"偏举别人的一个缺点，不考虑他其他的十个优点；只追究别人的过去，不考虑他的现在。担心的是怕别人有了好的名誉。这不就是要求别

19 详：详尽。廉：低。
20 自取也少：自己得益就少。
21 欺于心：心中自欺。
22 人：指人品。称：称道。
23 用：作用，指才能。
24 "举其一"二句：偏举他的一个缺点而不考虑他其他十点怎样，追究他过去的错误而不看他现在的表现。
25 闻：声望，名誉。

不亦责于人者已详乎！夫是之谓[26]不以众人待其身，而以圣人望于人，吾未见其尊己也！

人太详尽苛刻吗？这样做就叫作不用一般人的标准来要求自己，却用圣人的标准去要求别人，我看不到他是在尊重自己。

虽然，为是者有本有原，怠(dài)与忌之谓也。[27]怠者不能修[28]，而忌者畏人修。吾尝试之矣。尝试语(yù)于众曰：“某良士，某良士[29]。”其应者，必其人之与也；[30]不然，则其所疏远，不与同其利者[31]也；不然，则其畏[32]也。不若是，强者必怒于言，懦(nuò)者必怒于色矣。[33]

虽然这样，这些人这样做是有思想根源的，那就是懒惰和嫉妒。懒惰的人不能够提高自己，嫉妒的人害怕别人提高。我曾经做过这样的试验。曾经试着对许多人说：“某某是好人，某某是好人。”那些应和的人，一定是那个人的好朋友；不然的话，就是那个人平时所疏远，同他没有利害冲突的人；再不然的话，就是害怕那个人的人。如果不是这些关系，那么，强硬的人一定会愤怒地说出反对的话，懦弱的人也一定会表露出反对的神色。

26 是之谓：这就叫作。
27 虽然：虽然这样。怠与忌之谓：叫作懒惰和嫉妒。
28 修：指品德和学识的进步。
29 良士：犹言贤人、好人。
30 应：响应，附和。与：朋友。
31 不与同其利者：同他没有利害关系的人。
32 畏：畏惧。
33 怒于言：在语言中表示愤怒。怒于色：在表情上流露愤怒。

又尝语(yù)于众曰:"某非良士,某非良士。"其不应(yìng)者,必其人之与也;不然,则其所疏远,不与同其利者也;不然,则其畏也。不若是,强者必说(yuè)[34]于言,懦(nuò)者必说(yuè)于色矣。是故事修[35]而谤(bàng)兴,德高而毁来。呜呼!士之处(chǔ)此世,而望名誉之光,道德之行,难已![36]

我又曾经对许多人说:"某某不是好人,某某不是好人。"那些不应和的人,一定是那个人的好朋友;不然的话,那就是那个人所疏远的,同他没有利害关系的人;再不然的话,那就是畏惧那个人的人。如果不是这些关系,那么强硬的人一定会高兴地说出赞同的话,懦弱的人也一定会高兴地表露出赞同的神色。正因为世俗是这样,所以事情办好了,诽谤也随着兴起;道德修养提高了,攻击的话也跟着到来。唉!士人处在这样的时代里,却希望名誉昭著,道德畅行,真难啦!

将有作于上者,得吾说而存之[37],其国家可几(jī)而理欤[38]!

居于上位想要有所作为的人,得到我所说的这些道理好好记住它,他的国家大概也差不多能治理好吧!

34 说:同"悦",高兴。
35 事修:事情办好了。修,治理。
36 光:光大,昭著。行:实行,贯彻。已:同"矣",了。
37 存之:记在心中。
38 几:庶几,差不多。理:即"治",治理。唐代为避高宗讳,"治"改为"理"。

获麟解

韩愈

韩愈在文中以麒麟自喻。他认为麒麟之所以称为仁兽，是由于出现在圣人在位的时候，如果不在圣人在位的时候出现，就是不祥之兽了。本文托物寓意，曲折地表达了对封建社会里人才不被赏识和理解的感慨，以及对“圣明之主”的幻想。本文篇幅虽小，但翻腾开阖，转折变化，委婉而劲厉，很能表现韩愈杂文的特点。

麟（lín）之为灵[1]，昭昭（zhāo zhāo）[2]也。咏于《诗》[3]，书于《春秋》[4]，杂出于传（zhuàn）记百家之书[5]，虽妇人小子，皆知其为祥[6]也。

麟是灵异的动物，这是明明白白的。《诗经》歌咏过它，《春秋》记载过它，还零散地记录在史籍和诸子百家的书中，即使妇女和小孩都知道它是吉祥的。

然麟之为物，不畜（xù）[7]

可是麟作为一种动物，不在家中

1 麟：传说中的兽名，似鹿而大，牛尾，马蹄，有一角。灵：灵异。
2 昭昭：明明白白。
3 《诗》：《诗经》，我国最早的一部诗歌总集。其中《国风·周南》有《麟之趾》篇。
4 《春秋》：编年史书。《春秋·哀公十四年》记载：“西狩于大野……获麟。”据说孔子作《春秋》，因此绝笔。
5 在《荀子》《大戴礼记》《史记》《汉书》中都提到过麟。
6 祥：吉祥或凶险的预兆，又专指吉兆，引申为吉祥。
7 畜：养。

于家，不恒[8]有于天下，其为形也不类[9]，非若马牛犬豕(shǐ)豺狼麋(mí)鹿然[10]。然则[11]虽有麟，不可知其为麟也。角者吾知其为牛；鬣(liè)[12]者吾知其为马；犬豕豺狼麋鹿，吾知其为犬豕豺狼麋鹿。惟麟也不可知。不可知，则其谓之不祥也亦宜。

畜养，不经常在天下出现，它的形状不同于普通动物，不像马、牛、狗、猪、豺、狼、麋、鹿那样。那么即使有麟，也不能知道它是麟。长角的，我们知道那是牛；有鬣毛的，我们知道那是马；狗、猪、豺、狼、麋、鹿，我们知道那是狗、猪、豺、狼、麋、鹿。只有麟不能认识。不能认识，那么说它是不祥之物也是可以的。

虽然[13]，麟之出，必有圣人在乎位，麟为圣人出也。圣人者必知麟。麟之果[14]不为不祥也。又曰：麟之所以为麟者，以德不以形。若麟之出不待圣人，则谓之不祥也亦宜。

尽管是这样，但麟的出现，一定有圣人在位，麟是为圣人出现的啊。圣人一定了解麟。麟的确不是不祥之物啊！又可以说：麟成为麟的原因，在于道德而不在于形体。如果麟不等待圣人在位的时候出现，那么，说它是不祥之物也是可以的。

8 恒：常。
9 类：相似。
10 豕：猪。麋：像鹿，比鹿大。
11 然则：这样，那么。
12 鬣：马颈上的长毛。
13 虽然：虽然这样，尽管如此。
14 果：果真，确实。

明 佚名《孔子圣迹图》之《西狩获麟》

杂说一

韩愈

本文以龙和云的关系来说明君臣之间必须相互依赖，贤臣不可没有圣君，圣君也须依靠贤臣。写作目的在于提醒君主重用贤臣。但文章写得很含蓄委婉，其真正用意在文中始终没有明确点出。

龙嘘(xū)气[1]成云，云固弗灵于龙也。然龙乘是气，茫洋穷乎玄间[2]，薄(bó)[3]日月，伏光景[4]，感震电，神变化，水下土[5]，汩(gǔ)[6]陵谷。云亦灵怪矣哉！

龙吹出气来化成云，云本来不会比龙更灵异。但是，龙乘着这云气，可以自由自在地到达青天的尽头，靠近太阳和月亮，遮盖住它们的光辉，可以感应产生惊雷闪电，神妙地发生各种变化，可以降雨润泽大地，使水在山谷间汩汩奔流。云也是很灵异的啊！

1 嘘气：吹气。
2 茫洋：辽阔深远的样子。穷：达到尽头。乎：于，到。玄间：指苍穹、宇宙。古人以“玄黄”分别代表天地的颜色。
3 薄：迫近，靠近。
4 伏光景：指龙驾着云常常可以遮蔽日月的光亮。
5 水：降雨，滋润。下土：大地。
6 汩：水奔流的样子。

云，龙之所能使为灵也；若龙之灵，则非云之所能使为灵也。然龙弗得云，无以神其灵矣。失其所凭依[7]，信不可欤！

云，是龙使得它灵异的；至于龙的灵异，就不是云能够赋予它的。但是，龙不能得到云，便不能神妙地发出各种变化了。失去它所凭借依靠的东西，真的不可以啊！

异哉！其所凭依乃其所自为也。《易》曰：“云从龙。”[8]既曰“龙”，云从之矣。

奇妙啊！龙所凭借依靠的东西却是它自己创造出来的。《易经》说：“云从龙。”既然叫“龙”，云自然跟从它了。

南宋 陈容 《墨龙图》

7 凭依：凭借依靠的东西。
8 《易·乾·文言》：“同声相应，同气相求：水流湿，火就燥，云从龙，风从虎。”

杂说四

韩愈

本文是《杂说》的第四篇，也是最后一篇，由于通篇关乎千里马，后人也题为《马说》。作者通过千里马的不被认识，慨叹奇才异能之士的被埋没，指出善于发现人才、培养人才的人太少。

世有伯乐(lè)[1]，然后有千里马。千里马常有，而伯乐不常有。故虽有名马，只辱于奴隶人之手，骈(pián)死于槽(cáo)枥(lì)之间[2]，不以千里称(chēng)[3]也。

世上先有善于相马的伯乐，然后千里马才能被发现。千里马是常有的，但善于相马的伯乐却不常有。所以，即使有日行千里的名马，也只能埋没在养马人的手里，和平常的马一起死在马厩里，不能凭借千里马的才力受到人们称赞。

马之千里者，一食或尽粟(sù)一石[4]。食(sì)马者不知其能千里而食(sì)

日行千里的马，每吃一顿大约要一石粮食。养马的人不知道它是千里马，不按千里马的食量喂养它。这千里马虽

1 伯乐：相传为春秋时善于相马的人，姓孙，名阳。

2 骈死于槽枥之间：谓和一般的马同死在马厩里。骈，并。槽，盛食料的器具。枥，马槽。

3 不以千里称：不被人称为千里马。

4 一食：一餐。一石：旧重量单位，一百二十市斤或十斗为一石。

元 赵雍 《挟弹游骑图》（局部）

也[5]。是马也，虽有千里之能，食(shí)不饱，力不足，才美不外见(xiàn)，且欲与常马等不可得，安求其能千里也。

然有驰骋千里的能力，但由于没有吃饱，力气不足，出色的才力就不能表现出来，就是想要它达到与常马相等的水平也不可能，又怎能要求它日行千里呢？

策之不以其道[6]，食(sì)之不能尽其材[7]，鸣之而不能通其意[8]，执(zhí)策而临之[9]，曰：“天下无马。”呜呼！其[10]真无马邪？其真不知马也！

驱使它不能用驾驭千里马的方法，饲养它不能按照它的才力供给饲料，听到它嘶鸣又不能理解它的意思，反而手执马鞭指着它说：“天下没有好马！”唉！难道真是没有好马吗？那是真的不认识好马啊！

5 食马者：喂马的人。不知其能千里而食也：谓不当千里马去饲养它。
6 策：马鞭，这里作动词用。道：办法。
7 材：这里指千里马的食量。
8 鸣之而不能通其意：谓马鸣时养马者不能通识马意。
9 执：持，握。
10 其：副词，难道。

卷之八　唐文

师说

韩愈

说，是古代议论文的一种。这篇文章阐说从师求学的道理。讽刺士大夫阶层耻于相师的世态。作者在文中提出“道之所存，师之所存”“弟子不必不如师，师不必贤于弟子”等观点，在今天仍不失其积极意义。

古之学者必有师。师者，所以传道、受业、解惑也[1]。人非生而知之者，孰[2]能无惑？惑而不从师，其为惑也，终不解矣。

古代求学的人一定有老师。老师，是传授道，讲授六艺经传，解答疑难的人。人不是生下来就有知识懂道理的，谁能没有疑难呢？有疑难而不去跟从老师学习，那成为疑难的问题，就永远也不能解决。

生乎吾前，其闻道也，固先乎吾，吾从而师之；生乎吾后，其闻道也，亦先乎吾，吾从而师

生在我以前的人，他懂得“道”本来就比我早，我跟从他向他学习；生在我以后的人，他懂得“道”如果比我早，我也跟从他向他学习。我是学

1 道：指儒家的道，参看《原道》。受：通“授”。业：指儒家的经典，即下文“六艺经传”。惑：兼指道和业两方面的疑难问题。
2 孰：谁。

之。吾师道[3]也，夫庸知[4]其年之先后生于吾乎？是故无[5]贵无贱，无长无少，道之所存，师之所存也。

嗟(jiē)乎！师道[6]之不传也久矣！欲人之无惑也难矣！古之圣人，其出[7]人也远矣，犹且从师而问焉；今之众人，其下[8]圣人也亦远矣，而耻学于师。是故圣益圣[9]，愚益愚。圣人之所以为圣，愚人之所以为愚，其[10]皆出于此乎？

爱其子，择师而教之。于其身[11]也，则耻师焉，惑矣！彼童子之师，授之书

“道”呀，难道管他比我先出生还是后出生吗？因此，不论地位高低，不论年龄大小，“道”在谁的手里，谁就是老师。

唉！从师学道的风尚有很长时间不曾传下来了！要人们没有迷惑也就太难啦！古代的圣人，他们超过一般人够远了，还跟从老师求教；现在的一般人，低于圣人也够远了，却耻于向老师学习。因此，圣人就更加圣明，愚人就更加愚蠢。圣人之所以成为圣人，愚人之所以成为愚人，大概都是由于这一点吧。

人们爱自己的孩子，就选择老师来教他们。对于自己呢？却耻于向老师学习，真是太糊涂了！那些

3 师道：这个“师”字和前面两个“师之”的“师”字，都用作动词，即学习之意。
4 庸知：岂知。庸，岂，难道。
5 无：无论。
6 师道：从师学道的风尚，从师求学的道理。
7 出：超出。
8 下：低于。
9 是故：因此。益：更加。
10 其：表揣测语气的副词。
11 身：自身。

而习其句读(dòu)[12]者也，非吾所谓传其道、解其惑者也。句读(dòu)之不知，惑之不解，或师焉，或不(fǒu)[13]焉，小学而大遗[14]，吾未见其明也。

巫(wū)医乐师百工之人[15]，不耻相(xiāng)师。士大夫之族[16]，曰师曰弟子云者，则群聚而笑之。问之，则曰："彼与彼年相若[17]也，道相似也。"位卑则足羞，官盛则近谀(yú)。呜呼！师道之不复[18]可知矣！巫医乐师百工之人，君子不

孩子们的老师，只是拿书本教孩子，学会其中的句读，并不是我所讲的传授儒家之道、解答疑难的老师。句读不理解，疑难不能解答，前者请教老师，后者却不这样做，小的学了而大的方面却遗弃，我看不出这是明智。

巫医、乐师及各种工匠，他们不以互相学习为耻辱。而士大夫一类人，如果有人说起"老师""弟子"等等，那么大家就会聚在一起加以嘲笑。问他们为什么这样，就说："他与他年龄相近，学问也差不多。"以地位低的人为老师就感到羞耻，以官职高的人为老师就认为接近于阿谀。唉！从师学道的风尚不能够恢复，从这里就可以知道了！巫医、乐师和工

12 句读：指文字诵读。语意尽处，古人叫作句；语意未尽，诵时须略作停顿处，古人叫作读，后"读"写作"逗"。

13 不：同"否"。

14 小：指习句读。大：指传道、解惑。遗：遗弃，废弃。

15 巫：古代从事降神招鬼等迷信职业的人。乐师：以歌唱、奏乐为职业的人。百工：各种工匠。

16 族：类。

17 若：似，近。

18 不复：不能恢复。

齿[19]。今其智[20]乃反不能及，其可怪也欤(yú)！

匠这一类人，君子不跟他们并列，现在君子的见识反而不如他们，这是大可奇怪的啊！

圣人无常师，孔子师郯(tán)子、苌(cháng)弘、师襄、老聃(dān)[21]。郯子之徒，其贤不及孔子。孔子曰："三人行，则必有我师。"[22]是故弟子不必不如师，师不必贤于弟子。闻道有先后，术业有专攻，如是而已。

圣人没有固定的老师，孔子曾经向郯子、苌弘、师襄、老聃学习。郯子这些人，他们的道德学问赶不上孔子。孔子说："三个人走在一起，就一定有可以做我老师的人。"因此，学生不一定不如老师，老师也不一定比学生高明。懂得"道"有先有后，学问也各有专长，不过这样罢了。

李氏子蟠(pán)[23]，年十七，好古文，六艺经传皆通习之[24]。不拘于时[25]，学于余。余嘉其

李家的孩子叫蟠的，今年十七岁，爱好古文，六经的经文传文，他都全部学习了。不受时俗的影响，在我这里求学。我赞赏他能行古人的正道，就

19 不齿：不与并列，表示鄙视。齿，并列。

20 智：见识。

21 郯子：春秋时郯国的国君。郯子朝鲁，孔子曾向他请教过关于官名的事。苌弘：周敬王大夫。孔子至周，向他请教过音乐方面的知识。师襄：春秋时鲁国的乐官，孔子曾从他学琴。老聃：即老子。孔子曾向他问礼。

22 "三人行"二句：语本《论语·述而》："三人行，必有我师焉。"作者引文稍有不同。

23 李氏子蟠：李蟠，韩愈的弟子。德宗贞元十九年（803）进士。

24 六艺经传：六经的经文和传文。六艺，即"六经"，《诗》《书》《礼》《乐》《易》《春秋》。传，解释经的著作。通：全部。

25 不拘于时：不受时俗限制。时俗是指当时耻于从师的不良风气。

能行古道，作《师说》以贻[26]之。

做了这篇《师说》送给他。

明 佚名《孔子圣迹图》之《问礼老聃》

26 贻：赠送。

进学解

韩愈

进学，指在学业和德行上取得进益；解，对疑难的辨析。这篇文章是韩愈在唐宪宗元和七年（812）再度降职为国子博士后所作。本文通过设问设答，反话正说，含蓄地讽刺了当权者的不公与不明，抒发了作者长期不受重用，反遭贬斥的愤懑情绪，在一定程度上反映了当时的社会现实。名言“业精于勤荒于嬉，行成于思毁于随”即出于此文。

国子先生晨入太学[1]，招诸生立馆[2]下，诲（huì）之曰：“业精于勤荒于嬉，行成于思毁于随[3]。方今圣贤相逢，治具毕张。[4]拔去凶邪，登崇俊良。[5]

国子先生清早走进太学，召集学生站在学馆下，教导他们说：“学业靠勤奋而精进，因嬉游而荒废；德行靠深思熟虑而成就，因随俗而毁败。当今贤臣圣主相遇，国家法度政令都能贯彻执行。凶险奸邪的人被除掉，德才兼备的人得到选用推重。

1 国子先生：唐代对国子博士的尊称。此为韩愈自称。太学：指国子监，唐代的国子监相当于古代的太学。
2 馆：学舍。
3 随：因循随俗。
4 圣贤：圣主贤臣，是对当朝君臣的赞美。治具：指法律政令。毕：全。张：举，有设置、执行的含义。
5 拔去：除掉。凶邪：凶恶奸邪的人。登崇：选用，推重。俊良：德才兼备的人。俊，一作“畯”。

“占小善者率(shuài)以录，名一艺者无不庸。[6]爬罗剔抉(tī jué)，刮垢(gòu)磨光。[7]盖有幸而获选，孰云多而不扬[8]！诸生业患不能精，无患有司之不明；行患不能成，无患有司之不公。”

“具有一点优点的人都已录用，以一技之长著称的人也没有不提拔的。国家搜罗人才，剔除不好的，选择优秀的，然后加以精心培养训练。可能有侥幸而获选的，谁说有博学多才反而不被举用的呢？你们怕的是自己学业不能精进，不要担心官吏不明察；怕的是自己德行不能成就，不要担心官吏不公正。”

言未既[9]，有笑于列者曰：“先生欺余哉！弟子事[10]先生，于兹有年矣[11]。先生口不绝吟于六艺[12]之文，手不停披于百家之编[13]。记事者[14]必提其要，纂(zuǎn)言者

话还没有说完，有一个在行列中的学生笑着说：“先生欺骗我了！学生我跟先生学习，到现在已经很多年了。您不停地吟诵《诗》《书》《礼》《乐》《易》《春秋》，手不停地翻阅诸子百家的著作。对于记事的著作必提出书中要点，对于理论性的著作，必探索其中精深的

6 占小善者：具有一点优点的人。率以录：都已录用。名一艺者：以一技之长著称的人。庸：任用。

7 爬罗：发掘，挑选。剔抉：剔除不好的，挑选好的。刮垢磨光：刮去污垢，磨出光泽，指造就人才。

8 孰云：谁说。多：指才能多。扬：举，用。

9 既：完毕。

10 事：侍奉，旧时代学生跟老师学习，这种关系也称“事”。

11 于兹：到现在。有年：多年。

12 六艺：《诗》《书》《礼》《乐》《易》《春秋》。

13 披：翻阅。百家之编：诸子百家的著作。

14 记事者：记事的著作。

必钩其玄[15]。贪多务得，细大不捐[16]。焚膏油以继晷(guǐ)，恒兀兀(wù wù)以穷年。[17]先生之业，可谓勤矣。

义理。贪图多学而又要求有所收获，大小都不舍弃。点灯熬油，夜以继日，经常终年苦学不倦。先生对待学习，可称勤奋了。

“觝(dǐ)排异端，攘(rǎng)斥佛老。[18]补苴(jū)罅(xià)漏，张皇幽眇(miǎo)。[19]寻坠绪之茫茫，独旁搜而远绍。[20]障百川而东之，回狂澜于既倒。[21]先生之于儒，可谓劳[22]矣。

“您抵制儒家之外的异端邪说，排斥佛教和道家。补充儒学的缺漏不足，阐发其精微的义理。理出茫无头绪的中断了的儒家道统，独自广泛搜求，远承前圣。防堵百川泛滥，引它东流入海，把已经倾泻的狂涛挽转过来。先生对于儒家，可称有功绩了。

“沉浸醲(nóng)郁[23]，含英咀(jǔ)华；作为文章，其书满家。上规姚姒(sì)，浑浑无涯；[24]周

“您埋头在内容醇厚的儒家典籍之中，品味咀嚼其中的精华；然后写成文章，著述堆满了自己的住处。向

15 纂言者：辑录古人言论的书。钩：探索。玄：精深的义理。
16 细：小。捐：弃。
17 膏油：油脂，指灯烛。晷：日影，指白昼。兀兀：勤勉不懈的样子。穷年：终年。
18 觝排：抵制，排斥。异端：指儒家之外的别派学说。攘斥：排斥。佛老：佛教和道家。
19 补苴：填补。苴，本义是鞋底的草垫。罅漏：裂缝，缺漏。张皇：张大。幽眇：深微，指深奥隐微之处。
20 寻：理出。坠绪：衰落的儒学。绪，事业，这里指儒家的道统。旁：广泛。绍：继承。
21 障：防堵。东之：使百川向东流。狂澜：狂涛，比喻异端。既倒：已经倾倒。
22 劳：有功绩。
23 醲郁：此处指内容醇厚的著作。
24 规：取法。姚姒：虞舜姓姚；夏禹姓姒。浑浑：深远的样子。无涯：无边。

诰(gào)殷盘，佶(jí)屈聱(áo)牙；[25]《春秋》谨严，《左氏》浮夸；[26]《易》奇而法，《诗》正而葩(pā)。[27]下逮(dài)《庄》《骚》，太史所录[28]；子云、相如，同工异曲。[29]先生之于文，可谓闳(hóng)其中而肆(sì)其外矣[30]。

“少(shào)始知学，勇于敢为；长(zhǎng)通于方，左右具宜。[31]先生之于为人，可谓成[32]矣。然而公不见信于人，私不见助

上学习虞书、夏书的深广无边，周书、殷书的曲折艰深，《春秋》的一字不苟，《左传》的铺张华美，《周易》的奇妙而有法则，《诗经》的雅正而华丽。向下学习到《庄子》《离骚》，司马迁的《史记》，扬雄、司马相如的辞赋，好像不同的乐曲同样美妙动听。先生对于文章，可说是丰富了其内容，发展了其形式。

“您少年时代开始懂得学习，就敢作敢为；长大后通晓为人行事的道理，左右逢源。先生对于做人，可称是成熟完备了。但是，公不被人信任，私得不到朋友的帮助。处境困顿，动不动就获

25 周诰：指代《尚书》中的“周书”。殷盘：《尚书》中的《盘庚》篇，借指“商书”。佶：曲折。聱牙：拗口，艰深。

26 谨严：用字不苟，褒贬谨慎。《左氏》：指《春秋左氏传》，相传左丘明作以阐述《春秋》的正文。浮夸：文辞铺张华美。

27 奇而法：奇妙而有法则。正：雅正，即孔子所说的“思无邪”。葩：花，指辞藻华丽。

28 太史所录：太史公司马迁所著的书，即《史记》。

29 子云：西汉扬雄的字。相如：西汉著名辞赋家司马相如。同工异曲：乐曲虽不同，却同样美妙动听。

30 闳：大。中：指文章的内容。肆：恣肆。外：指文章形式。

31 通：通晓。方：道理，常规。具：都。宜：适宜，恰到好处。

32 成：完成，成熟。

于友。跋(bá)前疐(zhì)后[33]，动辄(zhé)得咎(jiù)[34]。暂为御史，遂窜南夷；[35]三年博士，冗(rǒng)不见(xiàn)治。[36]

“命与仇谋，取败几时。[37]冬暖而儿号寒，年丰而妻啼饥。头童齿豁(huō)[38]，竟死何裨(bì)[39]？不知虑此，反教(jiào)人为[40]！”

先生曰：“吁(xū)！子来前！夫(fú)大木为杗(máng)[41]，细木为桷(jué)[42]，欂(bó)栌(lú)侏儒[43]，椳(wēi)闑(niè)

罪惹祸。短暂地作了御史，便被贬斥到南方边远地区；充当博士三年，担任个闲散官职，表现不出您的政治才能。

“命运和仇敌相遇，屡遭挫败。即使在温暖的冬天，儿女也被冻号哭；在五谷丰登的年成，妻子也挨饿哭泣。头秃齿脱，到死有什么补益呢？不知道去考虑这里面的原因，反而教别人去跟着做。”

先生说：“唉！你到前面来！大木作屋梁，小木作椽子，斗拱、短柱、门臼、门中短木、门闩、门楔，每一种木都

33 跋前疐后：跋，践踏。疐，跌倒。语出《诗经·豳风·狼跋》：“狼跋其胡（下巴下垂着的肉），载疐其尾。”狼前进就踩着颔下的悬肉，后退就绊倒在尾巴上，形容处境困顿。

34 动辄得咎：一动就获罪。咎，加罪。

35 御史：也称御史大夫，专掌监察。窜：贬逐，流放。南夷：南方荒僻地区。

36 三年博士：宪宗元和元年（806）六月至元和四年（809）六月，韩愈第二次任国子博士，共三年。冗不见治：指担任的都是闲散官职，不能表现出政治才能。冗，多余。

37 命与仇谋：命运和仇敌相结合。谋，合。取败几时：意谓屡遭挫败。几时，无时。

38 头童齿豁：头秃，牙齿脱落，《释名·释长幼》：“山无草木亦曰童。”人老顶秃，如山无草木，故曰童。

39 竟死何裨：意谓直到死有什么补益呢？竟，终。裨，补益。

40 为：助词，表疑问语气。

41 杗：大梁。

42 桷：方椽子。

43 欂栌：斗拱，即柱顶上承托梁的方木。侏儒：梁上的短柱。

原文	译文
diàn xiē 扂楔[44]，各得其宜，施以成室[45]者，匠氏之工也。	得到它的合理使用，用它们来建成房屋，这是木匠的技巧。
“玉札丹砂[46]，赤箭青芝[47]，牛溲马勃[48]，败鼓之皮[49]，俱收并蓄[50]，待用无遗[51]者，医师之良[52]也。（溲 sōu）	“地榆、朱砂、天麻、龙芝、牛尿、马屁菌，破败的鼓皮，兼收并蓄，备齐待用而没有遗缺，这是医师的高明技术。
“登明选公[53]，杂进巧拙[54]，纡余为妍[55]，卓荦[56]为杰，校短量长[57]，惟器是适[58]者，宰相之方[59]也。（拙 zhuō，纡 yū，妍 yán，荦 luò，校 jiào）	“选拔人才，公正无私，进用各种人才，以屈曲、稳重、不露锋芒的为美，以超群出众的为英杰，比较优劣长短，都使之适合他的才具，这是宰相的治国之术。

44 椳：承门枢的门臼。闑：门中央所立的短木，用以阻住门窗。扂：门栓木锁之类。楔：门两旁竖立的短木，用以阻止车辆触坏门框。
45 施以成室：用来建成房屋。
46 玉札：药名，即地榆。丹砂：朱砂。
47 赤箭：天麻。青芝：又名龙芝。以上是延年益寿的补药。
48 牛溲：为车前草，可治水肿。马勃：药名，菌类，可治恶疮。
49 败鼓之皮：年久败坏的鼓皮。以上三种都是价贱的药材。
50 俱收并蓄：即兼收并蓄。
51 待用无遗：都备齐待用，没有遗缺。
52 医师之良：医师的良术。
53 登明选公：提拔人才，明断无误；挑选人才，公正无私。
54 巧拙：聪慧的与拙笨的。
55 纡余：宁静的样子。妍：美好。
56 卓荦：超群出众。
57 校：较量，比较优劣。
58 惟器是适：根据其才能来任用。
59 方：指治国之术。

“昔者孟轲好(hào)辩，孔道以明，辙(zhé)环天下，卒老于行；[60] 荀卿守正，大论是宏，逃谗(chán)于楚，废死兰陵。[61] 是二儒者[62]，吐辞[63]为经，举足[64]为法，绝类离伦[65]，优入圣域[66]，其遇于世何如也？

“从前孟子好辩论，孔子之道因而著明，他周游天下，终于在旅途中度过了一生；荀况遵守正道，发扬光大了博大精深的儒学，他逃避别人的诋毁，跑到楚国，后来被废为平民，死在兰陵。这两位儒者，言论成为经典，举止成为准则，远远超越一般人，绰有余裕地进入圣人的境地，他们在当时社会上的遭遇怎么样呢？

“今先生学虽勤而不由其统[67]，言虽多而不要(yāo)其中[68]，文虽奇而不济于用[69]，行虽修

“现在先生我学习虽勤奋而不能遵循儒家学说的要领，言论虽多而不能切合儒家的关键，文章虽出众而无益于用，举动虽有修养而不比众人显著。就

60 孟轲好辩：《孟子·滕文公下》：“公子都曰：‘外人皆称夫子好辩，敢问何也？’孟子曰：‘予岂好辩哉，予不得已也。’”孔道以明：孔子之道因而著明。
61 荀卿：即荀况，战国晚期人。守正：遵循正道。大论：博大精深的理论。逃谗：《史记·荀卿列传》：“齐襄王时，而荀卿最为老师。齐尚修列大夫之缺，而荀卿三为祭酒焉。齐人或谗荀卿，荀卿乃适楚，而春申君以为兰陵令。春申君死而荀卿废，因家兰陵。”兰陵：在今山东枣庄。
62 二儒者：指孟轲和荀卿。
63 吐辞：指言论。
64 举足：指行为。
65 绝类离伦：指超越一般人。绝、离，超出。类、伦，同一辈人。
66 优入圣域：进入圣人的境地，绰绰有余。优，有余。
67 其统：儒家学说的纲领。
68 要：求，掌握。中：主旨，要害；一说指中庸之道。
69 奇：出众。济：有益。

而不显于众[70]。犹且月费俸钱，岁靡廪粟(mí lǐn sù)；[71]子不知耕，妇不知织，乘马从徒[72]，安坐而食。踵(zhǒng)常途之役役，窥陈编以盗窃。[73]然而圣主不加诛[74]，宰臣不见斥[75]，非其幸欤(yú)？

“动而得谤(bàng)，名亦随之[76]。投闲置散，乃分(fèn)之宜。[77]若夫商财贿(huì)之有亡(wú)[78]，计班资之崇庳(bì)[79]，忘己量(liàng)之所称(chèn)[80]，指前人之

这样，还每月浪费俸钱，每年耗费粮食；儿子不知道耕种，妻子不知道纺织，骑着马带着服侍的随从，安稳地享受一切。我不过是追随世俗之道而劳苦奔走，看看古书而东抄西摘。虽然这样，皇帝不加惩罚，宰相也不予斥责，这难道不是先生我的幸运吗？

“虽然一举一动都得到毁谤，但名声也跟着来了。把我安置在闲散的位置上，这是理所当然的。如果计较俸禄的多少，较量官位的高低，忘记了自己能力同什么职位相称，却去

70 不显于众：不超出众人。
71 靡：耗费。廪：米仓。
72 从徒：跟随服侍的人。
73 踵：脚后跟，此作动词用，有践履的意思。常途：指世俗之道。役役：劳苦奔走，一作“促促”。陈编：古旧书籍。盗窃：指抄袭，是作者的谦词。
74 圣主：皇帝。诛：责罚。
75 见斥：被斥逐。
76 名亦随之：名声跟着也有了。
77 投闲置散，乃分之宜：安置在闲散的职位上，是理所当然的。
78 若夫：至于。商：计较。财贿：指俸禄。亡：同“无”。
79 班资：班次，指品秩（官位）。崇庳：高低。庳，同“卑”。
80 称：适合，相称。

瑕疵(xiá cī)[81]，是所谓诘(jié)匠氏之不以杙(yì)为楹(yíng)[82]，而訾(zǐ)医师以昌阳引年[83]，欲进其豨苓(xī líng)[84]也。”

指责当权者的过失，这就好比责问木匠不用小木桩作柱子，诋毁医师用菖蒲益寿而自己想进用猪苓延年一样。

南宋 刘松年 《秋窗读易图》

81 前人：指执政的人。瑕疵：玉上的斑点。借指人的缺点。
82 诘：责问。杙：小木橛。楹：柱子。
83 訾：诋毁。昌阳：即昌蒲。引年：延年，传说久服菖蒲可以延年。
84 豨苓：又名猪苓，利尿药，久服损肾。

圬者王承福传

韩愈

本文是韩愈为一个名叫王承福的泥瓦匠作的传。王承福世代都是京都长安人，天宝之乱时他打仗立了功勋，朝廷给他封功，他却没有接受，而是回到家乡做一名泥瓦匠。韩愈“听其言，约而尽”，进一步与他聊天，从他身上发现了许多独特的观点。

圬之为技[1]，贱且劳者也。有业之[2]，其色若自得者。听其言，约而尽[3]。问之，王其姓，承福其名，世为京兆长安[4]农夫。天宝之乱[5]，发人为兵，持弓矢十三

粉刷墙壁作为一种手艺，是卑贱而且辛苦的。有个人以此为职业，样子却好像自在满意。听他讲的话，言词简明，意思却很透彻。问他，他说姓王，承福是他的名，祖祖辈辈是长安的农民。天宝年间发生安史之乱，抽调百姓当兵，他也被征入伍，手持弓箭战斗

1 圬：粉刷墙壁。技：技能。
2 业之：以此为职业。
3 约：简约，简单扼要。尽：详尽，这里可引申为透辟、透彻。
4 京兆长安：京兆，原意是地方大而人口多的地方，指京城及其郊区。京，大。兆，众多。唐时长安属京兆府，故称京兆长安。
5 天宝之乱：天宝，唐玄宗年号。天宝十四载（755），边将安禄山、史思明起兵叛唐，史称“安史之乱”。玄宗曾命荣王（李琬）为元帅，在京师招募士兵十一万讨伐安禄山。

年，有官勋[6]，弃之来归，丧其土田，手镘(màn)衣食[7]。

余三十年，舍(shè)于市[8]之主人，而归其屋食之当(dàng)焉[9]。视时屋食之贵贱，而上下其圬(wū)之佣(yōng)以偿之。[10]有余，则以与道路之废疾饿者焉。

又曰："粟，稼(sù jià)[11]而生者也。若布与帛，必蚕绩而后成者也。其他所以养生之具，皆待人力而后完也，吾皆赖之。然人不可遍为，宜

了十三年，有官家授给的勋级，他却放弃官勋回到家乡来，由于丧失了田地，就靠拿着镘子维持生活。

此后三十多年，他寄居在街上的屋主家里，并付给适当的房租、伙食费。根据当时房租、伙食费的高低，来增减他粉刷墙壁的工价，归还给主人。有钱剩，就拿去给流落在道路上的残疾、贫病、饥饿的人。

他又说："粮食，是人们种植才长出来的。至于布匹丝绸，一定要靠养蚕、纺织才能制成。其他用来维持生活的物品，都是靠人们劳动然后才完备的，我都离不开它们。但是人们不可能样样亲手去制造，最合适的做法

6 官勋：官家授给的勋级。唐制，有功劳者授以没有实职的官号，叫勋官。勋官有十二级。

7 手镘衣食：用手拿着镘子干活来维持生活。镘，镘子，泥瓦匠抹墙的工具，也叫"圬"。衣食，这里指获取衣食。

8 市：街市。

9 屋食：房租和伙食费。当：适当的价值。

10 视时：根据当时。佣：受雇为人劳动。这里作"工价"解。

11 稼：种植。

乎各致[12]其能以相生也。故君者，理[13]我所以生者也；而百官者，承君之化[14]者也。任有小大，惟其所能，若器皿焉。食焉而怠其事，必有天殃(yāng)。故吾不敢一日舍(shě)镘(màn)以嬉。

“夫镘(màn)易能[15]，可力焉。又诚有功，取其直[16]，虽劳无愧，吾心安焉。夫(fú)力易强(qiǎng)而有功也，心难强而有智也。[17]用力者使[18]于人，用心者使人，亦

是各人尽自己的能力，相互协作来求得生存。所以，国君的责任是治理我们，使我们能够生存；而各种官吏的责任则是秉承国君的旨意来教化百姓。责任有小有大，只有各尽自己的能力去做，就好像器皿的大小虽然不一，但是各有各的用途。如果光吃饭不做事，一定会有天降的灾祸。所以我一天也不敢丢下我的泥镘子去游玩嬉戏。

“粉刷墙壁是比较容易掌握的技能，可以努力做好。又确实有成效，还能取得应有的报酬，虽然辛苦，却问心无愧，因此我心里十分坦然。力气容易勉强使出来并且取得成效，脑子却难以勉强使它获得聪明。这样，干体力活的人被人役使，用脑力的人役使人，也是应该的。

12 致：尽。
13 理：治。因唐高宗名治，唐人避讳，用“理”代“治”。
14 化：教化。
15 易能：容易掌握的技能。
16 直：同“值”，价值，这里指报酬。
17 力：指干体力活。强：迫使。心：指脑力劳动。
18 使：使用，引申为统治。

其宜也。吾特择其易为而无愧者取焉。

“嘻！吾操镘(màn)以入富贵之家有年矣。有一至者焉，又往过之，则为墟(xū)[19]矣。有再至、三至者焉，而往过之，则为墟(xū)矣。问之其邻，或曰：‘噫！刑戮(lù)也。’或曰：‘身既死而其子孙不能有也。’或曰：‘死而归之官也。’吾以是观之，非所谓食焉怠(dài)其事而得天殃(yāng)者邪？非强(qiǎng)心以智而不足，不择其才之称(chèn)否而冒之者邪(yé)[20]？非多行可愧，知其不可而强(qiǎng)为之者邪(yé)？将富贵难守，薄(bó)功而厚飨(xiǎng)之

我只是选择那种容易做而又问心无愧的活来取得报酬罢了。

“唉！我拿着镘子到富贵人家干活有许多年了。有的人家我只去过一次，再从那里经过，当年的房屋就成为废墟了。有的我曾去过两次、三次，后来经过那里，也成为废墟了。向他们邻居打听，有的说：‘唉！他们家主人被判刑杀掉了。’有的说：‘原主人已经死了，他们的子孙不能守住遗产。’也有的人说：‘人死了，财产都充公了。’我从这些情况来看，不正是光吃饭不做事遭到了天降的灾祸吗？不正是勉强自己去干才智达不到的事，不选择与他的才能相称的事却要去充数居高位的结果吗？不正是多做了亏心事，明知不行，却勉强去做的结果吗？也可能是富贵难以保住，少贡献却多享受所造成的结果吧！也许是富贵贫贱

19 墟：废墟。
20 称：相当。冒：假冒。这里是勉强充任、滥竽充数的意思。

者邪(yé)？抑丰悴(cuì)有时[21]，一去一来而不可常者邪(yé)？吾之心悯(mǐn)焉，是故择其力之可能者行焉。乐(lè)富贵而悲贫贱，我岂异于人哉！”

都有一定的时运，一来一去，不能经常保有吧！我的心怜悯这些人，所以选择力所能及的事情去干。喜爱富贵，苦恼贫贱，我难道与一般人不同吗？”

又曰：“功大者，其所以自奉也博，妻与子，皆养于我[22]者也。吾能薄而功小，不有之可也。又吾所谓劳力者，若立吾家而力不足，则心又劳也。一身而二任[23]焉，虽圣者不可为也。”

他还说：“贡献大的人，他用来奉养自己的东西多，妻室儿女都能由自己养活。我能力小，贡献少，没有妻室儿女是可以的。再则我是个干体力活的人，如果成家而能力不足以养活妻室儿女，那么也够操心的了。一个人既要劳力，又要劳心，即使是圣人也不能做到啊！”

愈始闻而惑之，又从而思之，盖[24]贤者也，盖所谓“独善其身[25]”者也。然

我刚听到这些话，感到迷惑不解，又接着想了一下，这大概是一个有德行的人，大概就是人们所说

21 丰悴：同“盈虚”。“丰”指富足、显达、成功等。“悴”指贫困、低贱、失败等。丰悴有时，即富贵贫贱有定数。

22 养于我：这个“我”不是王承福的自称，而是指“功大者”自己。

23 二任：既要劳力，又要劳心。

24 盖：发语词，兼表推测。

25 独善其身：封建社会一部分知识分子的处世哲学。当他们政治上顺利的时候，就想推行一些有益于社会的措施；当他们在政治上处于困境的时候，则力求洁身自好。这叫“达则兼济天下，穷则独善其身”。

吾有讥(jī)[26]焉，谓其自为也过多，其为人也过少，其学杨朱[27]之道者邪(yé)？杨之道，不肯拔我一毛而利天下。而夫(fú)人以有家为劳心，不肯一动其心以畜(xù)其妻子，其肯劳其心以为人乎哉？虽然，其贤于世之患不得之而患失之[28]者，以济(jì)其生之欲、贪邪而亡(wú)道[29]以丧其身者，其亦远矣。又其言有可以警余者，故余为之传(zhuàn)，而自鉴焉。

的"独善其身"的人啊。不过我还有意见，认为他替自己想得太多，为别人想得太少，该是个学"杨朱之道"的人吧？杨朱的学说是不肯拔掉自己一根毫毛去造福天下。这王承福认为有个家是劳心，竟不肯开动脑筋去养活妻室儿女，哪还肯操劳心思去为别人呢？虽然这样，他比世上那些患得患失、只求满足自己的生活欲望、贪婪邪恶、没有道德以致丢掉性命的人，可要好得多了！加上他的话有些是可使我警惕的，所以我给他写了这篇传记，作为自己的鉴戒。

26 讥：指责，批评。
27 杨朱：战国时期的思想家，魏国人。
28 患不得之而患失之：指一些贪求富贵的人，当他没有得到富贵时，心中只怕得不到；当得到富贵后，又怕失掉富贵。
29 亡道：即无道。亡，无，没有。

明 唐寅《松林扬鞭图》（局部）

讳辩

韩愈

《讳辩》即关于名讳的辩白。当时的著名诗人李贺因避父亲的名讳而不能参加进士科考，韩愈写信劝他去考。与李贺争名的人恣意毁谤，韩愈就写了此文来论述此事，表达他反对将“避讳”搞得太泛滥的主张。

愈与李贺[1]书，劝贺举进士。贺举进士有名[2]，与贺争名者毁之曰：“贺父名晋肃，贺不举进士为是，劝之举者为非。”听者不察也，和(hè)而倡(chàng)之，同然一辞。皇甫湜(shí)[3]曰：“若不明白，子与贺且得罪。”

我给李贺写信，劝李贺去考进士。李贺考进士已被提名推荐，跟李贺争名的人毁谤他，说：“李贺的父亲名晋肃，李贺不去考进士是对的，劝他去考的人错了。”听的人不加分辨，随声附和，众口一辞。皇甫湜说：“假如不辩论清楚，你和李贺都将得到罪罚。”我说：“对！”

1 李贺（790—816）：字长吉，唐代杰出诗人，十几岁即工诗，得到韩愈、皇甫湜等人的赏识。死时年仅二十七岁。
2 有名：荐举的名单里有名字。
3 皇甫湜（约777—约835）：字持正，唐代文学家，元和进士，官至工部郎中。从韩愈学古文。文才敏捷，在古文运动中起过积极作用。

愈曰："然。"

律令上说："名有两个字就不单独讳其中的一个字。"解释它的人说：譬如孔子的母亲名徵在，"说了'徵'字就不说'在'字，说了'在'字就不说'徵'字"，就属于这种情况。律令又说："与名同音的字不避讳。"解释它的人说：譬如"禹"和"雨"、"丘"和"苣"这一类就是这样。

律曰："二名不偏讳(huì)[4]。"释之者曰：谓若"言'徵(zhēng)'不称'在'，言'在'不称'徵(zhēng)'"是也[5]。律曰："不讳嫌名[6]。"释之者曰：谓若"禹"与"雨"、"丘"与"苣(qiū)"之类是也[7]。

现在李贺的父亲名晋肃，李贺去考进士，是犯了"二名律"呢，还是犯了"嫌名律"呢？父亲名晋肃，儿子就不能考进士；假如父亲名仁，儿子就不能做人了吗？避讳是从什么时候开始的呢？创立法制来教导天下的人不是周公和孔子吗？周公

今贺父名晋肃，贺举进士，为犯二名律乎？为犯嫌名律乎？父名晋肃，子不得举进士；若父名仁，子不得为人乎？夫(fú)讳始于何时？作法制以教天下者，非周公孔子欤(yú)[8]？周

4 二名不偏讳：名有两个字就可不讳其中独立的一个字。讳，旧时对帝王及尊长不敢称其名，叫避讳。因亦指所讳者的名字。

5 "谓若"二句：《礼记·檀弓》："二名不偏讳。夫子之母名徵在，言在不称徵，言徵不称在。"

6 嫌名：指与人姓名字音相近的字。下句中的"禹"与"雨"，"丘"与"苣"都是同音字。

7 禹与雨：禹和雨同音，只讳禹而不讳雨。丘与苣：丘与苣音同，只讳丘而不讳苣。

8 周公：姓姬，名旦，西周初年政治家。

公作诗不讳[9]，孔子不偏讳二名[10]，《春秋》不讥不讳嫌名[11]。康王钊之孙实为昭王[12]；曾参之父名皙，曾子不讳“昔”[13]。

作诗不避讳，孔子对母名的两个字也不单独讳其中的一个，孔子作《春秋》，也不讥刺谁不讳与君父的名同音的字。康王钊的孙子(应为儿子)谥号就叫昭王，曾参的父亲名皙，曾子也不讳“昔”字。

周之时有骐期[14]，汉之时有杜度[15]，此其子宜如何讳？将讳其嫌，遂讳其姓乎？将不讳其嫌者乎？汉讳武帝名“彻”为“通”[16]，不闻又讳车辙之“辙”为某字也。

周朝有个人姓骐名期，汉朝有个人姓杜名度，他们的儿子该怎样避讳呢？为了避讳同音字，就连姓也不要了呢，还是不避讳同音字呢？汉武帝名彻，汉人为了避讳，把“彻”改作“通”，但没听说把车辙的辙字改为某字。吕后名雉，汉人把

9 周公作诗不讳：周公之父周文王名昌，其兄周武王名发，而《诗经》中不讳“昌”“发”二字，如《周颂·臣工·雍》有“克昌厥后”，《噫嘻》有“骏发尔私”等。

10 孔子不偏讳二名：如孔子母名徵在，但《论语·八佾》有“宋不足徵也”，《卫灵公》有“某在斯”。

11 《春秋》：春秋时鲁国的史书，据说经过孔丘删订。不讥不讳嫌名：不以为犯讳而加讽刺。

12 康王钊：周康王，名钊，公元前1020年至公元前996年在位。昭王：周昭王，名瑕，周康王之子（韩愈误记为孙）。钊、昭同音，不为犯讳。

13 曾子不讳“昔”：如《论语·泰伯》：“曾子曰：……昔者吾友。”皙、昔同音，曾子不以为犯讳。

14 骐期：春秋时楚国人。

15 杜度：字伯度，东汉人，工草书。

16 武帝：汉武帝，名彻，公元前141—前87年在位。名“彻”为“通”：汉人为避武帝讳，把“彻”字改为“通”字，把“彻侯”叫“通侯”，改“蒯彻”为“蒯通”之类。

讳吕后[17]名“雉(zhì)”为“野鸡”，不闻又讳治天下之治为某字也。今上章及诏[18]，不闻讳“浒”“势”“秉”“机”[19]也。惟宦官宫妾乃不敢言“谕[20]”及“机”，以为触犯。士君子立言行事，宜何所法守也？今考之于经，质之于律，稽(jī)之以国家之典，贺举进士为可邪(yé)[21]？为不可邪(yé)？

雉叫作野鸡，但没听说又把治天下的治字改为某字。现在向皇帝上奏章或皇帝下诏书，没有听说“浒”“势”“秉”“机”这些字也避讳的。只有宦官和宫中侍妾才不敢说“谕”字和“机”字，以为触犯名讳。士君子说话做事，应该遵循怎样的法则呢？现在从经典来考据，据法律来质对，用国家制度来考查，李贺考进士，到底是可以呢，还是不可以呢？

凡事父母，得如曾参(zēng shēn)，可以无讥(jī)矣；作人得如周公孔子，亦可以止矣。今世之士，不务[22]行曾参(zēng shēn)、周公、孔子之行，而讳亲之名，则

一般说来，侍奉父母，能够像曾子一样，就可以不被讥刺了；做人能够像周公、孔子一样，也可以说到达顶点了。现在世上这些士大夫，不专心去实践曾参、周公、孔子

17 吕后：汉高祖刘邦的皇后，名雉。
18 章：奏章。诏：诏书，皇帝的命令。
19 “浒”“势”“秉”“机”：唐高祖李渊的祖父名虎，后追尊为景皇帝，庙号太祖，虎与浒同音。唐太宗李世民，世与势同音。李渊的父亲名昞，昞与秉同音。唐玄宗名隆基，基与机同音。
20 谕：唐代宗名豫，豫与谕同音。
21 邪：同“耶”，表疑问的语气词，下同。
22 务：致力。

务胜于曾参、周公、孔子，亦见其惑也。夫(fú)周公、孔子、曾参卒(zú)不可胜[23]。胜周公、孔子、曾参，乃比于宦(huàn)官宫妾，则是宦官宫妾之孝于其亲，贤[24]于周公、孔子、曾参者邪(yé)？

的品行，而在避父母的名讳方面却要求超过曾参、周公、孔子，从这里也可以看出他们的糊涂了。周公、孔子、曾参终究是不会被他们超越的。想胜过周公、孔子、曾参，却自己等同于宦官宫妾一类的人物，那么难道宦官宫妾孝顺父母，比周公、孔子、曾参还做得好吗？

明 佚名《至圣先贤半身像册》之曾参

23 夫：发语词。卒：终于。
24 贤：超过。

争臣论[1]

韩愈

这是一篇从当时政治出发，有的放矢的重要论文，其中评论的人是真人，事是真事。作者直言不讳地发表意见，表现了敢于面对现实的勇气。韩愈认为，身为谏官却不问政事得失，这是放弃职守的行为，不能算是道德高尚。尽管韩愈所议的出发点是为了巩固封建政权，但他所主张的“在其位则谋其政”的原则，在今天仍有积极的作用。

或问谏议大夫阳城[2]于愈:“可以为有道之士[3]乎哉？学广而闻多，不求闻于人也。行古人之道，居于晋之鄙[4]，晋之鄙人薰其德而善良者几[5]千人。

有人向我问起谏议大夫阳城：“他可以算是有道之士吗？学识渊博，懂得很多，不求被世人知道。推行古人之道，住在山西的边境，山西边境的人，受到他品德的感化而行事善良的，将近千把人。

“大臣闻而荐之[6]，天

“大臣听说后向朝廷推荐他，皇

1 本文一作《诤（zhèng）臣论》。诤臣，指能以直言规劝君主的臣子。
2 阳城：字亢宗，定州北平（今北京）人。中进士后，隐居中条山，有贤德之名。唐德宗召为谏议大夫。
3 有道之士：指有学识、有操守的人。
4 晋：指山西夏县。阳城中进士后，曾隐居夏县中条山中。鄙：边远之地。
5 几：接近。
6 大臣：指李泌，他曾为陕虢观察使，闻阳城之名，后入相，荐城为著作郎。

子以为谏议大夫[7]。人皆以为华，阳子不色喜。居于位五年矣，视其德如在野。彼岂以富贵移易其心哉！”

帝任命他做谏议大夫。大家都认为光荣，阳城却并不显得高兴。在这个职位上五年了，看他的品德还像在野时一样。他哪里会因为富贵就改变他的初衷呢！”

愈应之曰：“是《易》所谓恒其德贞而夫子凶者也[8]，恶得为有道之士乎哉！在《易》蛊之上九云：‘不事王侯，高尚其事。’[9]蹇之六二则曰：‘王臣蹇蹇，匪躬之故。’[10]夫亦以所居之时不一，而所蹈之德不同也。若《蛊》之上九，居无用之地，而致匪躬之

我回答他说：“这就是《易经》上所讲的：保持那种柔顺之德，并不是男子大丈夫的正道啊！阳城怎能算是有道之士呢？《易经》蛊卦上九爻辞说：‘不侍奉王侯的时候，要保持自己的高尚节操。’蹇卦六二爻辞却说：‘当臣子的要勇于赴难，不顾自己。’这也是由于所处的时候不一样，所实行的原则便不同。如果像蛊卦的上九那样处于无用的地位，却要去忘我地工作，像蹇卦的六二那样，在臣子的位置上，却以不

7 谏议大夫：官名。职责是做皇帝的侍从，规劝皇帝的过失。

8 《易》：指《易经》。“恒其德贞”“夫子凶”句，是《易经》恒卦六五的爻辞。原文是：“恒其德，贞，妇人吉，夫子凶。”意思是说：以柔顺从人，始终不变其德，有操守，此乃妾妇之道，所以吉；男子大丈夫要决断大事，不能随便顺从，所以凶。夫子：男子。

9 蛊之上九：《易经》蛊卦上九的爻辞。“不事王侯”二句：说君子没有出去做官侍奉王侯，应该修德乐道，提高自己的节操。

10 蹇之六二：《易经》蹇卦六二的爻辞。“王臣蹇蹇”二句：是说当王朝遭大难的时候，做臣子的要忠诚努力，不顾个人。蹇，危难。蹇蹇，忠直貌。匪，非。躬，自身。

节，以蹇之六二，在王臣之位，而高不事之心，则冒进之患生，旷官之刺兴。[11]志不可则，而尤不终无也。[12]

“今阳子在位，不为不久矣，闻天下之得失，不为不熟矣，天子待之，不为不加矣，而未尝一言及于政。视政之得失，若越人视秦人之肥瘠（jí）[13]，忽焉不加喜戚于其心。问其官，则曰谏议也；问其禄，则曰下大夫之秩（zhì）也[14]；问其政，则曰我不知也。有道之士，固如是乎哉！且吾闻之：‘有官守者，不得其职则去；有言责者，不得其言

侍奉王侯为高尚，那么，前者就会产生钻营利禄的祸害，后者便会引来玩忽职守的责备。这都不值得效法，而且过错也难于避免。

“现在，阳城在位不能说不久了，听到天下的得失，不能说不熟悉了，皇帝待他，不能说不优厚了，但他从来没有讲一句关系政事的话。他看待政事的好坏，就好像越人看待秦人的肥瘦那样，毫不注意，心里不高兴也不悲哀。问他的官职，说是谏议；问他的俸禄，说是下大夫的品级；问他的政事，却说我不知道。有道之士，真是这样的吗？而且，我听说过：‘有官职的人，不能尽他的职责，便辞官而去；有进言责任的人，不能尽他进言的责任，便辞官归去。’现在阳

11 冒进：侥幸求进，指钻营利禄。刺：批评。兴：引起，引出。
12 则：法，仿效。尤：弊病。
13 越人：浙江一带人。秦人：陕西一带人。
14 下大夫：古官名。秩：品级。

则去。'[15]今阳子以为得其言,言乎哉[16]?得其言而不言,与不得其言而不去,无一可者也。阳子将[17]为禄仕乎?

城可以算是得到进言的官职了,但他进过言吗?有进言的责任而不进言,或不能尽到进言的责任却不离开,没有一件是可以的。阳城难道是为了利禄才出来做官的吗?

"古之人[18]有云:仕不为贫,而有时乎为贫,谓禄仕者也。宜乎辞尊而居卑,辞富而居贫,若抱关击柝(tuò)者可也[19]。盖孔子尝为委吏[20]矣,尝为乘(shèng)田[21]矣,亦不敢旷其职,必曰'会(kuài)计当而已矣'[22],必曰'牛羊遂[23]而已矣'。若阳子之秩禄,

"古时的人说过:做官不是为了贫穷,但某种时候却是为了贫穷,指的就是为了俸禄而去做官。不过,那就应该辞去尊贵的职务,处于卑贱的地位,辞去优厚的俸禄,接受菲薄的待遇,像那些守关打更巡夜的人一样。孔子曾经做过仓库保管员,又曾经做过牧场管理员,也不敢玩忽职守,一定要说'账目都清楚了',一定要说'牛羊都顺利成长了'。像阳先生的品级俸禄,不

15 "有官守者"四句:引自《孟子·公孙丑下》。官守,居官守职。
16 "今阳子"句:原文作"今阳子以为得其言乎哉",这里据《韩昌黎集》校改。
17 将:殆,莫非。
18 古之人:指孟子。以下十三句,均引自《孟子·万章下》,但句子有变动。
19 抱关:守关门。击柝:打更。柝,打更用的梆子。
20 委吏:古代负责仓库保管、会计事务的小官。
21 乘田:古代负责管理牧场、饲养牲畜的小吏。
22 会计:管理财、物及出纳事务。当:妥当,合适。
23 遂:顺利成长。

不为卑且贫，章章[24]明矣，而如此，其[25]可乎哉？”

或曰：“否！非若此也。夫阳子，恶讪上者[26]，恶为人臣招[27]其君之过，而以为名者，故虽谏且议，使人不得而知焉。《书》[28]曰：‘尔有嘉谟嘉猷[29]，则入告尔后[30]于内，尔乃顺之于外，曰：“斯谟斯猷，惟我后之德。”’夫阳子之用心，亦若此者。”

愈应之曰：“若阳子之用心如此，滋[31]所谓惑者矣！入则谏其君，出不使人知者，大臣宰相之事，

算卑贱菲薄，那是十分清楚的，而他却这样，难道行吗？”

有人说：“不对！不是这样的。阳城是讨厌毁谤上司的人，讨厌当臣子却宣扬君主的过失而为自己求名的人，所以他尽管进谏和建议，却不让别人知道。《尚书》上说过：‘你有好的计划建议，进去告诉你的君主；在外面你就顺从地说：“这些好计划好建议，都是出于我们君主的英明。”’那阳城的用心，也是这样的。”

我回答他说：“假如阳城的用心是这样，那就更加迷惑不解了！进去对君主进谏，出来不使别人知道，这是大臣宰相的事情，不是阳

24 章章：明白显著貌。
25 其：同“岂”。
26 恶：讨厌。讪上：谤毁上司。讪，讥笑，诽谤。
27 招：举，引申作宣扬。
28 《书》：指《尚书》，见伪古文尚书《周书·君陈》。
29 猷：计划，谋划。
30 尔后：你的君主。
31 滋：益，更加。

非阳子之所宜行也。夫(fú)阳子，本以布衣隐于蓬(péng)蒿(hāo)[32]之下，主上嘉其行谊[33]，擢(zhuó)在此位，官以谏为名，诚宜有以奉其职，使四方后代，知朝廷有直言骨鲠(gěng)[34]之臣，天子有不僭(jiàn)赏[35]从谏如流之美；庶岩穴之士[36]，闻而慕之，束带结发[37]，愿进于阙(què)下[38]，而伸其辞说，致吾君于尧舜，熙鸿号于无穷也[39]。若《书》所谓，则大臣宰相之事，非阳子之所宜行也。且阳子之

城应该做的。阳城本来是个平民，隐居在乡野中，皇帝赞赏他的品行道德，提拔在这个位置上，官职的名称是谏议大夫，确实应该拿出具体行动来尽他的职责，使四方后代的人知道朝廷上有刚正敢说话的臣子，皇帝有不滥赏、从谏如流的美德；使得山林隐士，听到以后羡慕他，整理好衣冠，修饰好仪容，愿意到朝廷来贡献出自己的意见，使皇帝成为尧舜那样的圣主，把美名留传到千秋万世之后。像《尚书》上所讲的那是大臣宰相之事，不是阳城应该做的。而且阳城的本意，将要使君临百姓的人不喜欢听到自己的过失吗？如果这样，就是引导

32 蓬蒿：本为草名，借指草野之间。
33 行谊：德行道谊。谊，同“义”。
34 骨鲠：比喻刚直。指逆耳的忠言，好像鱼骨鲠在喉间。
35 僭赏：滥赏。
36 庶：庶几，表示推测希望语气。岩穴之士：指隐居在山野的人。
37 束带结发：束带，整理好衣冠。结发，结好头发，指修饰好仪容。这是说隐士做好出来做官的准备。
38 阙下：宫阙下面，指朝廷中。
39 熙：明，昌明，光大。鸿号：伟大的名声。

心，将使君人[40]者恶(wù)闻其过乎？是启[41]之也！”

或曰：“阳子之不求闻而人闻之，不求用而君用之。不得已而起，守其道而不变，何子过[42]之深也？”

愈曰：“自古圣人贤士，皆非有求于闻用也，闵(mǐn)其时之不平，人之不乂(yì)[43]；得其道，不敢独善其身，而必以兼济天下也。孜孜矻矻(zī zī kū kū)[44]，死而后已。故禹过家门不入[45]，孔席不暇(xiá)暖[46]，而墨突不得黔(qián)[47]。彼二圣一贤者，岂不知自安佚(yì)之为乐

君主文过饰非啊。”

有人说：“阳城不求出名，却被人们知道；不求君主任用，却被君主任用。不得已才出来，坚持不改变他的作风，为什么您责备他那么厉害呢？”

我说：“自古的圣人贤士，都不是追求闻名重用的，而是哀怜世道的不太平，人民的不得安定；他懂得了圣人的道德学说，不敢只单独搞好自己的修养，一定要同时使天下的人都得到好处。勤勤恳恳，至死方休。所以，夏禹经过家门却不进去，孔子的坐席没有坐暖和过，墨子的烟囱没有被熏黑过。那两

40 君：用作动词，统治，君临。人：指百姓。
41 启：教导，引导。
42 过：责备。
43 乂：治理，安定。
44 孜孜：勤勉。矻矻：劳累。
45 禹过家门不入：相传夏禹治水，曾三过家门而不入。
46 孔席不暇暖：出自班固《答宾戏》。孔，指孔子。孔子存心济世，周游列国，到哪里都不能久住，席子还没有坐暖就走了。
47 墨突不得黔：出处同上。墨指墨翟，突指烟囱，黔，黑色。墨子为了宣传他的主张，到处奔走，很少在家里，所以他家的烟囱也很少冒烟，没有熏黑。

哉？诚畏天命而悲人穷也。夫(fú)天授人以贤圣才能，岂使自有余而已，诚欲以补其不足者也。耳目之于身也，耳司闻而目司见，听其是非，视其险易，然后身得安焉。圣贤者，时人之耳目也；时人者，圣贤之身也。且阳子之不贤，则将役于贤以奉其上矣；若果贤，则固畏天命而闵(mǐn)人穷也，恶(wū)得以自暇(xiá)逸乎哉！”

或曰：“吾闻君子不欲加诸人，而恶讦(wù jié)[48]以为直者。若吾子之论，直则直矣，无乃伤于德而费于辞乎？好(hào)尽言以

位圣人、一位贤人，难道不知道享受个人安逸的快乐吗？实在是畏惧天命而又同情人民疾苦啊。上天把贤圣才能传授给人，难道只是使他们自己有余就算了，确实还要补充别人的不够啊。耳目在身上的用处，耳管听，目管看，听清了是和非，看出了安和危，然后身子才能得到安全。圣贤是世人的耳目，世人是圣贤的身子。假如阳城不是贤者，那他就应当被贤者役使去奉事君上；如果真是贤者，那就一定会害怕天命并同情人民的疾苦，怎么能够只顾自己的清闲安逸呢？”

有人说：“我听说君子不肯把罪名加到别人身上，厌恶攻击别人的短处来博得正直的名声。您的论调，直率倒还直率，未免有点损伤德行而又浪费言辞吧？喜欢毫无保留地说话来

48 讦：攻人短处。

招人过，国武子[49]之所以见杀于齐也，吾子其亦闻乎？”

招致别人的责备怨恨，是国武子在齐国被杀的缘由，您大概也听说了吧？”

愈曰：“君子居其位，则思死其官；未得位，则思修其辞以明其道。我将以明道也，非以为直而加人也。且国武子不能得善人，而好(hào)尽言于乱国，是以见杀。《传(zhuàn)》[50]曰：‘惟善人能受尽言。’谓其闻而能改之也。子告我曰：‘阳子可以为有道之士也。’今虽不能及已，阳子将不得为善人乎哉！”

我说：“君子在他的官位上，便准备殉职；不能得到官位，便打算修饰文辞来阐明圣贤之道。我要做的是阐明圣贤之道，不是自认为正确而强加于人。而且，国武子没有碰上好人，却在纷乱的国家里说毫无保留的话，所以被杀。《国语》说：‘只有好人才能接受毫无保留的话。’这是说他听了就能改正。您告诉我说：‘阳城可以算是有道之士。’我看现在他虽然还达不到，难道阳城不能够算一个好人吗？”

49 国武子：春秋时齐大夫，名国佐。曾参加柯陵之会，单襄公见他好尽言，说：“立于淫乱之国而好尽言，以招人过，怨之本也。”鲁成公十八年（前573），齐庆克与齐灵公的母亲声孟子通奸，国武子责备他。庆克告诉声孟子，声孟子在齐灵公面前说国武子的坏话，齐灵公就把国武子杀了。

50 《传》：指《国语》。文见《国语·周语下》。

明 刘俊 《纳谏图》（局部）

后十九日复上宰相书

韩愈

本文与下一篇《后廿九日复上宰相书》，是韩愈在唐德宗贞元十一年（795）写给宰相的两封书信。当时，韩愈二十八岁，已经考取进士四年，但被阻于吏部的博学宏词科，一直没有得到官职。其间，他曾向一些达官贵人上书，希望得到荐举，都毫无结果。这年年初，他在一个多月内，连续三次给宰相们上书陈诉，本文是第二次上书。信中以动人之笔，比喻自己处境艰难如同陷入水深火热之中，试图以此来打动宰相。

二月十六日[1]，前乡贡进士[2]韩愈，谨再拜言相公[3]阁下：

二月十六日，前乡贡进士韩愈恭谨地再次拜谒上书宰相阁下：

向上书及所著文后，待命凡十有（yòu）九日，不得命。[4]恐惧不敢逃遁（dùn），不知所为。[5]乃复敢自纳于

前次呈上了信件和文章，后来我等候回音一共一十九天，一直没有得到指示。惶惑害怕但又不敢离开，真不知道该怎么办好。于是大胆地再次自己招惹不可测度的

1 二月十六日：指唐德宗贞元十一年（795）二月十六日。
2 乡贡进士：唐代分科选拔官吏，其中以进士科最为人重视。凡经州县考试及格，由州贡到尚书省参加进士科考试的，称乡贡进士。
3 相公：古代对宰相的称呼，“公”是推尊之辞。
4 向：从前。待命：等待指示。按韩愈曾在这年正月二十七日第一次上书宰相，故云。
5 逃遁：逃走，这里指离开。不知所为：不知道怎么办。

不测之诛[6]，以求毕[7]其说，而请命于左右。

责罚，以求得讲完我的话，向您请求指示。

愈闻之，蹈水火者之求免于人也[8]，不惟其父兄子弟之慈爱，然后呼而望之也；将有介于其侧者，虽其所憎怨，苟不至乎欲其死者，则将大其声疾呼，而望其仁之也。[9]彼介于其侧者，闻其声而见其事，不惟其父兄子弟之慈爱，然后往而全之[10]也；虽有所憎怨，苟不至乎欲其死者，则将狂奔尽气，濡手足，焦毛发，救之而不辞也。[11]若是者何

我听说，遭遇到水火灾害的人请求别人营救，不限于是慈爱自己的父兄子弟，然后才呼叫着期待他们；如果有处在他旁边的人，虽然为他所憎恶怨恨，只要是不至于想他死的人，那就将放大他的声音急速地呼喊，希望那个人对他施加仁爱。那个处在他旁边的人，听到他的呼救，看到他的遭遇，也不限于是慈爱他的父兄子弟，然后才上前搭救他；即使平常对他有些憎恶怨恨，只要是不至于想他死的人，也就会快步跑得上气不接下气，不顾打湿手脚，烧焦毛发，前去搭救他而不退却。像这样是为了什么

6 复：再，又一次。自纳于不测之诛：自己去招惹不可测度的责罚。诛，责备。
7 毕：完毕。
8 蹈水火者：遭遇到水灾或火灾的人。免：指免除灾害。
9 将：表假设之词。介于其侧：处在他的旁边。介，接近。仁：名词用作动词，施行仁爱。
10 往而全之：上前搭救保全他。
11 狂奔尽气：快步奔跑使尽气力。濡：沾湿，打湿。焦：被火烧伤。辞：推却。

哉？其势[12]诚急，而其情诚可悲也。

呢？正由于他所处的形势的确危急，他的情况实在可悲啊。

愈之强（qiǎng）学力行[13]有年矣。愚不惟道之险夷[14]，行且不息，以蹈于穷饿之水火，其既危且亟（jí）矣[15]。大其声而疾呼矣，阁下其亦闻而见之矣。其将往而全之欤（yú）？抑将安而不救欤（yú）[16]？有来言于阁下者曰："有观溺（nì）于水而爇（ruò）于火者，有可救之道而终莫之救也。"[17]阁下且以为仁人乎哉[18]？不然，若愈者，亦君子之所宜[19]动心者也！

我勉力学习和实践已经多年了。性情愚笨，不考虑道路的艰险或平坦，前进从不停止，以致陷于贫穷饥饿的水火之中，是已经很危险并且很急迫了。我已放大声音用力呼救，宰相您也听到并看见了。是前来搭救保全我呢，还是安然不动坐视不救呢？如果有人来告诉您说："有人看到别人被淹没在水中或被围烧在火中，本来有能够搭救的办法然却终究不去搭救他。"您难道会认为这是仁慈的人吗？否则，像我这样的人，也是仁人君子所应当动怜惜之心的人啊！

12 势：形势，趋势。
13 强学力行：奋发学习，努力实践。强、力，皆勉力的意思。
14 愚不惟道之险夷：愚笨从不考虑道路的危险和平安。
15 其既危且亟矣：已经危险而急迫了。其，加强语气的副词。
16 抑将安而不救欤：还是安然不动坐视不救呢？
17 爇：燃烧。有可救之道而终莫之救：有能够搭救的办法但终竟不去搭救他。
18 且：将。仁人：仁爱的人。
19 宜：应当。

或[20]谓愈:"子言则然矣,宰相则知子矣。如时不可何!"[21]愈窃谓之不知言者[22]。诚其材能不足当吾贤相(xiàng)之举耳[23],若所谓时者,固在上位者之为耳,非天之所为也。[24]

有的人告诉我说:"您所讲的倒是对的,宰相也了解您。但是时机不允许,有什么办法呢?"我私下认为他是不懂情况的人。实在是我的才能不堪承当贤明宰相的荐举那就算了,要是说所谓时机,本来是居在上位的人所造成的,绝不是天所造成的。

前五六年时,宰相荐闻[25],尚有自布衣蒙抽擢(zhuó)者[26],与今岂异时哉?且今节度、观察使及防御、营田诸小使等,尚得自举判官,无间(jiàn)于已仕

前五六年的时候,宰相所推荐奏闻的,尚且有从平民蒙受选拔提升的人,这和今天难道时机不同吗?况且现在的节度使、观察使以及防御、营田等小使,还能够自己荐举判官,不区别是已做官的还是没有做

20 或:有的人。
21 子言则然矣:你所讲的是对的。如时不可何:时机不允许,奈何。
22 窃:私自。不知言者:不懂情况的人。
23 诚其材能不足当吾贤相之举耳:意思是果真我的才能不值得被贤能宰相荐举就算了。材能,犹"才能"。
24 "若所谓时者"三句:要是讲所谓时机的话,本来是居于上位的人造成的,而不是天所造成的。
25 荐闻:推荐奏闻。
26 尚:且。抽擢:选拔提升。

未仕者；[27] 况在宰相，吾君[28]所尊敬者，而曰“不可”乎？古之进人者，或取于盗，或举于管库。[29]今布衣虽贱，犹足以方于此。[30]情隘(ài)辞蹙(cù)，不知所裁，亦惟少垂怜焉。[31]愈再拜。

官的人；何况宰相是皇上所尊重敬仰的人，却能够说不可以荐举人才吗？古时候荐举人才，有的从小偷中选取，有的从管理仓库的小吏中提拔。今天我这样的平民虽然卑贱，还足够和这些人相比拟。我的性情狭隘，语言迫促，不知道怎样处置，希望稍加哀悯怜惜。愈再拜。

27 节度：唐置地方军政长官，辖管一道或数州，称节度使。观察使：即经略观察使。防御：唐于大郡要害之地置防御使，治理军事，多由当地刺史兼任。营田：指掌管军队屯垦的营田副使，军队万人以上设一名。小使：防御使、营田副使，与节度使、观察使相比，无论地位权力都小得多，所以称小使。判官：节度使、观察使、防御使的僚属，佐理军政。间：区别。仕：做官。
28 君：皇帝。
29 进人：荐举人才。管库：管理仓库的小吏。
30 贱：卑贱。方：比拟。
31 蹙：迫促。惟：希望。垂怜：加以怜惜。

元 佚名《秋山图轴》（局部）

后廿九日复上宰相书

韩愈

韩愈在唐德宗贞元十一年（795）连续三次给宰相上书求仕，但都毫无结果。这是韩愈三上宰相书。这封信与第二封信的自诉困穷、苦求哀悯有了很大的不同。信中把对待他的上书的态度，提到是否重视人才的高度。韩愈赞颂了周公“一食三吐哺”“一沐三握发”、求贤若渴地对待人才的态度，质问了当时宰相对待人才“默默而已”的态度，讽刺了权贵们封闭贤路的做法，并申明自己是出于“忧天下之心”、不愿独善其身才求仕进的。

三月十六日，前乡贡进士韩愈，谨再拜言相公阁下：

三月十六日，前乡贡进士韩愈恭谨地再次拜谒上书宰相阁下：

愈闻周公之为辅相[1]，其急于见贤也，方一食，三吐其哺（bǔ）；[2]方一沐（mù），三握其发（fà）。[3]

韩愈听说周公做宰辅时，他是多么急于接见贤才啊，在吃一顿饭的时间里，却三次吐出口中的食物出来迎宾；在洗一次发的时间里，却三次握着头发出来见客。

1 辅相：指宰相。“辅”“相”都是辅佐的意思，宰相辅佐帝王治理天下，所以称为辅弼、辅相。

2 方：正当。哺：口中嚼食，这里指衔在口里的食物。

3 沐：洗头发。三握其发：指周公三次握着已经披散洗湿的头发出来见客。

当是时，天下之贤才，皆已举[4]用；奸邪谗佞(chánnìng)欺负之徒[5]，皆已除去；四海皆已无虞(yú)[6]；九夷八蛮之在荒服之外者[7]，皆已宾贡[8]；天灾时变，昆虫草木之妖[9]，皆已销息[10]；天下之所谓礼乐刑政教化之具[11]，皆已修理；风俗皆已敦(dūn)厚[12]；动植之物，风雨霜露之所沾被[13]者，皆已得宜；休征嘉瑞、麟(lín)凤龟龙之

那时候，天下的贤才都已经提拔重用了；邪恶凶顽、图谋不轨、谄媚逢迎、暗地害人、虚伪欺诈、背弃信义的一干坏人，都已经清除掉；整个天下都已经没有什么可忧虑的了；处在极边远地方的蛮夷部族，都已经派人来朝见进贡；水旱节候的灾害，昆虫草木的反常现象，都已经销声匿迹；国家的礼、乐、刑、政这些教育感化人的手段，都已经整理完善；社会的风俗都已经淳厚朴实；动物、植物，凡属风雨霜露所浸润覆盖的一切，都已经得到适宜的环境和合理的利用；美好吉祥的迹象，麟、凤、龟、龙这四种灵物，都已经全部

4 举：起，提拔。
5 奸邪：凶恶。谗：背后说别人坏话。佞：谄媚逢迎，花言巧语。欺负：虚伪欺诈，背弃信义。
6 虞：忧。
7 九夷八蛮：泛指处在边远地区的一些部族。荒服之外：指非常偏僻的边远地区。
8 宾贡：宾，归服。贡，贡纳物产。指派使者来朝见。
9 时变：指季节、气候的变异。妖：反常的变化。
10 销息：消失停止。“销”与“消”通。
11 教化之具：古代统治阶级认为礼、乐、刑、政都是或从积极方面诱导或从消极方面禁止而使人民服从他们统治的手段。
12 敦厚：淳厚朴实。
13 沾：浸润。被：覆盖。

属，[14]皆已备至。

而周公以圣人之才，凭叔父之亲，其所辅理承化[15]之功，又尽章章[16]如是。其所求进见之士，岂复有贤于周公者哉？不惟不贤于周公而已，岂复有贤于时百执事[17]者哉？岂复有所计议能补于周公之化者哉？然而周公求之如此其急，惟恐耳目有所不闻见，思虑有所未及，以负成王托周公之意，不得于天下之心。如周公之心，设使其时辅理承化之功未尽章章如是，

出现。

而周公凭着圣人的大才，借助于成王叔父这样至亲的关系，他所辅佐治理奉承教化的功绩，又都这样显著。那些请求进见的人，难道再有比周公更贤能的吗？不只不会比周公贤能而已，难道再有比当时的百官更贤能的吗？哪里还能有什么计策、议论能够对周公的教化有所补益呢？可是周公访求他们是这样的急切，只担心自己的耳朵、眼睛有什么听不见看不到之处，自己的思索考虑有什么不周全之处，以致辜负成王托政给周公的深意，得不到天下人心的拥护。像周公这样的用心，假使那时辅佐治理奉承教化的功绩并没有像那样显著，又不是圣人的大才，又没有叔父的至亲关系，

14 休：美好。征：迹象。嘉：吉祥。瑞：预兆。属：类。古人把麟、凤、龟、龙称为四灵。国家大治，天下太平，上天就要显示出种种美好吉祥的迹象，这四种灵物也会出现。

15 辅理承化：辅佐帝王治理国家，奉承帝命施行教化。理，治。

16 章章：明白显著。

17 百执事：即百官。供使令的人称为执事。

而非圣人之才，而无叔父之亲，则将不暇(xiá)食与沐矣，岂特吐哺(bǔ)握发(fà)为勤而止哉？维其如是，故于今颂成王之德，而称周公之功不衰。

今阁下为辅相亦近[18]耳。天下之贤才，岂尽举用？奸邪谗佞(chánnìng)欺负之徒，岂尽除去？四海岂尽无虞(yú)？九夷八蛮之在荒服之外者，岂尽宾贡？天灾时变，昆虫草木之妖，岂尽销息？天下之所谓礼乐刑政教化之具，岂尽修理？风俗岂尽敦厚？动植之物，风雨霜露之所沾被者，岂尽得宜？休征嘉

那么他将没有空时间去吃饭和洗头了，难道只是止于辛勤地“吐哺握发”吗？正因为他的用心能够这样，所以到现在，人们歌颂成王的大德，称赞周公的功绩，还没有减弱。

现在阁下作为宰相，身份与周公也相近了。天下的贤才，难道都已经提拔重用了？邪恶凶顽、图谋不轨、谄媚逢迎、暗地害人、虚伪欺诈、背弃信义的坏人，难道都已经清除掉？整个天下难道都已经没有什么可忧虑的了？处在极边远地方的蛮夷部族，难道都已经派人来朝见进贡？水旱节候的灾害，昆虫草木的反常现象，难道都已经销声匿迹？国家的礼、乐、刑、政这些教育感化人的工具，难道都已经整理完善？动物、植物，凡属风雨霜露所浸润覆盖的一切，难道都已经得到适宜的环境和合

18 近：指地位职权与周公相近。不说“同”而说“近”，因为当时宰相不见得有“圣人之才”，也没有“叔父之亲”。

瑞，麟(lín)凤龟龙之属，岂尽备至？其所求进见之士，虽不足以希望盛德，至比于百执事，岂尽出其下哉？其所称(chēng)说，岂尽无所补哉？今虽不能如周公吐哺(bǔ)握发(fà)，亦宜引而进之，察其所以而去就之[19]，不宜默默而已也。

理的利用？美好吉祥的迹象，麟、凤、龟、龙这四种灵物，难道都已经全部出现？那些请求进见的人，虽不能够期待他有您那样的大德，但同您手下那些官吏相比，难道全都不如吗？他们所提所说的意见，难道全都对政事毫无补益吗？现在您即使不能像周公那样吐哺握发，也总应该引进、接见他们，考察他们究竟如何而决定用谁不用谁，不应该无声无息、不闻不问了事啊！

愈之待命，四十余日矣。书再上而志不得通，足三及门而阍(hūn)人辞焉[20]。惟其昏愚，不知逃遁(dùn)[21]，故复有周公之说焉。阁下其亦察之！古之士，三月不仕则相吊，故出疆必载(zài)

韩愈等候召见已四十多天了。上了两次书而心愿不能够表达，脚三次走到您的大门前，却被守门人谢绝了。只因为我糊涂愚顽，不知道逃隐山林，所以又有上述关于周公的一番议论。阁下还是考察一下吧！古代的读书人，只要有三个月不做官任职，相互之间就要慰问，所以他们只要走出本国疆界，

19 所以：根据的是什么。去就：去，离开；就，趋近。这里相当于用或不用。
20 及：到。阍人：守门的人。
21 逃遁：指归隐山林。

质。[22]然所以重于自进者，以其于周不可，则去之鲁；于鲁不可，则去之齐；于齐不可，则去之宋，之郑，之秦，之楚也。

车子上就一定载着准备随时进见用的礼品。然而他们不肯轻易自己主动要求做官的原因，是他们在周不可能，就离开到鲁国去；在鲁不可能，就离开到齐国去；在齐国不可能，就离开到宋国去，到郑国去，到秦国去，到楚国去。

今天下一君，四海一国，舍(shě)乎此，则夷狄矣，去父母之邦[23]矣。故士之行道者，不得于朝(cháo)，则山林而已矣。山林者，士之所独善自养，而不忧天下者之所能安也；如有忧天下之心，则不能矣。故愈每自进而不知愧焉，书亟(qì)[24]上、足数及门而不知

现在天下只有一个君主，四海之内统一为一个国家，离开这里，那就是夷狄了，就离开自己的祖国了。所以读书人中间那些想实行自己主张的人，不被朝廷任用，就只有入山林当隐士了。隐居山林，只有读书人中那些独善其身、自己顾自己而不忧虑天下的人才能安逸住下；如果他有忧天下的心思，就不能够了。因此韩愈每次自求进见而不知羞愧，频频上书、多次上门而不知道止步啊。岂只如此而已，心里经常惶恐不安，只怕不能够从您

22 吊：慰问。质：通“贽”，初次进见君主或大臣所持的礼品。
23 父母之邦：父母之国，祖国。
24 亟：频，多次。

止焉。宁[nìng]独[25]如此而已，惴[zhuì]惴[zhuì]焉惟不得出大贤之门下是惧[26]。亦惟少垂察焉[27]！渎[dú]冒威尊，惶恐无已[28]。愈再拜。

这样的大贤人门下求得出身。也望您稍加俯问以体察啊！烦扰冒犯了您的威严，内心惶恐不已。韩愈再拜。

宋 夏圭 《冒雨寻庄图》

25 宁独：岂只。
26 惴惴：惶恐不安的样子。大贤：恭维当时宰相的话。
27 惟：希望。垂：由上向下地悬垂。地位低下的人要求尊长采取某种态度往往用“垂”字表示恭敬，如“垂怜”“垂察”等。
28 已：止。

与于襄阳书

韩愈

《韩昌黎集》有两篇《与于襄阳书》，这是第一篇，写于唐德宗贞元十八年（802）。于襄阳，名頔，贞元十四年（798）为山南东道节度使，由于做过襄阳大都督，故称于襄阳。贞元十七年（801），韩愈被任命署理国子监四门博士，正式在京师做官。博士职乃闲官，地位不高，很难施展抱负，为此，他给于襄阳写信请求引荐。

七月三日，将仕郎守国子四门博士韩愈[1]，谨奉书尚书阁下[2]：

七月三日，将仕郎任国子监四门博士韩愈，恭谨地上书给尚书阁下：

士之能享大名、显当世者，莫不有先达之士、负天下之望者为之前焉[3]；士之能垂休光[4]、照后世者，

读书人能够享有大名、显荣于当世的原因，莫不有先通显而负天下重望的人做他们的引导者；读书人能够留下壮美的光辉、照耀着后

1 贞元十八年春，韩愈为四门博士。国子，即国子监，唐代最高学府，下分七馆：国子、太学、广文、四门、律、书、算。四门博士，即四门馆教授。将仕郎，官阶，唐属从九品。守，任的意思。

2 尚书阁下：于是时为尚书左仆射，同中书门下平章事，故称他“尚书阁下”。

3 先达之士：先通显的人。负：肩负。为之前焉：做他们的引导者。

4 休光：盛美的光辉。

亦莫不有后进之士、负天下之望者为之后焉[5]。莫为之前，虽美而不彰；莫为之后，虽盛而不传[6]。是二人者，未始不相须也[7]。

世的原因，也莫不有后通显而负天下重望的人做他们的继承者。没有人做他们的引导者，即使才德美好却不会彰明；没有人做他的继承者，即使功业盛大也不会流传。这两种人未尝不互相依赖。

然而千百载乃一相遇焉！岂上之人无可援，下之人无可推欤（yú）？[8] 何其相须之殷而相遇之疏也[9]？其故在下之人负其能不肯谄（chǎn）其上[10]，上之人负其位不肯顾[11]其下，故高材多戚戚[12]之穷，盛位无赫赫[13]之光。

不过这种情况要经过千百年才能够碰上一次啊！难道是在上位的人没有可以攀援的，在下位的人没有值得推举的吗？为什么互相依赖这样密切，而互相遇合却这样少呢？它的原因在于在下位的人仗恃自己的才能不肯讨好上面的人，在上位的人仗恃自己的权位不肯关心下面的人，因此有杰出才能的人往往处于忧伤

5 后进之士：后通显的人。为之后焉：做他们的继承者。
6 虽盛而不传：即使成就卓越也不会流传。
7 未始：未尝。相须：相待；互相依赖。
8 援：攀援。推：推举。
9 殷：多，盛，这里引申作密切解。相遇：互相遇合。
10 负：仗恃。谄：讨好。
11 顾：照顾关怀。
12 戚戚：忧虑的样子。
13 赫赫：威显的样子。

是二人者之所为皆过也。未尝干之[14]，不可谓上无其人；未尝求之，不可谓下无其人。愈之诵[15]此言久矣，未尝敢以闻于人。

的不得志之中，身居高位的人也没有发出显赫的光辉。这两种人的行为都是不对的。没有去请求他，不可以说上面没有提携后进的人；没有去物色他，不可以说下面没有值得推举的人。我叨念这些话好久了，没有敢把它讲给别人听。

侧闻[16]阁下抱不世之才，特立而独行，道方而事实[17]，卷舒[18]不随乎时，文武[19]唯其所用，岂愈所谓其人哉！抑未闻后进之士，有遇知[20]于左右，获礼[21]于门下者，岂求之而未得邪(yé)？将[22]

我从旁边听说阁下具有不平凡的才能，立身行事不同一般，道德方正而工作讲究实际，进退不跟着时俗转，文武人才都加以使用，难道不正是我所说的那种能引导后进的人吗？但是没有听到哪个后进之士得到您的赏识，受到您的推崇，难道是物色人才而没有得到吗？或者是志向倾注在立功上，行事一心在报答君主上，虽然遇到可以推举的人却没有

14 干之：求他。干，求。
15 诵：嘴里叨念。此处有思考、琢磨之意。
16 侧闻：从旁边听说，表示谦恭。
17 道方而事实：道德方正而工作讲究实际。
18 卷舒：卷缩舒展。这里是进退之意。
19 文武：具有文、武才能的人。
20 遇知：受到赏识。
21 获礼：得到尊敬。
22 将：连词，或者的意思。

志存乎立功，而事专乎报主，虽遇其人，未暇(xiá)礼邪(yé)？何其宜闻而久不闻也。愈虽不材，其自处不敢后于恒人。阁下将求之而未得欤(yú)？

古人有言：“请自隗(wěi)始[23]。”愈今者惟朝夕刍(chú)米仆赁(lìn)之资是急[24]，不过费阁下一朝之享而足也。如曰吾志存乎立功，而事专乎报主，虽遇其人，未暇(xiá)礼焉，则非愈之所敢知也。世之龊龊(chuò chuò)者[25]，既不足以语(yù)之[26]，磊落奇伟之人，又不能听焉，则信

空闲以礼相待吗？为什么本应该听到您举荐人才的消息而长久听不到呢？我虽然才能低下，可是自己立身处世从来不敢落后于一般人。阁下可能是寻找人才却没有得到吧？

古人有句话：“（招揽人才）请从我郭隗开始。”现在我急需早晚买草料、口粮、雇用仆人、租赁房屋的资金，这些只不过花上您一天享受的费用就足够了。如果您说“我的志向倾注在立功上，行事一心在报答君主上，虽然遇上可推举的人，却没有空闲以礼相待”，那就不是我韩愈所敢于知道的。社会上狭隘而无远见的人，既然不值得把情况告诉他，磊落而卓越伟大的人，又不肯听我的倾

23 请自隗始：《战国策·燕策》记载燕国被齐国打败后，燕昭王想招揽人才，以求振兴。郭隗说：“今王诚欲致士，先从隗始，隗且见事，况贤于隗者乎！”韩愈以郭隗自比，用谦逊的口气希望提拔。

24 惟朝夕刍米仆赁之资是急：只急需早晚买草料、口粮、雇仆人、租房屋的资金。惟，只有。刍，喂牲口的草。赁，租用。是，使宾语提前的助词。

25 龊龊者：狭隘而无远见的人。

26 语之：告诉他。

乎命之穷也[27]。

谨献旧所为文一十八首，如赐览观，亦足知其志之所存[28]。愈恐惧再拜。

诉，那我就只好相信自己命运困窘了。

我恭谨地呈上过去写的一十八篇文章，如果蒙您给看一下，也足够了解我的志向所在。韩愈恭恭敬敬地再次拜上。

南宋 夏圭 《溪口垂钓图》

27 则信乎命之穷也：那就确实是命运困窘了。信，实。

28 所存：所在。

与陈给事[1]书

韩愈

唐德宗贞元十九年（803）冬，韩愈被贬为广东阳山县令。他在离开京城之前，给新迁给事中的陈京写了这封信。信中历叙几次进见陈给事的情况，就陈给事的态度由热情变为冷淡陈述自己的苦衷，请求对方谅解，侧面反映出封建官场等级森严、奔竞成风的陋习和地位低微的小官的艰难处境。与这种艰难的处境相应，信中措辞极其委婉，处处自贬自责。但在写法上却围绕着一个“见”字，从见说到不见，又从不见说到要见，在诚惶诚恐的心态中又微露出并不甘于低首乞怜的慷慨之情。

愈再拜：愈之获见于阁下[2]有年矣，始者亦尝辱[3]一言之誉。贫贱也，衣食于奔走，不得朝夕继见。其后阁下位益尊，伺候于门墙者日益进[4]。夫位益尊，则贱者

韩愈再拜：韩愈与您结识已经多年了。开始也曾经蒙受过您的片言称赏。因为贫贱，不能不为谋衣谋食的事情奔波，所以不能够随时继续拜见您。以后您的地位更高了，守候在您家门外要求进见的人一天比一天多。地位更高，贫贱的人就自然一天天隔

1 给事：官名，即给事中。陈给事，名京，字庆复。
2 阁下：对对方的尊称。
3 辱：自谦之辞，表示受之有愧，不敢当。
4 伺候：等候。门墙：旧时指师长之门。进：增加。

日隔；伺(cì)候于门墙者日益进，则爱博而情不专。愈也道不加修，而文日益有名。夫(fú)道不加修，则贤者不与[5]；文日益有名，则同进者忌。始之以日隔之疏，加之以不专之望，以不与者之心，而听忌者之说，由是阁下之庭，无愈之迹矣。

得远了；守候在家门要求进见的一天天多，您垂爱的对象也就更加广泛而感情不能集中于某一人了。我呢，道德并没有比以前修养得更好，倒是文章却一天比一天有名。道德不能修养得更好，那么贤人就不愿赞许；文章一天比一天有名，那么同时进见的人就会产生忌妒。从一天天隔离疏远的状况开始，加以您并不专一望我来见，又怀着不赞许我的情绪，而听了一些忌妒者的话，于是，您的门庭之内，便自然没有我的足迹了。

去年春，亦尝一进谒(yè)[6]于左右矣。温乎其容[7]，若加其新也[8]；属(zhǔ)[9]乎其言，若闵其穷也。退而喜也，以告于人。其后如东京取

去年春天，我也曾到府上拜见过您一次。您的容貌是那么温和，像是接待那新见到的人一样；您的谈话连续不断，像是很怜悯我的困窘呢。我退出来十分高兴，把您接见我的情况说给别人听。那以后我往东京去接妻小，又不

5 与：赞许。
6 进谒：进见。一般用于下对上。
7 温：温和。容：容貌。
8 若加其新：指温和的颜色像是施加给那些新进见的人一样。加，附于……之上，这里是对待的意思。
9 属：连续。

妻子[10]，又不得朝夕继见。及其还也，亦尝一进谒（yè）于左右矣。邈（miǎo）[11]乎其容，若不察其愚也；悄（qiǎo）乎其言[12]，若不接[13]其情也。退而惧也，不敢复进。

能够早晚继续来拜见。等到从东京回来，也曾经拜见过您一次。而您的表情似乎很疏远，像是不体察我的愚衷；您的言语极少，仿佛不愿领受我的情意。我退出来内心惶恐不安，也就不敢再来进见。

今则释然[14]悟，翻然[15]悔曰：其邈（miǎo）也，乃所以怒其来之不继也；其悄（qiǎo）也，乃所以示其意也。不敏之诛[16]，无所逃避。不敢遂进，辄（zhé）自疏其所以[17]，并献近所为《复志赋》[18]以下十首为一卷，卷有标轴（zhóu）[19]。《送孟郊序》[20]一首，

我现在才恍然大悟，回头来懊悔，心想：您那疏远的表情，其实是表示对我不继续来进见的不满；您的沉默，正是以此向我示意啊！不能敏锐地领会您的深意，我是无法逃避这种责备的。不敢径直来见您，特地写这封信陈述这一原委，并献上近年来所作的《复志赋》等十篇诗文，作为一卷，卷端有标了题号的轴子。其中《送

10 如：往。东京：唐代以洛阳为东京。
11 邈：远。这里指容色冷淡，显得很疏远。
12 悄乎其言：指态度沉默，说话不多。悄，静。
13 接：接纳，领受。
14 释然：疙瘩解开突然明白的样子。
15 翻然：形容转变很快。
16 诛：责备。
17 辄：特。疏：条列陈述。
18《复志赋》：韩愈贞元十三年（797）在病中所写的一篇赋，抒写怀才不遇的幽愤。
19 标轴：标有题号的书轴。
20《送孟郊序》：即《送孟东野序》（见本书）。

生纸[21]写，不加装饰。皆有揩(kāi)字注字处[22]，急于自解而谢[23]，不能俟(sì)更(gèng)写，阁下取其意而略其礼可也。愈恐惧再拜。

孟郊序》一篇，是用生纸写的，没有加以装饰。各篇都有涂抹添字的地方，因自己急于要解释、请罪，不能等候重新抄写，您就取其心意而忽略那礼节方面的不周到吧。韩愈内心惶恐，谨再拜。

南宋 赵伯驹 《澄江碧岫图》

21 生纸：唐代的纸有生纸、熟纸两种，生纸只用于丧事，用来写书赠人是不礼貌的，所以特加说明。
22 揩：涂抹。注：添加。
23 谢：请罪。

应科目[1]时与人书

韩愈

这是韩愈于贞元九年（793）以进士身份参加博学宏词科考试时写给韦舍人的信，求人帮忙，把自己比喻成一个怪物。本文通过生动的比喻，巧妙地把自己的处境、心性、要求和对方的身份、作用，深刻具体地表现了出来。行文气势磅礴，曲折多变；态度不卑不亢，很有分寸。

月、日，愈再拜：

天池之滨，大江之濆，曰有怪物焉，盖非常鳞凡介之品汇匹俦也。[2]其得水，变化风雨，上下于天不难也。其不及水，盖寻常尺寸之间耳，无高山大陵旷途绝险为之关隔也，然其穷涸，不能自致乎水，为

某月某日，韩愈再拜奉告：

大海的水边，大江的滩旁，传说有个怪物，它不是一般披鳞带甲之类的东西所能相比的。它到了水里，变风化雨，上天下地，都不困难。但一旦离开了水，哪怕就那么尺来远吧，又没有什么高山大丘、宽远的道路、危险的地段阻碍它，然而它也只能这么干涸着，毫无办法自己挪到

1 应科目：即应博学宏词科的考试。应，有参加考试的意思。
2 天池：《庄子·逍遥游》："南冥者，天池也。"天池是寓言中的海。濆：水边。汇：类。俦：伴侣。

獱獭(bīn tǎ)之笑者，盖十八九矣。[3]如有力者，哀其穷而运转之，盖一举手一投足之劳也。然是物也，负其异于众也，且曰："烂死于沙泥，吾宁(nìng)乐之；若俯首帖耳，摇尾而乞怜者，非我之志也。"是以有力者遇之，熟视之若无睹也。其死其生，固不可知也。

今又有有力者当其前矣，聊试仰首一鸣号(háo)焉，庸讵(jù)[4]知有力者不哀其穷而忘一举手、一投足之劳，而转之清波乎？其哀之，命也；其不哀之，命也；知其

水里去，因而受到大大小小的水獭的讥笑，已经不知道有多少回了。如果有那么一个有力量的人，可怜他这种处境而帮助挪动一下，也不过是一伸手、一提脚的工夫。但偏偏这个怪东西，自己背着个"与众不同"的包袱，还说："就是死了烂在沙泥里，我也宁愿这样；如果要低着头，垂着耳，摇着尾巴，去向别人求得怜悯，那绝不是我的意愿。"因为这样，所以有力量的人碰到它，就是经常看到，也像没有看见一样。这东西到底能继续活下去，还是很快会死呢，实在是不清楚了。

现在又有一个有力量的人到了它面前了，它姑且试着抬起头来，叫喊一声，怎么知道这个有力量的人就不同情它的处境，而忽略一伸手、一提脚的工夫，把它送到水里去呢？他能够同情它，是命运；不同情它，也是命运；知道这些都

3 獱：小水獭。十八九：十分之八九，形容多。
4 庸讵：相当于"岂"。表示反问。

在命，而且鸣号之者，亦命也。

是命中注定而又偏偏要叫喊，同样是命运啊。

愈今者，实有类于是。是以忘其疏愚之罪，而有是说焉。阁下其亦怜察之。

我韩愈今天的处境确实和上面说的这个怪物差不多了。所以不顾粗鲁和愚昧，说了上面这些话。希望阁下您也许能够哀怜体察吧。

南宋 马远 《溪畔山亭图》

送孟东野[1]序

韩愈

本文是韩愈为孟郊去江南任职而作的一篇赠序。孟郊四十六岁才中进士，四年后（贞元十八年，即802年）被选为溧阳县尉，郁郁不得志。这篇序充满着对孟郊的同情和对当权者的不满。

大凡物不得其平则鸣[2]：草木之无声，风挠之鸣；水之无声，风荡之鸣。其跃也，或激之；其趋也，或梗(gěng)之；其沸也，或炙(zhì)之。金石之无声，或击之鸣。人之于言也亦然：有不得已者而后言。其歌也有思，其哭也有怀。凡出乎口而为声者，其皆有弗平者乎！

大凡事物得不到平衡，就要发出声音：草木没有声音，风吹动它们发出声音；水没有声音，风振荡它们发出声音。水的飞溅，是由于外物的冲激；水流得快，是由于外物的阻塞；水的沸腾，是因为用火煮它。金石没有声音，由于敲击它而发出鸣声。人们的发表言论也是一样：有不得已的地方，然后起来说话。他歌唱，是有所思念；他哭泣，是有所伤怀。凡是出于口而成为声音的，大概都有不平的地方吧。

1 孟东野：名郊，湖州武康人。唐代诗人，四十六岁才中进士，终生贫困，有诗集行世。
2 平：含有平衡、公平、安定、顺畅等意思。鸣：本意是发出声音，这里含有表现、抒发思想感情、志趣等意思。

乐(yuè)也者，郁于中而泄(xiè)于外者也，择其善鸣者而假(jiǎ)之鸣。金、石、丝、竹、匏(páo)、土、革、木八者[3]，物之善鸣者也。维天之于时也亦然，择其善鸣者而假之鸣。是故以鸟鸣春，以雷鸣夏，以虫鸣秋，以风鸣冬。四时之相推敚(duó)[4]，其必有不得其平者乎！

音乐是人们将郁结在内心的思想感情向外倾泄形成的声音，选择那些善鸣的东西借着它们来奏鸣。金钟、石磬、琴瑟、箫管、匏笙、土埙、鼓、柷敔这八类东西，是物品中善于发出鸣声的。天对于时令的变化也是这样，选择善于鸣的事物借着它们来鸣。所以用鸟来鸣春，用雷来鸣夏，用虫来鸣秋，用风来鸣冬。四时的互相推移变化，那必定也是得不到平衡吧！

其于人也亦然。人声之精者为言，文辞之于言，又其精也，尤择其善鸣者而假(jiǎ)之鸣。其在唐、虞(yú)，[5]咎陶(gāo yáo)[6]、禹，其善鸣者也，而假(jiǎ)以鸣。夔(kuí)

对于人来说也是这样。人的声音的精华是语言，文辞对于语言来说，又是其中的精华，尤其要选择那些善鸣的借他们来鸣。在唐尧、虞舜时代，咎陶、禹是当时善鸣的，就通过他们来鸣。夔不能用文辞来鸣，就借

3 金、石、丝、竹、匏、土、革、木：八种物质都能制作乐器，古人称为八音，故以此作为古代乐器的代词。
4 推敚：推移变化。敚，同“夺”。
5 唐：帝尧的国号。虞：帝舜的国号。这里指他们所在的时代。
6 咎陶：人名，相传是唐虞时代制作掌管法律等典章制度的人。

弗能以文辞鸣，又自假(jiǎ)于《韶(sháo)》以鸣。[7] 夏之时，五子以其歌鸣[8]。伊尹(yī yǐn)鸣殷[9]，周公鸣周。凡载于《诗》《书》六艺[10]，皆鸣之善者也。

周之衰，孔子之徒鸣之，其声大而远。传曰："天将以夫子为木铎。"[11] 其弗信矣乎？其末也，庄周以其荒唐之辞鸣[12]。楚，大国也，其亡也，以屈原鸣。臧(zāng)孙辰、孟轲(kē)、荀卿，[13] 以道鸣者也。杨朱、墨翟(dí)、管夷吾、晏婴、老聃(dān)、申不害、韩非、昚(shèn)到、田骈(pián)、邹(zōu)衍、尸佼(jiǎo)、孙武、张

着自己制作的《韶》来鸣。夏朝的时候，太康的五个兄弟用他们的歌来鸣。伊尹鸣于商代，周公鸣于周代。凡是载在《诗经》《尚书》等六部经书上的，都是鸣得最好的。

当周朝衰微的时候，有孔子和他的学生一班人善鸣，他们的言论影响大，流传得久远。《论语》上说："上天是要把孔夫子作为晓谕众人的木舌金铃。"这能不相信吗？到周朝末年，庄周以他气势宏大的文章鸣。楚是大国，在它灭亡的时候，有屈原来鸣。臧孙辰、孟轲、荀卿，都是以儒家的道理鸣于世。杨朱、墨翟、管夷吾、晏婴、老聃、申不害、

7 夔：人名，相传为虞舜时的乐官。《韶》：相传为夔在舜时所作的乐曲名。

8 五子：指夏代帝启的五个儿子，即太康的五个弟弟。夏代国君太康游荡失国，他的五个弟弟作《五子之歌》，表示怨愤和进行劝诫。

9 伊尹：商朝初年的宰相。殷：即商朝。

10 六艺：指《诗经》《尚书》《易》《礼》《乐》《春秋》。

11 这句话见于《论语·八佾》。木铎，是一种安有木舌的金属铃子。古代当权者发布政令，常摇木铎以号召百姓。这里是比喻孔子著书授徒，影响深远。

12 庄周：战国时思想家，著有《庄子》。荒唐：广大无边的样子。这里指《庄子》为文汪洋恣肆，旨趣深奥。

13 臧孙辰：春秋时鲁国大夫臧文仲。孟轲：即孟子，战国时邹人，著名儒家，与孔子并称"孔孟"，今存《孟子》七篇。荀卿：名况，战国时赵人，儒家，著有《荀子》。

仪、苏秦之属，[14]皆以其术鸣。

秦之兴，李斯鸣之。汉之时，司马迁、相如、扬雄[15]，最其善鸣者也。其下魏晋氏，鸣者不及于古，然亦未尝绝也。就其善者，其声清以浮，其节数以急，其辞淫以哀，其志弛以肆，其为言也，乱杂而无章。将天丑[16]其德莫之顾邪（yé）？何为乎不鸣其善鸣者也？

韩非、慎到、田骈、邹衍、尸佼、孙武、张仪、苏秦这些人，都以他们的学说主张鸣于当世。

秦代兴起，李斯为它鸣。汉朝的时候，司马迁、司马相如、扬雄是最善于以文辞鸣的。以后到了魏晋时代，鸣于世的人不及古时，然而也未尝断绝。就那些善鸣的人看，他们的文辞，声音清丽而浮夸，节拍频繁而急促，语言放荡而悲凉，思想感情颓唐而放纵，这样的著作杂乱无章，没有系统。这大概是上天认为那个时代德行丑恶而不顾念它吧？不然，为什么不叫那些善鸣的人来鸣呢？

14 杨朱：战国时思想家，字子居，卫人。墨翟：春秋战国鲁国人，思想家，墨家学派创始人，言论见《墨子》一书。老聃：姓李名耳，字伯阳，“聃”是死后的谥。春秋末期楚国人，做过周守藏室史（藏书室的史官），著有《老子》上下篇。申不害：战国时韩昭侯的宰相，法家，著有《申子》。韩非：战国时韩国公子，法家，入秦为李斯所杀，著有《韩非子》。眘到：即慎到（“眘”是古“慎”字），战国时赵人，法家，著有《慎子》。田骈：战国时齐人，齐宣王时为上大夫，道家，著有《田子》。邹衍：战国时齐人，阴阳家，著有《终始》《大圣》。尸佼：晋人，杂家，曾做商鞅门客，著有《尸子》。孙武：春秋时齐人，我国古代有名的军事家，著有《孙子》。
张仪：战国时魏人，后为秦相，主张“连横”，游说六国单独和秦讲和，破坏了苏秦主张“合纵”抗秦的联盟。

15 扬雄：字子云，汉成都人，儒家思想家兼辞赋家。

16 丑：以之为丑，憎恶。

唐之有天下，陈子昂、苏源明、元结、李白、杜甫、李观，[17]皆以其所能鸣；其存而在下者，孟郊东野始以其诗鸣。其高出魏晋，不懈而及于古，其他浸淫(qīn)[18]乎汉氏矣。从吾游者，李翱(áo)、张籍其尤也[19]。三子者之鸣信善矣。抑不知天将和(hè)其声而使鸣国家之盛耶？抑将穷饿其身，思愁其心肠，而使自鸣其不幸邪？三子者之命，则悬乎天矣。其在上也奚以喜？其在下也奚以

唐代有了天下以来，陈子昂、苏源明、元结、李白、杜甫、李观，都以他们的所长鸣于当世；现在还活着而处在下位的，便是孟东野，开始用他的诗鸣于当世。他的诗高出魏晋诗文之上，不懈怠地努力创作，可以赶得上古人，其他美妙之处，可以渐渐比得上汉代的诗文了。跟我交往的人，李翱、张籍是其中杰出之士。他们三个人鸣于世的诗文，的确是很好的了。还不知道天意将和谐他们的声音，使他们歌颂国家的兴盛呢？还是将使他们处境困窘，心情愁苦，而歌唱他们自己的不幸呢？他们三人的命运如何，完全决定于天意了。他们身处上位何足为喜，身处下位又何足为

17 陈子昂：字伯玉，梓州射洪县（今属四川）人，初唐著名诗人。苏源明：字弱夫，京兆武功（今陕西武功西北）人，唐代文学家。元结：字次山，河南（治今河南洛阳）人，唐代诗人，有《次山集》。杜甫：字子美，原籍襄阳，曾祖时迁居洛阳附近的巩县（今河南巩义），唐代大诗人，曾为检校工部员外郎等官，有《杜工部集》。李观：字元宾，赵州赞皇（今河北赞皇）人，唐代文学家，有《李元宾文集》。

18 浸淫：逐渐渗透，这里比喻接近。

19 李翱：字习之，唐赵郡（今河北赵县）人，一说成纪（今甘肃静宁西南）人，以古文著称，著有《李文公集》。张籍：字文昌，唐苏州（今属江苏）人，善古体诗，尤擅乐府。

悲？东野之役于江南[20]也，有若不释然者，故吾道其命于天者以解之。

悲？东野要去江南任职，好像有些不愉快的样子，所以我谈谈命运决定于天意的道理来劝解他。

明 佚名《孔子圣迹图》之《在齐闻韶》（局部）

20 役于江南：指孟郊就任溧阳县尉，溧阳唐朝属江南道。

送李愿归盘谷序

韩愈

这是韩愈写给友人李愿的一篇赠序。李愿“不遇于时”，要到盘谷去隐居。此时韩愈担任太学四门博士，也不甚得志，所以序中极力赞美隐居的清高，称道隐居的乐趣，甚至表示自己也要去做隐士。韩愈把当时官场的得意者和拼命钻营者的丑态，刻画得淋漓尽致，揭露了封建统治阶级的荒淫腐败黑幕。

太行之阳有盘谷[1]。盘谷之间，泉[2]甘而土肥，草木藂(cóng)茂，居民鲜(xiǎn)少。[3]或曰，谓其环两山之间，故曰盘。或曰，是谷也，宅幽而势阻，隐者之所盘旋。[4]友人李愿[5]居之。

太行山的南面有个盘谷。盘谷中间的泉水甘美，土地肥沃，草木密茂，居民稀少。有人说，因为它环抱在两山之间，所以叫盘。有人说，这个山谷，位置偏僻，地势闭塞，是隐士盘桓往来的地方。我的朋友李愿住在那里。

1 太行：山名。盘谷：在今河南济源。
2 泉：泛指盘谷中的泉水、溪流。
3 藂：同“丛”。鲜：稀少。
4 宅：环境，位置。盘旋：盘桓往来。
5 李愿：旧说误认为是西平王李晟的儿子。

愿之言曰:“人之称大丈夫者,我知之矣!利泽施于人,名声昭于时。[6]坐于庙朝[7],进退百官,而佐天子出令。其在外,则树旗旄(máo)[8],罗[9]弓矢,武夫前呵(hē)[10],从者塞(sè)途,供给(jǐ)之人,各执其物,夹(jiā)道而疾驰。喜有赏,怒有刑。才畯(jùn)[11]满前,道古今而誉盛德,入耳而不烦。

李愿有这样的话:“那些被称为大丈夫的人,我是知道的了!施给别人利益恩惠,当时名声显赫。坐在朝廷上,决定百官的进退,辅佐皇帝发号施令。他在外地,就竖起旗帜,排列着弓箭,武士在前面吆喝开道,随从挤满了大路;供他役使的人,每个手里拿着物件,在大路两边骑马快跑。高兴了就赏赐,发怒了就惩罚。许多才学出众的人在他面前,说古道今,称颂他的美好品德,听在耳里并不感到厌烦。

“曲眉丰颊(jiá),清声而便(pián)[12]体,秀外而惠[13]中,飘轻裾(jū)[14]、翳(yì)[15]长袖、粉

“那些眉毛弯曲,脸颊丰腴,声音清亮,体态轻盈,外貌秀美,资质聪慧的美人,穿着轻软的衣服,拖着长长

6 施:施给。昭:显赫。
7 庙:庙堂。朝:朝廷。
8 旗旄:古代大臣出使,大将出征,皇帝赐旗,旗上系旄牛尾或鸟羽,作为有指挥权的标志。
9 罗:排列。
10 呵:大声斥责。
11 畯:通“俊”。
12 便:安逸。
13 惠:通“慧”,聪敏。
14 裾:衣服的前襟。
15 翳:轻轻舞动。

原文	译文
白黛[16]绿者，列屋而闲居，妒宠而负恃[17]，争妍[18]而取怜。大丈夫之遇知于天子，用力于当世者之所为也。吾非恶此而逃之，是有命焉，不可幸而致也。	的衣袖，脸上搽满白粉、眉毛画着黛绿的姬妾，在一排排的房子里闲住着，嫉妒别人得宠，总以为自己是天姿国色，互相比赛打扮，希望得到爱怜。这是被皇帝赏识信任、在当时拥有很大权势的大丈夫的所作所为。我不是讨厌这些才逃避它，那是命里注定的，不能侥幸求得呀。
“穷居而野处，升高而望远，坐茂树以终日，濯[19]清泉以自洁。采于山，美可茹[20]；钓于水，鲜可食。起居无时，惟适之安。与其有誉于前，孰若无毁于其后；与其有乐于身，孰若无忧于其心。车服	“住在穷乡僻野，登上高山眺望远景，坐在茂密的树荫下过日子，用清冽的泉水把自己洗得干干净净。山里采的野菜，甜美可口；水里钓的鱼虾，味鲜好吃。起居没有一定时间，只求舒适安逸。与其当面受人称赞，不如背后没人毁谤；与其享受形体上的快乐，不如精神上没有忧虑。功名利禄不会束缚我，惨酷的刑罚不会触及我，政事的好坏不理会，官职

16 黛：古时女子画眉的颜料。
17 负恃：自以为有倚仗，意即自恃美貌。
18 妍：美丽。
19 濯：洗涤。
20 美：味美。茹：食。

不维[21]，刀锯[22]不加，理乱[23]不知，黜(chù)陟(zhì)不闻[24]。大丈夫不遇于时者之所为也，我则行之。

的升降不关心。这是没有遇上时机的大丈夫的所作所为啊，我就要这样去做。

"伺(cì)候于公卿之门，奔走于形势之途；[25]足将进而趑(zī)趄(jū)[26]，口将言而嗫(niè)嚅(rú)[27]；处污秽(wū huì)[28]而不羞，触刑辟(pì)[29]而诛戮(lù)。侥幸于万一，老死而后止者，其于为人贤不肖(xiào)何如也。"

"守在贵族大官的门口等待接见，在有权势的人家来往奔走；脚将要跨进人家的大门又不敢进去，口将要说话又不敢说出；处在卑下污辱的地位却不感到羞耻，触犯了刑律就被杀死。这种为了侥幸得到一个时机，直到老死才罢休的人，他们的为人是好还是不好，又怎么样呢？"

昌黎韩愈闻其言而壮之，与之酒而为之歌曰：

昌黎韩愈听了他的话非常赞赏他的豪壮。敬了他一杯酒，并为他写了一首歌：

21 车服：车马服饰。古时的封建等级制度，在车马服饰上分得很明显，官位越高，车马服饰越华丽，所以这里用以代指官位，也就是功名利禄。维：本指系物大绳，引申作束缚解。
22 刀锯：古代刑具，用以砍头、断手足。这里泛指刑罚。
23 理乱：治和乱。唐人避高宗李治的名讳，凡是用"治"字的地方，都改写为"理"。
24 黜：降职。陟：升官。
25 公卿：指贵族大官。形势：人事盛衰强弱之势。
26 趑趄：想进又不敢进去的样子。
27 嗫嚅：想说又吞吞吐吐不敢说的样子。
28 污秽：肮脏，丑恶。
29 刑辟：刑法。辟，法。

盘之中，维子之宫[30]。盘之土，可以稼（jià）[31]。盘之泉[32]，可濯（zhuó）可沿。盘之阻，谁争子所？窈（yǎo）而深，廓（kuò）其有容。[33]缭（liáo）而曲，如往而复。[34]嗟（jiē）盘之乐（lè）兮，乐（lè）且无央[35]。

盘谷里面，是您的居室。盘谷的田土，可以种五谷。盘谷的溪流，可以洗浴也可以沿着它闲游。盘谷地势险阻，又有哪个来争夺您的住所？既寂静又幽深，空阔得能把万物包容。绕来绕去，弯弯曲曲，好像向前走却回到了原处。盘谷中的乐趣啊，快乐得没尽没完。

虎豹远迹兮，蛟龙遁（dùn）藏。鬼神守护兮，呵（hē）禁不祥[36]。饮且食兮寿而康，无不足兮奚所望？膏（gào）吾车兮秣（mò）吾马[37]，从子于盘兮终吾生以徜（cháng）徉（yáng）[38]。

虎豹跑得远远的啊，蛟龙也逃开躲藏。鬼神守护着啊，呵叱禁止各种不吉祥。喝着盘谷的水吃着盘谷的食物啊，延年益寿又安康，没有什么不满足的啊，还有什么企望？准备好我的车啊喂饱我的马，跟您去盘谷隐居啊，且让我这一生逍遥舒畅。

30 宫：古代对房屋的通称。秦、汉以后才专指帝王的房屋。
31 稼：播种五谷。
32 泉：溪水。
33 窈：幽静。廓：空阔。
34 缭：缠绕。复：回转。
35 无央：没有完尽，无穷无尽。
36 不祥：指鬼怪凶神。
37 膏：用油脂润滑车轴。秣：以饲料喂马。
38 徜徉：自由自在地走动。

五代十国 周文矩 《合乐图》（局部）

送董邵南序

韩愈

韩愈的朋友董邵南，寿州安丰（今安徽寿县）人，因多次投考进士未中，郁郁不得志，想离开京城，投靠藩镇。韩愈是反对封建割据的，所以在这篇序中，委婉地表示他希望董邵南不要前去。全文只有一百多字，先从一般的慰勉说到去燕赵地方会有好的机遇；但笔锋马上一转，指出“风俗与化移易”，是不是有好的机遇还不一定；最后从吊念乐毅、致意高渐离的话中，明白表示有才能的人应该出来为朝廷效力，不应归依藩镇。本文文字精炼，结构紧凑，欲抑先扬，波澜起伏，宛转含蓄，耐人寻味。

燕(yān)赵[1]古称多感慨悲歌之士。董生举进士[2]，连不得志于有司[3]，怀抱利器[4]，郁郁适兹土。吾知其必有合[5]也。董生

燕赵地方自古以来都称说有很多慷慨悲歌的豪侠人物。董君被贡举参加进士科考试，在吏部一连几次失败，怀抱着杰出的学识才能，心情烦闷地往这个地方去。我知道他一定会受到

1 燕赵：战国时燕国和赵国的地方。燕在今河北北部，赵在河北南部和山西北部。

2 董生：指董邵南，寿州安丰（今安徽寿县安丰）人。当时河北一带是藩镇势力范围，不经朝廷允许，自己使用士人，董邵南想去投靠他们。举进士：唐代考试制度，在家自学的士人，可以向州、县要求荐举，经考试及格，参加进士科的考试，叫举进士。

3 有司：这里指主管考试的官员。

4 利器：本指精良的工具。这里比喻杰出的才能。

5 合：遇合，即受到赏识重用。

勉乎哉！

夫以子之不遇时，苟慕义强(qiǎng)仁[6]者，皆爱惜焉。矧(shěn)[7]燕赵之士，出乎其性者哉！然吾尝闻风俗与化移易，吾恶(wū)[8]知其今不异于古所云邪？聊以吾子之行卜(bǔ)之也。董生勉乎哉！

吾因之有所感矣。为我吊望诸君[9]之墓，而观于其市，复有昔时屠狗者[10]乎？为我谢曰："明天子在上，可以出而仕矣。"

赏识重用。董君，您努力吧！

凭您的才能而在当世不得志，如果是仰慕正义、推行仁德的人，都会爱护同情的。何况燕赵间的豪侠人物，出于他们的天性呢！但是我曾经听说风俗是随着教化改变的，我怎么知道那里今天同古代所说的没有两样呢？姑且拿您这次燕赵之行去测验一下吧。董君，您努力吧！

我因为您去那里有一些感想。请您代我去凭吊一下望诸君乐毅的坟墓，并且到市井上看看，还有从前那种隐居屠狗的人吗？替我致意，说："圣明的皇帝在上面，可以出来做官了。"

6 强仁：勉力为仁。
7 矧：何况。
8 恶：同"乌"，怎么。
9 望诸君：战国时燕国名将乐（yuè）毅。
10 屠狗者：指高渐离。这里是借指隐居市井的有才能的人。

明　佚名　《岩壑清晖册》

送杨少尹[1]序

韩愈

这是韩愈为送同僚杨巨源辞官返乡写的一篇赠序。文中把杨辞职归乡的情景跟历史上有名的二疏具体进行比较，从而突出了杨巨源思想品德之美。写法上注意前后照应，富于变化，并且反复咏叹，言婉情深，作者的思想感情灼然可见。

昔疏广、受[2]二子，以年老，一朝辞位而去。于时，公卿设供张(gòngzhàng)[3]，祖道[4]都门外，车数百两(liàng)[5]；道路观者，多叹息泣下，共言其贤。汉史[6]既传(zhuàn)其事，而后世工画者，又图其迹，至今照人耳目，

从前疏广、疏受两位先生，因为年老，在某一天辞了官职离开朝廷。这时公卿大臣都到都门外陈设帐席举行宴会替他们饯行，车子有几百辆；路旁围观的人，大多赞叹，甚至感动得流泪，都说他们是贤人。《汉书》上已经传述了这件事，而后世善绘画的人又画了这个动人的场面，直到今天，还呈现在人们的眼前，回响在大家的耳边，清清楚楚，就好像是前

1 杨少尹：即杨巨源。少尹，官名，唐代州府长官的副职。
2 疏广、受：即疏广、疏受，西汉人，疏广为太傅，其侄疏受为少傅。年老同时辞官，百官盛会欢送，传为美谈。
3 设供张：即供帐，陈设帐席举行酒宴。
4 祖道：古代一种在道旁设宴饯行的仪式。祖，祭祀道神。
5 两：同“辆”。
6 汉史：指《汉书》。

赫赫若前日事。

国子司业[7]杨君巨源，方以能诗训后进，一旦以年满七十，亦白[8]丞相去归其乡。世常说古今人不相及，今杨与二疏，其意岂异也。予忝(yǔ tiǎn)[9]在公卿后，遇病不能出，不知杨侯去时，城门外送者几人，车几两(liàng)，马几匹(pǐ)，道边观者，亦有叹息知其为贤与否；而太史氏又能张大其事，为传(zhuàn)继二疏踪迹否，不落莫否。见(xiàn)今[10]世无工画者，而画与不画，固不论也。然吾闻杨侯之去，丞相有爱而惜之者，白以为

几天发生的事情。

国子司业杨先生巨源，正在凭善于写诗培养后辈，一时因为年满七十，也请求丞相允许他辞掉官职，回到家乡去。世人常常说古人和今人不能比较，现在杨和二疏，他们的思想意趣难道有什么两样吗？我虽然惭愧地排在公卿的后面，但是碰上害病，不能出去送别，不知道杨侯离京的时候，到城门外送行的有多少人，车子有多少辆，马有多少匹，路旁围观的人，是不是也有赞叹并且知道他是贤人的；而史官又能不能渲染传扬这件事，写成传记比美二疏的事迹，是否不至于冷落寂寞。现今世上没有善于绘画的人，当然，画与不画，实在可以不必去议论它。然而我也听说杨侯离京，丞相中有爱护和惋惜

7 国子司业：国子监的司业。国子监，唐代最高学府。司业，学官，是国子监的副职。
8 白：告诉。
9 忝：有愧于。谦词。当时韩愈任吏部侍郎。
10 见今：现今。见，同“现”。

其都少尹，不绝其禄；又为歌诗以劝之，京师之长（cháng）于诗者，亦属（zhǔ）而和（hè）之。又不知当时二疏之去，有是事否。古今人同不同，未可知也。	他的，奏明朝廷，要杨侯担任他家乡的少尹，不停止他的俸禄；又作诗来勉励他，京都那些长于写诗的人，也接连着和了诗。又不知道当时二疏离京，是不是有这样的事。古人和今人同与不同，就不知道了。
中世士大夫，以官为家，罢则无所于归。杨侯始冠[11]，举于其乡，歌《鹿鸣》[12]而来也。今之归，指其树曰："某树，吾先人[13]之所种也；某水某丘，吾童子时所钓游也。"乡人莫不加敬，诫子孙以杨侯不去其乡为法。古之所谓乡先生，没（mò）而可祭于社[14]者，其在斯人欤？其在斯人欤？	中世以来的士大夫，以官府为家，离开官职，就没有归宿的地方。杨侯年轻的时候，在他家乡被荐举，参加了"鹿鸣宴"来到京师。今天他回乡，指着那些树说："那棵树，是我的先人栽种的；那条河，那座山，是我小时候在那里钓鱼和玩耍的。"家乡的人都特别尊敬他，教育子孙要以杨侯不离开他的家乡为榜样。古人所说的乡先生，死了之后可以入乡贤祠受到祭祀的，就是这样的人吧？就是这样的人吧？

11 冠：指年轻时。古人年满二十举行冠礼，以示成年。
12 《鹿鸣》：《诗经·小雅》的诗篇名。唐代州、县考试完毕，地方长官要出面主持乡酒礼，歌《鹿鸣》之诗。后来把这种乡酒礼叫作"鹿鸣宴"。
13 先人：祖先，包括已死的父母。
14 社：祭土地神的处所。这里指乡贤祠一类的祠庙。

明 唐寅《山水图》（局部）

送石处士[1]序

韩愈

这篇序文是韩愈送石处士前往乌重胤处就职时写的。全文主要由两部分组成。第一部分是记叙乌重胤和从事的对话，通过几问几答，石处士的品性才学，跃然纸上。第二部分是记叙送行者的祝酒辞，频频叮嘱，语重心长，既肯定了“大夫真能以义取人，先生真能以道自任”，又在祝贺、期望之中，表露出担心、忧虑和劝勉。

河阳军节度、御史大夫乌公[2]，为节度之三月，求士于从事[3]之贤者。

河阳军节度、御史大夫乌公，担任节度的第三个月，向从事中的贤能人士征聘人才。

有荐石先生者。公曰：“先生何如？”曰：“先生居嵩、邙、瀍、穀之间[4]。冬一裘，夏一葛。食，朝夕饭

有推荐石先生的。乌公说：“这位石先生怎么样？”从事说：“石先生住在嵩、邙两山和瀍、穀两水之间。冬天穿一件皮衣，夏天穿一件麻衣。

1 石处士：即文中的石先生，姓石名洪，字濬川，洛阳人，辞去黄州录事参军后，退居洛阳，十年不曾外出做官，所以称处士。元和五年（810），应河阳军节度使乌重胤的聘请，再次任事，所以韩愈写了这篇序送他。
2 节度：节度使，唐代官名，主持一个地区军、政的最高长官。河阳军治所在今河南孟县境内。乌公：指乌重胤。公，尊称。
3 从事：官名。五代以前州郡长官自己聘用的幕僚属官，多称从事。
4 嵩：嵩山。邙：北邙山。瀍、穀：河和穀水。

一盂，蔬一盘。人与之钱，则辞。请与出游，未尝以事辞。劝之仕，不应(yìng)。坐一室，左右图书。与之语道理、辨古今事当否，论人高下，事后当(dàng)成败，若河决下流而东注；若驷(sì)马驾轻车就熟路，而王良、造父[5]为之先后也；若烛照、数计而龟卜也[6]。”

早晚两餐，都是一钵粗饭，一盘蔬菜。别人送钱给他，他辞谢不受。邀他一起出去游玩，他从来没有因为什么事情不去的。劝他做官，不答应。坐在一间房子里，左右都是图书。跟他谈论道理，分辨古今大事是否处理得当，评论人物的优劣，将来是成功还是失败，他的言论就像黄河下游决口的急流向东汇注；又像四匹壮马拉着轻车奔跑在熟悉的道路上，而且有王良、造父这样的车把式在前后驾驭；又像火把那样明亮，卜卦那样准确。”

大夫曰：“先生有以自老，无求于人，其肯为某来邪(yé)？”从事曰：“大夫文武忠孝，求士为国，不私于家。方今寇聚于恒，师环其

大夫说：“这石先生看来已决心在那里终老了，又没有什么事要去求人，他肯为我来吗？”从事说：“大夫您文武双全，忠孝具备，为国家求人才，又不是为了私人。特别是今天，叛军集中在恒州一带，我军包围了它的辖地；农民不能耕种、收

5 王良、造父：人名，相传是古代两个最会驾车的人。
6 烛照：烛火照明，比喻见事明察。数计：用蓍草算卦决定行事，比喻料事准确。龟卜：用龟甲灼裂来预卜吉凶，比喻善于推断，有预见。

疆；[7]农不耕收，财粟殚(dān)亡(wú)。吾所处(chǔ)地，归输之涂[8]，治法征谋，宜有所出。先生仁且勇，若以义请而强委重焉，其何说之辞？”于是撰(zhuàn)书词，具马、币[9]，卜(bǔ)日以授使者，求先生之庐而请焉。	获，钱财、粮食都消耗完了。我们所处的地方，是供给、运输的要道，治理地方的办法，征讨敌人的谋略，应该有人出主意。石先生的为人，仁义而且勇敢，如果拿治国安民的大义去聘请而又诚心诚意地委以国家重任，他还有什么话可说呢？”就这样，写好了书信，办备了马匹、礼物，选了好日子，把任务交给使者，寻找先生的住处恭请他出来。
先生不告于妻子，不谋于朋友，冠带[10]出见客，拜受书礼于门内。宵则沐浴，戒[11]行李，载书册，问道所由，告行于常所来往。晨则毕至，张(zhàng)上东门外[12]。	先生不告诉妻子儿女，不跟朋友商量，穿戴好衣服帽子出来见客，在屋里接受了书信和礼物。当天晚上，洗了澡，准备好行李，装载了书册，打听路怎么走，把要动身的消息告诉经常往来的朋友。第二天清早，朋友都来了，在上东门外摆下筵席。酒斟了三次，石先生

7 “方今寇聚于恒”二句：元和四年（809），成德军节度使王士真死，其子王承宗叛乱，朝廷命吐突承璀率领各道军队征讨。恒：恒州，即成德军所在地区，治所在今河北正定。
8 归输之涂：馈送运输军需品的要道。归，同“馈”，送给。涂，同“途”。
9 币：聘币，礼物。
10 冠带：戴好帽子，穿好衣服，表示郑重。冠，帽子；带，束衣的带子。
11 戒：准备。
12 张：供张。为饯别在郊野设置的宴席。上东门：洛阳城北门。

酒三行且起，有执爵[13]而言者曰：“大夫真能以义取人，先生真能以道自任，决去就。为先生别。”

又酌(zhuó)而祝曰：“凡去就出处何常？惟义之归，遂以为先生寿[14]。”又酌而祝曰：“使大夫恒无变其初，无务富其家而饥其师，无甘受佞(nìng)人而外敬正士，无昧(mèi)于谄(chǎn)言[15]，惟先生是听。以能有成功，保天子之宠命[16]。”又祝曰：“使先生无图利于大夫，而私便其身。”先生起拜祝辞曰：“敢不敬，蚤夜以求从祝规[17]。”于是东都

准备站起来告别，有个人端着酒杯说：“乌大夫真能以义选用人才，石先生真能以道作为自己的责任，来决定取舍。干了这杯，为先生送行！”

接着又斟了一杯，祝愿说：“取舍、去留有什么标准呢？只有回到‘义’上来。因此，向先生敬了这杯酒！”又斟了一杯，说：“希望乌大夫坚持不改变原来的心意，不要只顾自家发财而使士兵饥饿，不要舒适地听信阿谀奉承的人而只在表面敬重正直的贤士，不要被那些花言巧语所蒙蔽而能专一听取先生的意见。这才能够成功，保全天子加恩特赐的任命。”又祝愿说：“希望先生不要在大夫那里图谋利益，而私自利用方便谋个人的好处。”先生起身拜谢，并致辞说：“我怎

13 爵：古代盛酒和温酒的器皿，三足。这里指酒杯。
14 寿：祝酒，敬酒。
15 谄言：阿谀奉承的话。
16 宠命：加恩特赐的任命，即封赐的高官显爵。
17 祝规：希望和规劝。

之人士，咸知大夫与先生果能相与以有成也。遂各为歌诗六韵，遣愈为之序云。

敢不恭敬地早晚拿诸位的希望来要求和约束自己。”就这样，东都的人士都知道大夫和先生一定能互相合作而有所成效。于是，每个人都作了一首六韵的诗，叫我韩愈为它作序。

南宋 佚名 《竹林高士图》

送温处士赴河阳军序

韩愈

本篇是《送石处士序》的姊妹篇。但两篇文章的立意、构思都迥然有别。本篇围绕着“伯乐一过冀北之野而马群遂空”这个新奇的譬喻展开论述，以伯乐比喻河阳军节度使乌重胤善于荐拔人才，以良马比喻温造才德出众，并以石洪作为陪衬，表达了为朝廷得到人才而欣慰以及自己失友的惋惜心情。

伯乐一过冀北之野而马群遂空[1]。夫冀北马多天下，伯乐虽善知马，安能空其群邪？解之者曰：“吾所谓空，非无马也，无良马也。伯乐知马，遇其良，辄取之，群无留良焉。苟无良，虽谓无马，不为虚语矣。”

伯乐一经过冀北的原野，那里的马群就空了。冀北的马比天下其他地方都多，伯乐虽然善于相马，又怎么能叫马群一空呢？解释的人说：“我所讲的空，不是说没有马，而是说没有良马啊。伯乐很了解马，遇到了其中的良马就取走，马群中就没有良马了。如果没有良马，即使说没有马，也不算什么虚夸的话了。”

1 伯乐：传说中善于相马的人。冀：冀州，古地名。

东都[2]，固士大夫之冀（jì）北也。恃才能深藏而不市者[3]，洛之北涯（yá）曰石生，[4]其南涯曰温生[5]。大夫乌公，以铁钺（fū yuè）镇河阳之三月，以石生为才，以礼为罗，罗而致之幕下。[6]未数月也，以温生为才，于是以石生为媒，以礼为罗，又罗而致之幕下。东都虽信多才士，朝（zhāo）取一人焉，拔其尤[7]；暮取一人焉，拔其尤。

东都洛阳，本来是士大夫的冀北啊。怀抱着才能而深深隐居不愿做官的人，洛水北岸的叫石洪先生，那南岸的叫温造先生。御史大夫乌公，秉着军权镇守河阳的第三个月，便认为石先生有才干，以礼相邀，把他请到幕府中。没过几个月，又认为温先生有才干，于是请石洪做介绍人，以礼相邀，把他招到幕府中。东都洛阳即使真正有很多突出的人才，又怎么禁得起早晨选拔一个，挑其中最突出的，晚上又选拔一个，挑其中最突出的呢？

自居守河南尹以及百司之执事[8]，与吾辈二县之大夫[9]，政有所不通，

今后，从东都留守、河南府尹，到府中的百官和我们两县的官员，遇到施政有不顺利的地方和疑难的

2 东都：唐代以洛阳为东都。
3 恃：一本作“怀”。市：买卖，这里指恃能求官。
4 涯：水边。石生：石洪，见《送石处士序》。
5 温生：温造，字简舆，后官至礼部尚书。
6 见《送石处士序》。铁钺：古代军中杀人的大斧，象征军权。
7 尤：突出的。
8 居守：东都留守。河南尹：河南府的行政长官。河南府的治所洛阳是东都，所以行政长官称“尹”。
9 二县：东都辖下的洛阳县与河南县。当时，韩愈任河南县令，故说“吾辈二县之大夫”。

事有所可疑，奚(xī)所咨(zī)而处焉[10]？士大夫之去位[11]而巷处者，谁与[12]嬉(xī)游？小子后生，于何考德而问业焉？缙绅(jìn shēn)[13]之东西行过是都者，无所礼于其庐。若是而称曰："大夫乌公一镇河阳，而东都处士之庐无人焉。"岂不可也？

事情，向什么地方去询问从而妥善处理呢？离职而闲居在家的官员、读书人，又跟谁去交游呢？年轻求学的人，又到哪里去检验自己的德行、询问自己的学业呢？东来西往经过东都的官员，在他们的旧居也无从找到他们致以敬意了。像这样的情况，人们赞扬说："御史大夫乌公一镇守河阳，东都没有做官的杰出人才的房子都空无一人了。"难道不可以这样说吗？

夫(fú)南面[14]而听天下，其所托重而恃(shì)力者，惟相(xiàng)与将(jiàng)耳。相(xiàng)为天子得人于朝廷，将(jiàng)为天子得文武士于幕下，求内外无治，不可得也。愈縻(mí)于兹[15]，不能自引

天子朝南坐而治理天下，他所信任和依靠的人，就是宰相与大将。宰相在朝廷中给天子选拔人才，大将在幕府中给天子选拔谋臣武士，如果将相都这样做了，设想朝廷内外得不到治理是不可能的。我韩愈羁留在这个地方做县令，不能自动离开，全靠石洪、温造两

10 奚所：什么地方。奚，何。咨：询问。
11 去位：离职。
12 谁与：与谁，疑问代词宾语前置。
13 缙绅：古代官员插笏于绅带间。这里指官员。
14 南面：古代天子面朝南坐接受群臣的朝贺。
15 縻：系，羁留。兹：此，这个地方。

去，资[16]二生以待老。今皆为有力者夺之，其何能无介然[17]于怀邪(yé)？生既至，拜公于军门，其为吾以前所称(chēng)[18]，为天下贺；以后所称(chēng)[19]，为吾致私怨于尽取也。留守相公首为四韵诗歌其事，愈因推[20]其意而序之。

人的帮助，直到告老还乡。现在，两人都被权力很大的人夺走了，我又怎么能没有一点怨意呢？温先生到了幕府之后，在军门拜会乌公，就替我拿前面讲的道理，为天下庆贺得到了人才；再替我拿后面讲的道理，说我私人埋怨他把人才都选拔得一个不剩了。留守相公首先作了一首四韵诗来歌吟这件事，我韩愈就势发挥他的意见写了这篇序。

16 资：依靠。
17 介然：心有所不安，不能忘怀。
18 前所称：指将相为天子选拔人才。
19 后所称：指乌公将石洪、温造选走，使河南的人才空虚了。
20 推：推广，扩充。

元 佚名 《松泉高士图》

祭十二郎文

韩愈

本文是韩愈对其侄十二郎的祭文。文章既没有铺排，也没有张扬，作者善于融抒情于叙事之中，在对身世、家常、生活遭际朴实的叙述中，表现对兄嫂及侄儿深切的怀念和痛惜，一往情深，感人肺腑。

年月日[1]，季父愈闻汝丧(sāng)之七日[2]，乃能衔(xián)哀致诚，使建中远具时羞之奠(diàn)[3]，告汝十二郎[4]之灵：

某年某月某日，叔父韩愈在听到你去世的消息的第七天，才能够怀着悲痛来表达真诚的心意，派了建中从远道备办时鲜食物作为祭品，在你十二郎的灵前倾诉衷情：

呜呼！吾少(shào)孤，及长(zhǎng)，不省所怙(hù)，惟兄嫂是依。[5]中年，兄殁(mò)南

唉！我从小就失去了父亲，到长大成人，不知道依靠谁，全赖大哥大嫂的抚养。大哥正当中年的时候，在南方去

1 年月日：旧注是唐德宗贞元十九年（803）五月十六日。与祭文中所说的时间有矛盾。

2 季父：古人排兄弟次序为伯、仲、叔、季。韩愈在兄弟中最小，故对十二郎自称季父。今通称叔父。丧：死。

3 建中：仆人名。羞：同“馐”，鲜美食品。奠：祭，这里指祭品。

4 十二郎：韩愈的侄子韩老成，他在同辈兄弟中排行第十二，故称。

5 少：小。孤：古人以幼年丧父为孤。省：明白，知晓。怙：依靠。这里指父亲。兄嫂是依：依靠兄嫂（韩会及其妻郑氏）。

方[6]。吾与汝俱幼，从嫂归葬河阳[7]，既又与汝就食江南[8]，零丁孤苦，未尝一日相离也。吾上有三兄，皆不幸早世[9]，承先人后者，在孙惟汝，在子惟吾，两世一身，形单影只。嫂尝抚汝指吾而言曰：“韩氏两世，惟此而已。”汝时尤小，当不复记忆；吾时虽能记忆，亦未知其言之悲也。

世，我和你都还小，跟着大嫂回到河阳安葬大哥，接着又和你一起去江南的庄园过日子，零丁孤苦，从来不曾有一天分开过啊。我上面有三个哥哥，都不幸死得早，接续香烟的，孙一辈只有你，儿一辈只有我，两代人都是一个，好不形影孤单。大嫂曾经抚摩着你又指着我说：“韩氏两代，只有你们这两个了！”你那时年纪很小，大概不记得了；我当时虽然能够记住，也不了解这话的悲痛啊！

吾年十九，始来京城[10]，其后四年而归视汝。又四年，吾往河阳省(xǐng)坟墓，遇汝从嫂丧(sāng)来

我十九岁那年，初次来到京城，过了四年才回家去看你。又过了四年，我去河阳拜谒祖先坟墓，遇着你送我大嫂的灵柩回家安葬。又过了

6 兄殁南方：韩会在大历十二年（777）死于韶州（在今广东）刺史任内，年四十一岁。殁，死亡。
7 河阳：今河南孟州西，韩愈的故乡。
8 就食江南：去江南庄园过日子。就，向，归。江南，指长江以南的宣州。韩家在宣州（今安徽宣城）有座庄园。唐德宗建中二年（781），北方几个节度使叛乱，韩家避难到宣州庄园。
9 早世：早死。
10 京城：指唐王朝首都长安（今陕西西安）。

葬。[11]又二年，吾佐董丞相[12]于汴(biàn)州，汝来省(xǐng)吾，止一岁，请归取其孥(nú)[13]。明年，丞相薨(hōng)[14]，吾去汴州，汝不果来。是年，吾佐戎(róng)徐州[15]，使取汝者始行，吾又罢去[16]，汝又不果来。吾念汝从于东[17]，东亦客也，不可以久；图久远者，莫如西[18]归，将成家而致汝。呜呼！孰谓汝遽(jù)[19]去吾而殁乎！

吾与汝俱少年，以为虽暂相别，终当久相与处，

两年，我在汴州协助董丞相，你来探望我，只一年，你要求回家去迎接妻子儿女。第二年，董丞相逝世，我离开汴州，你没有来得成。这一年，我在徐州节度使手下协助军务，派去迎接你的人才动身，我又辞职离开，你又没有来得成。我想你跟我到东边来，在东边也是暂时居住，不能够停留多久；从长远打算，不如回到西边，把家安置好再把你接来。唉！谁料到你突然离开我而死了呢！

我和你当时都还年轻，以为虽然暂时分别，最后一定会长久住在

11 省：看望，探视。丧：丧事。
12 董丞相：董晋，时为宣武军节度使，驻汴州（今河南开封），韩愈在董晋的幕下任观察推官（主管刑狱的官）。
13 孥：妻子和儿女。
14 薨：古时诸侯和二品以上大官死亡称薨。
15 佐戎徐州：徐州，今属江苏省。贞元十五年（799），韩愈在徐泗濠节度使张建封幕下任节度推官，驻徐州。佐戎，辅助军事。
16 吾又罢去：罢，解除官职。去，离开。贞元十六年（800）夏，韩愈离开徐州往洛阳。
17 东：指汴州、徐州。
18 西：指长安。
19 遽：匆忙。

故舍汝而旅食京师，以求斗斛(dǒu hú)之禄[20]。诚知其如此，虽万乘(shèng)之公相(xiàng)[21]，吾不以一日辍(chuò)汝而就也[22]。

一起，所以我丢开你来京师旅居谋生，以求得微薄的俸禄。如果知道会是这个样子，即使做有万乘车辆的三公宰相，我也不会离开你一天而去上任的。

去年，孟东野[23]往，吾书与汝曰：吾年未四十，而视茫茫，而发苍苍，而齿牙动摇。念诸父与诸兄[24]，皆康强而早世，如吾之衰者，其能久存乎！吾不可去，汝不肯来，恐旦暮死，而汝抱无涯之戚(qī)[25]也。孰谓少者殁(mò)而长者存，强者夭(yāo)而病者全乎！呜

去年，孟东野去江南，我写信给你说：我年纪不满四十，已经视力模糊，头发花白，牙齿松动。想起伯叔和两位哥哥，都身体强壮却过早地去世，像我这样衰弱的人，怎么能够活得长久呢？我不能离开这里，你又不肯来这里，恐怕我有一天死了，使你抱着无限的忧伤啊！谁知道年轻的你死了而年长的我还活着，身强的你短命而体弱的我倒还保全了！唉！难道确实是这样吗？难道是做梦吗？

20 斗斛之禄：即微薄的薪俸。斗、斛，都是量器。禄，官吏薪俸。

21 万乘：万辆车，形容车马很多。公：指三公，汉以丞相、太尉、御史大夫为三公。相：宰相。此句泛指地位显赫的官职。

22 辍：中止，离开。就：趋从，接受。

23 孟东野：即孟郊，唐代诗人，韩愈的朋友。当时孟郊任溧阳尉，十二郎在宣州韩家庄园，两地相距不远，故韩愈托孟郊带信给十二郎。

24 诸父：伯父、叔父的统称。诸兄：年谱载韩愈有兄会、介，前文说“三兄”，疑有未及取名而夭者。

25 戚：悲伤。

呼！其信然邪(yé)？其梦邪(yé)？其传之非其真邪(yé)？信也，吾兄之盛德而夭其嗣(sì)乎？汝之纯明而不克蒙其泽乎？少者强者而夭殁(mò)，长(zhǎng)者衰者而存全乎？未可以为信也。梦也，传(chuán)之非其真也，东野之书，耿(gěng)兰[26]之报，何为而在吾侧也？呜呼！其信然矣，吾兄之盛德而夭其嗣(sì)矣！汝之纯明宜业其家者，不克蒙其泽矣！所谓天者诚难测而神者诚难明矣！所谓理者不可推而寿者不可知矣！

虽然，吾自今年来，苍苍者或化而为白矣，动摇者或脱而落矣，[27]毛血[28]

难道传来的消息不确实吗？如果是确实的，我哥哥德行美好却会过早地逝去他的后代吗？你纯正聪明却不能蒙受他的德泽吗？年轻身强的早死而年长体弱的却活下来吗？不能够认为这是确实的啊！如果是做梦，传来的消息不真，那么，孟东野的信，耿兰的报告，为什么却在我的身边呢？唉！这是确实的了，我哥哥德行美好却过早地逝去他的后代了！你纯正聪明能继承家业却不能蒙受我哥哥的德泽啊！这就是说，老天爷真难猜测，神灵真难明白啊！这就是说，事理不能够推求，年寿也不能预先知道啊！

尽管这样，我自从今年以来，花白的头发已经变为全白，松动的牙齿已经脱落，体质一天天更加衰弱，

26 耿兰：韩家仆人名。
27 苍苍者：指花白头发。动摇者：指牙齿。
28 毛血：指体质。

日益衰，志气[29]日益微，几何不从汝而死也！死而有知，其几(jǐ)何离；其无知，悲不几(jǐ)时，而不悲者无穷期矣！汝之子[30]始十岁，吾之子[31]始五岁，少(shào)而强者不可保，如此孩提(tí)者，又可冀(jì)其成立邪(yé)？呜呼哀哉！呜呼哀哉！

汝去年书云，比得软脚病[32]，往往而剧。吾曰，是疾也，江南之人常常有之。未始以为忧也。呜呼！其竟以此而殒(yǔn)[33]其生乎？抑别有疾而致斯乎？汝之

精神一天天更加萎靡，没有多久时间也可能跟你一道死啊！人死后如果有知觉，眼下的分离就没有多长时间了；人死后如果没有知觉，这悲伤也不会有多久了，不悲伤的日子倒是无穷无尽的啊！你的儿子才十岁，我的儿子才五岁，年轻身强的人尚且不能保全活下来，像这样的幼小孩童，又可以期望他们成长自立吗？唉，可悲可痛啊！唉，可悲可痛啊！

你去年的信中说，近来得了脚气病，时常发作很厉害。我说，这个病，江南的人经常有。并不曾把它当作可忧虑的事啊。唉！难道竟是因为这个病而夺去了你的生命吗？还是另外有别的病才到这个地步？你的信，是去年六月十七日写的。孟东野说，你

29 志气：指精神。
30 汝之子：十二郎的儿子韩湘。
31 吾之子：韩愈的大儿子韩昶。
32 比：近来。软脚病：即脚气病，以腿足软弱，病从脚起，故名。
33 殒：死亡。

书，六月十七日[34]也。东野云，汝殁(mò)以六月二日；耿兰之报无月日。盖东野之使者不知问家人以月日，如耿兰之报不知当言月日。东野与吾书，乃问使者，使者妄(wàng)称以应(yìng)之耳。其然乎？其不然乎？

去世是今年六月二日；耿兰的报告没有月和日。大概是因为东野的使者不知道向家人问你去世的月日，而像耿兰的报告，不知道应当讲明月日。东野为了给我写信，才问使者，使者就随便讲个月日回答他。是这样的呢？或者不是这样的呢？

今吾使建中祭汝，吊汝之孤[35]与汝之乳母。彼有食可守以待终丧(sāng)，则待终丧而取以来；如不能守以终丧，则遂取以来。其余奴婢(bì)，并令守汝丧。吾力能改葬，终葬汝于先人之兆[36]，然后惟其所愿。

现在我派建中来祭你，安慰你的儿子和你的乳母。他们有钱粮可以守到丧期完毕，那就等到丧期完毕我再接他们来；如果不能守到丧期完毕，那就现在接了来。其他的仆人婢女，都要他们守你的丧。我有能力给你改葬，总归要把你葬在祖先的墓地，这样做了以后，才算了却我的心愿。

呜呼！汝病吾不知

唉！你得病我不知道在什么时

34 六月十七日：这是“去年［贞元十八年（802）］”十二郎写信的日子。

35 孤：指十二郎的儿子。

36 先人之兆：祖宗墓地。兆，本指墓地的界域，也指墓地。

时，汝殁吾不知日；生不能相养以共居，殁不能抚汝以尽哀；敛(liàn)不凭其棺，窆(biǎn)不临其穴(xué)。[37] 吾行负神明，而使汝夭，不孝不慈，而不得与汝相养以生，相守以死。一在天之涯，一在地之角，生而影不与吾形相依，死而魂不与吾梦相接。吾实为之，其又何尤？彼苍者天，曷(hé)其有极！

自今以往，吾其无意于人世[38]矣！当求数顷(qǐng)之田于伊(yī)、颍(yǐng)之上[39]，以待余年，教吾子与汝子，幸其成；

候，你去世我不知道是什么日子；你活着的时候我们不能住在一起互相照顾，你死了我不能抚摸着你的尸体哭泣哀悼；你入殓时我不能在棺材旁守灵，你安葬时我不能亲自送你到墓穴。我的所作所为对不起神明，因而使你短命而死，我对父兄不孝，对侄儿不慈，因此不能和你生活在一起互相照顾，守在一起直到老死。一个在天的边上，一个在地的角落，你活着的时候影子不和我的形体互相依靠，你死了灵魂不和我在梦中接触。这实在都是我造成的，又能够怨谁呢？那苍苍的老天爷啊，这悲痛难道有个尽头吗！

从今以后，我没有心思在世上混了！应当在伊水、颍水一带置办几顷田地，来消磨剩下的日子，教育我的儿子和你的儿子，期望他们长大成才；抚养我的女儿和你的女儿，等到把她们嫁出去。就这

37 敛：同“殓”。给死者穿衣入棺。窆：落葬，即把棺材放进墓穴。
38 人世：人世间事，意指做官。
39 顷：百亩为一顷。伊、颍：二水名，都在今河南省境。这里指韩愈的家乡。

长吾女与汝女，待其嫁。如此而已。

鸣呼！言有穷而情不可终，汝其知也邪（yé）？其不知也邪（yé）？呜呼哀哉！尚飨（xiǎng）[40]。

样罢了。

唉！话有说完的时候，感情却不可能有终止，你是知道呢，还是不知道呢？唉，可悲可痛啊！希望你来享用这些祭品吧。

南宋 佚名 《临流抚琴图》

40 尚飨：也作“尚享”，意思是希望死者来享用祭品，旧时祭文常用作结语。飨，祭品。

祭鳄(è)鱼文

韩愈

韩愈因谏迎佛骨被贬任潮州刺史，到任后问民间疾苦，听说有鳄鱼为患，命属官秦济以 羊一猪投到鳄鱼出没的恶溪水中，并作此祭文。文章劝诫鳄鱼搬迁，实则鞭笞当时祸国殃民的藩镇大帅、贪官污吏。

维年月日[1]，潮州刺史韩愈[2]，使军事衙(yá)推[3]秦济，以羊一，猪一，投恶(è)溪[4]之潭水，以与鳄(è)鱼食(shí)，而告之曰：

昔先王[5]既有天下，列山泽[6]，罔(wǎng)绳擉(chuō)刃[7]，以除虫蛇恶物为民害者，驱而出之四海之外。及后王德薄，不

某年某月某日，潮州刺史韩愈，派军事衙推秦济，用一只羊、一头猪，投进恶溪的深水中给鳄鱼吃，并且告诉它道：

从前五帝三王统治了天下，焚烧山野里的草木，结绳为网，使用锋利的刀枪，去除掉危害民间的虫蛇恶物，把它们赶到四海以外的地

1 维：在，于；也可看作发语词，无义。祭文篇首常用此词，以便引出年月日。年月日：指唐宪宗元和十四年（819）四月二十四日。
2 潮州：唐州名，治所在今广东潮州。刺史：唐代州的行政长官。
3 军事衙推：刺史的属官。
4 恶溪：水名。即潮州境内的韩江。
5 先王：上古的五帝三王。
6 列山泽：焚烧山野里的草木。列，通“烈”。
7 罔绳：结绳为网用于捕捉。罔，同“网”。擉刃：用刀枪刺杀。擉，同“戳”，刺。

能远有，则江汉之间，尚皆弃之以与蛮、夷、楚、越[8]，况潮，岭海之间，去京师万里哉！鳄鱼之涵淹卵育于此，亦固其所。

今天子[9]嗣(sì)唐位，神圣慈武，四海之外，六合[10]之内，皆抚而有之；况禹迹所掩，扬州[11]之近地，刺史、县令之所治，出贡赋以供天地宗庙百神之祀(sì)之壤(rǎng)者哉！鳄鱼其不可与刺史杂处此土也。刺史受天子命，守此土，治此民，而鳄鱼睅(hàn)然不安溪潭[12]，据

方。到了东周以后的君主，德行浅薄，不能领有远处的地方，就是长江和汉水流域的土地，尚且抛弃给了蛮、夷、楚、越，何况潮州在五岭和大海的中间，距离京师有万里呢？鳄鱼在这里潜伏繁殖，也原是适合它们的地方。

现在的天子继承唐朝的帝位，神圣仁慈而又英武，四海之外，普天之下，都属唐朝安抚和统治；何况潮州是与大禹的足迹所曾经到达过的古代扬州相邻的地方，是刺史、县令所治理的区域，是进呈贡物、缴纳捐税，以供天子对天地、祖宗和各种神明的祭祀的地方啊！鳄鱼是不能跟刺史同住在这个地方的。刺史受了天子的命令，镇守这块土地，治理这里的百姓，而鳄鱼凶暴地不安居在溪潭中，反而占据地方，咬百姓的牲畜和熊、豕、鹿、獐，以养肥它的身体，以

8 蛮、夷、楚、越：古代对中国东南部外族的泛称。
9 今天子：指唐宪宗李纯，805年至820年在位。
10 六合：天、地、四方称六合。即普天之下。
11 扬州：禹分天下为九州，扬州是其中之一。潮州邻近古扬州地域。
12 睅然：通“悍然”，凶暴的样子。不安：不老实。

处(chù)食民畜(chù)、熊、豕(shǐ)、鹿、獐(zhāng)，以肥其身，以种其子孙，与刺史亢(kàng)拒[13]，争为长(zhǎng)雄。刺史虽驽弱，亦安肯为鳄鱼低首下心，伈伈睍睍(xǐn xǐn xiàn xiàn)[14]，为民吏(lì)羞，以偷活于此邪？且承天子命以来为吏，固其势不得不与鳄鱼辨。

鳄鱼有知，其听刺史言：潮之州，大海在其南，鲸、鹏[15]之大，虾、蟹之细，无不容归，以生以食，鳄鱼朝(zhāo)发而夕至也。今与鳄鱼约：尽三日，其率丑类南徙(xǐ)于海，以避天子之命吏。三日不能，至五日；五日不能，至七日；七日不能，是终不肯徙也。是不有刺史，听从其言也；不然，则是鳄鱼冥(míng)

繁殖它的子孙，和刺史抗拒，要争个上风。刺史即使无能懦弱，又怎肯对鳄鱼低头拜服，心怀恐惧，睁一只眼闭一只眼不敢行动，给治民的官员丢脸，而偷生在这个地方呢？并且我奉了天子的命令到这里来做官，在形势上不得不与鳄鱼辨明是非。

鳄鱼有知，且听刺史的话：潮州这地方，大海在它的南面，鲸鱼和鹏鸟那样的大，虾和螃蟹那样的小，无不被容纳而得到归宿，借着大海生存饮食，鳄鱼早晨从这里出发，晚上就可以到达那里。现在和鳄鱼约定：三天之内，你得率领同伙，向南迁徙到大海里去，以便避开天子任命的官吏。三天不能够，延到五天；五天不能够，延到七天；七天还不能够，就是最

13 亢拒：通“抗拒”。

14 伈伈：恐惧貌。睍睍：不敢正视的样子。

15 鹏：传说中的一种巨大的鸟。

wán
顽不灵，刺史虽有言，不闻不知也。夫傲天子之命吏，不听其言，不徙以避之，与冥顽不灵而为民物害者，皆可杀。刺史则选材技吏民，操强弓毒矢，以与鳄鱼从事[16]，必尽杀乃止。其无悔！
shǐ

终不肯迁徙了。这是不把刺史放在眼里，不肯听从他的话；假如不是这样，就是鳄鱼愚蠢顽劣，没有灵性，刺史虽有话，听不到也不知道。对抗天子任命的官吏，不听他的话，不迁徙躲避，和那愚蠢顽劣、没有灵性、害民害物的东西，都是可以杀的。那么，刺史就要选择有才干和技艺的官吏与百姓，拿了强弓毒箭，跟鳄鱼进行战斗，必定要完全杀尽方才罢休。可不要后悔！

元 高克恭 《溪山烟雨图》

16 从事：本来是管理、处置的意思，这里是见个高低的意思。

柳子厚墓志铭[1]

韩愈

柳宗元，字子厚，是唐代杰出的文学家和进步政治家，参与过王叔文革新运动，失败后屡遭贬谪，死于元和十四年（819）。柳宗元死后，韩愈为他写下了这篇墓志铭。本文中，韩愈除概述柳宗元的生平事迹外，着重论述了他在政治、文学两方面的成就，以及他的高风亮节。文章既称颂他在遭贬谪后关心人民疾苦，充分肯定了他的政绩；又推崇他在文学辞章上的杰出成就，并指出这比做将相有价值得多。

子厚讳(huì)[2]宗元。七世祖庆，为拓跋(tuò bá)魏侍中，封济(jǐ)阴公。[3]曾(zēng)伯祖奭(shì)，为唐宰相，与褚(chǔ)遂良、韩瑗(yuàn)俱得罪武后，死高宗朝。[4]皇考讳

子厚名宗元。七世祖柳庆，做北魏的侍中，封济阴公。曾伯祖柳奭，做唐朝的宰相，和褚遂良、韩瑗都得罪武后，在高宗时被杀。父亲名镇，因为要侍奉母亲，放弃

1 墓志铭：埋入墓穴中的刻石文字，是文体的一种。分“志”与“铭”两部分，前者记述死者的姓氏、家世、经历和子孙等，后者是用韵语写的赞颂之辞。

2 讳：避讳。古人尊重死者，不直呼其名，在其名前加一“讳”字。

3 七世祖庆：“七”应为“六”。柳庆在拓跋魏时任侍中，位同宰相，封平齐公。其子柳旦，北周时任中书侍郎，封济阴公。此处系韩愈误记。

4 曾伯祖奭：柳奭，柳旦之孙，与柳宗元的高祖子夏为兄弟，因此这里应称为高伯祖。柳奭是唐高宗李治王皇后的舅父，曾任中书令（即宰相）。高宗废王氏立武则天为皇后，柳奭被贬为爱州（在今越南境）刺史，后来许敬宗等诬告他企图谋害皇帝、与褚遂良勾结为奸，高宗派人到爱州将他杀死。褚遂良：字登善，官至尚书右仆射。韩瑗：字伯玉，官至侍中，两人都因劝阻高宗废王皇后立武后，遭贬斥而死。

镇[5]，以事母弃太常博士，求为县令江南；其后以不能媚(mèi)权贵[6]，失御史，权贵人死，乃复拜侍御史；号为刚直，所与游皆当世名人。	了太常博士的官职，请求去江南做县令；后来因为不能讨好当权的贵人，失去了御史的官职，等到当权的贵人死了，才又被任命为侍御史；有刚直的名声，他所结交的，都是当代名人。
子厚少精敏，无不通达。逮(dài)其父时，虽少年，已自成人，能取进士第[7]，崭(zhǎn)然[8]见(xiàn)头角，众谓柳氏有子矣。其后以博学宏词[9]，授集贤殿正字[10]。俊杰廉悍[11]，议论证据今古，出入经史百子[12]，踔(chuō)厉[13]风发，率常屈其座人，名	子厚年轻时就精明聪敏，没有什么不通晓。当他父亲在世的时候，虽然年轻，却已自立成人，能够取得进士及第，才能表现得很突出，大家说柳氏有好儿子了。后来因为考中博学宏词科，授予集贤殿正字的官职。他为人英俊杰出，方正勇敢，所发议论，能用现在的事和古时的事作证据，广泛而深入地引用经史百家的著作，刚劲有力，意气风发，经常使同座的人

5 皇考讳镇：指柳宗元已去世的父亲柳镇。古人称已死的父亲叫考，也叫皇考。
6 权贵：指宰相窦参。
7 能取进士第：唐德宗贞元九年（793），柳宗元参加进士科考试，及第，年二十一岁。
8 崭然：突出的样子。
9 博学宏词：唐代临时设置的考试科目之一，为考选博学能文的人而设。柳宗元在二十四岁时考中。
10 集贤殿正字：官名。掌管整理、校正书籍。集贤殿是宫廷里收藏、整理图书的机构。
11 廉：方正。悍：强劲。
12 百子：诸子百家。指各种不同的学派。
13 踔厉：精神振奋，议论纵横。

声大振，一时皆慕与之交；诸公要人，争欲令出我门下，交口荐誉之。

折服。因此名声大震，一时人们都很仰慕，愿意和他交游；当政的人都争着使他成为自己的门生，互相推荐赞誉他。

贞元十九年，由蓝田尉拜监察御史[14]。顺宗即位，拜礼部员外郎[15]。遇用事者得罪[16]，例出为刺史[17]；未至，又例贬(biǎn)州司马[18]。居闲益自刻苦，务记览为词章，泛滥停蓄(xù)，为深博无涯涘(sì)，而自肆(sì)于山水间。

贞元十九年，他由蓝田尉升任为监察御史。顺宗即位，委任他为礼部员外郎。遇上跟他关系密切的当权者获罪，同被遣出朝廷去做州刺史；还没到任，又一道被贬为州司马。处在闲散的位置上，他自己更加刻苦，专一把所记忆和所看到的事物写成文章，他的文章像水一样，到处横溢、停聚积蓄，气势广博得没有边际，而他自己却放纵在山水之间。

元和年间，曾照例被召到京师，又和别人同去外地做刺史，子厚被派到柳州。

14 蓝田尉：蓝田县的县尉，掌管捕盗贼等事。拜：古代授予官职时须举行一定的礼仪，故后来称任命官职为拜。监察御史：掌管分察官吏，巡按州县的刑狱、军戎、祭祀、出纳等事。

15 礼部员外郎：官名。掌管辨别和拟定礼制、学校贡举等事。柳宗元因王叔文等的推荐而做官。

16 遇用事者得罪：用事者，当权的人，这里指王叔文。王叔文深得顺宗（李诵）的信任。旧派发动政变，迫使李诵退位，拥立其子李纯（宪宗），把王叔文贬黜杀死，把王伾以及柳宗元、刘禹锡等八人贬至远州。

17 例出为刺史：指永贞元年（805）柳宗元因属王叔文集团，由朝官出任邵州（治所在今湖南邵阳）刺史。例出，一道被遣出。例，一概。刺史，官名，一州的行政长官。

18 例贬州司马：指柳宗元还在赴邵州的路上，又被贬为永州（今湖南永州）司马。司马是刺史的属官，当时无实职，仅存名义。

元和中，尝例召（zhào）至京师，又偕（xié）出为刺史，而子厚得柳州[19]。既至，叹曰："是岂不足为政邪！"因其土俗，为设教（jiào）禁（jìn），州人顺赖。其俗以男女质钱，约不时赎（shú），子本相侔（móu），则没（mò）为奴婢。子厚与设方计，悉令赎（shú）归；其尤贫力不能者，令书其佣（yōng），足相当，则使归其质。观察使[20]下其法于他州，比一岁，免而归者且千人。衡湘以南为进士者，皆以子厚为师；其经承子厚口讲指画为文词者，悉有法度可观。

到了柳州以后，他感叹说："这里难道不能做出政绩吗？"他按照当地风俗，替百姓制定了条规和禁令，一州的人都顺从和依赖。柳州风俗把儿女押给富人借钱用，约定到期限不去赎回，利钱和本钱相等时，就没收为奴婢。子厚替他们想方设法，都叫他们赎回去；对那些最穷苦无力赎回的，就下令把被质押人每天的工钱记下来，到了工钱足以抵销借款的本利时，就要债主归还被质押的人。观察使把这个办法颁行其他各州，到一年，免除为奴婢而赎回去的人将近千人。衡山和湘水以南应考进士科的人，都把子厚当作老师；那些曾经受到子厚亲自指点写文章的人，文章都有法度，值得一看。

其召至京师而复

当他召到京师再出来做刺史的

19 柳州：治所在旧马平县（今广西柳州）。

20 观察使：中央派往地方考察州县官吏政绩的官，后兼管民事。当时柳州属桂管观察使。

为刺史也，中山刘梦得禹锡亦在遣中，当诣(yì)播州。[21]子厚泣曰："播州非人所居，而梦得亲在堂，吾不忍梦得之穷，无辞以白其大人，且万无母子俱往理。"请于朝，将拜疏，愿以柳易播，虽重(chóng)得罪，死不恨。遇有以梦得事白上[22]者，梦得于是改刺连州[23]。呜呼！士穷乃见(xiàn)节义。今夫(fú)平居[24]里巷相慕悦，酒食游戏相征逐，诩诩(xǔ xǔ)强(qiǎng)笑语以相取(qū)下[25]，握手出肺肝相示，指天日

时候，中山人刘梦得（禹锡）也在被派遣之列，应当去播州。子厚流着泪说："播州不是中原人可以住的地方，而梦得还有老母在堂，我不忍看着梦得的困难，他没有办法把去播州的事告诉他的老母亲，并且万万没有母子同往播州的道理。"将要向朝廷请求，上书皇帝，愿意把柳州换播州，即使因此再加一重罪，死了也不怨恨。正碰上有人把刘梦得的困难向皇上说明，梦得因此改做连州刺史。唉！士人遇上穷困才能表现出节操。平日同住在里巷中，互相仰慕要好，吃喝玩乐你来我往很密切，虚伪地奉承对方，装模作样地说笑，表示互相亲热尊重，握着手像要挖出肺肝给人看，指天对日哭泣，发誓

21 刘禹锡：字梦得，中山人。著名文学家、哲学家，因参与王叔文集团的改革而被贬职。播州：州治在今贵州遵义。

22 以梦得事白上：指裴度、崔群曾向宪宗说明刘禹锡的困难，请求改派他到较近的地方。

23 连州：州治在今广东连州。

24 平居：平日，平时。

25 诩诩：能说会道，取悦别人。以相取下：取，语词，无意义；相下，互相谦虚，表示尊重。

涕泣(tì qì)，誓生死不相背(bèi)负，真若可信；一旦临小利害，仅如毛发比，反眼若不相识；落陷阱(jǐng)，不一引手救，反挤之，又下石焉者，皆是也。此宜禽兽夷狄所不忍为，而其人自视以为得计。闻子厚之风，亦可以少愧矣！

生死都不背弃变心，像真的一样可信；一旦遇到小小的利害，小得仅像毛发一样，就翻着眼睛像不认识；对方落入陷阱，不仅不肯伸手去救，反而挤他下去再投块石头的人，到处都是。这样的事情，连禽兽和野蛮人都不忍做，而那种人却自以为很有办法。他们听了子厚的作风，也该稍稍知道惭愧了吧！

子厚前时少年，勇于为人，不自贵重顾藉(jí)[26]，谓功业可立就，故坐废退。既退，又无相知有气力得位者推挽[27]，故卒(zú)死于穷裔(yì)[28]，材不为世用，道不行于时也。使子厚在台、省[29]时，自持其身，

子厚从前在年轻的时候，做人敢作敢为，不保重爱惜自己，以为可以很快建功立业，因此受到牵连而被贬谪。既遭贬谪，又无知心朋友、担任重要官职有权力的人推荐提携，所以终于死在边远的地方，才能不被当世使用，主张不能在当时推行。假使子厚在御史台和尚书省时，自己知道怎

26 不自贵重顾藉：这句的意思是不尊重、爱惜自己，结交不应结交的人，指柳宗元参加王叔文集团。韩愈认为这是柳宗元的失误。
27 推挽：推举提拔。
28 穷裔：很远的边区。穷，极；裔，边。
29 台、省：台，御史台，指柳宗元曾做监察御史；省，尚书省，指柳曾做礼部员外郎。

已能如司马、刺史时，亦自不斥（chì）；斥时有人力能举之，且必复用不穷。然子厚斥不久，穷不极，虽有出于人，其文学辞章，必不能自力以致必传于后如今，无疑也。虽使子厚得所愿，为将相于一时，以彼易此，孰得孰失，必有能辨之者。

样对待自己，已经能够像后来当州司马和刺史时那样，也自然不会遭到贬斥；被贬斥之后，如果有人能够极力保举他，也一定可以再起用而不至于困窘。然而如果子厚被贬斥的时间不长，困窘不到极点，虽在功业上能出人头地，他的文学辞章，一定不能自己下苦功取得像现在这样大的成就，留传于后世，是无疑的了。即使叫子厚得以达成他的愿望，在一定时间内能够做到将相，拿那功名事业来换这文传后世，哪是得，哪是失，这一定有人能够辨明的。

子厚以元和十四年十一月八日卒，年四十七。以十五年七月十日归葬万年[30]先人墓侧。子厚有子男二人，长（zhǎng）曰周六，始四岁；季

子厚于元和十四年十一月八日去世，享年四十七岁。在元和十五年七月十日运回灵柩葬在万年县柳氏先人坟墓的旁边。子厚有两个儿子：大的叫周六，才四岁；小的叫周七，子厚死了以后生的。女儿两人，都还幼小。他能够运回安葬，费用都由观察使河东裴行立负担。行立有

30 万年：古县名，故城在今陕西西安。柳宗元的先人墓在万年县的栖凤原。

明 戴进 《柳塘图》

曰周七，子厚卒乃生。女子二人，皆幼。其得归葬也，费皆出观察使河东裴(péi)君行立[31]。行立有节概(gài)，重然诺，与子厚结交；子厚亦为之尽，竟赖其力。葬子厚于万年之墓者，舅弟[32]卢遵。遵，涿(zhuō)[33]人，性谨慎，学问不厌。自子厚之斥，遵从而家焉，逮(dài)其死不去；既往葬子厚，又将经纪其家，庶几(jī)有始终者。铭曰：

是惟子厚之室[34]，既固既安，以利其嗣(sì)人。

节操气概，答应人家的话就一定做到，跟子厚交情很深；子厚也很替行立尽力，终于得到了行立的帮助。安葬子厚到万年县墓地的，是他舅父的儿子卢遵。卢遵是涿县人，性情谨慎，好学不倦。自从子厚遭到贬斥，卢遵就跟着子厚以贬所为家，直到子厚死了仍不离开；他已经去万年县安葬了子厚，还要代替子厚经营管理家务，这也可算是一个有始有终的人。铭道：

这是子厚的墓穴，既坚固，又安定，以利于他的后代。

31 河东：郡名，治所在今山西永济。裴君行立：裴行立，元和十二年（817）任桂管观察使。

32 舅弟：舅父的儿子。

33 涿：州名，州治在今河北涿州。

34 室：墓穴。